作者简介

杨端六（1885~1966），湖南长沙人。著名经济学家。1903年毕业于湖南省师范学堂。1906年赴日本留学，留日期间加入中国同盟会。辛亥革命期间回国，担任海军陆战队秘书长，后在《长沙日报》担任撰述。1913年3月，到英国伦敦大学政治经济学院攻读货币银行专业。1920年回国后，在吴淞中国公学兼任经济学、会计学教授，在商务印书馆担任会计主任，对商务印书馆的会计制度进行了改革，被称为中国商业会计学的奠基人。1926年，任中央研究院经济研究所所长、社会科学研究所研究员。1930年起任武汉大学教授，曾任经济系主任、法学院院长、教务长、文科研究所经济学部主任。1938年，武汉大学迁往四川乐山，杨端六任迁校委员会主任。中华人民共和国成立后，曾任中南军政委员会委员。1956年，参加中国国民党革命委员会。在武汉大学任教授期间，讲授货币与银行、会计学、企业管理等课程。主要著作有《货币与银行》、《清代货币金融史稿》等，发表研究论文160多篇。

百年名典

货币与银行

杨端六 著

武汉大学出版社
WUHAN UNIVERSITY PRESS

图书在版编目(CIP)数据

货币与银行/杨端六著.—武汉:武汉大学出版社,2007.10
武汉大学百年名典
ISBN 978-7-307-05886-6

Ⅰ.货… Ⅱ.杨… Ⅲ.货币和银行经济学—高等学校—教材
Ⅳ.F820

中国版本图书馆CIP数据核字(2007)第153165号

责任编辑:杜七红　　责任校对:黄添生　　版式设计:支　笛

出版发行:**武汉大学出版社**　(430072　武昌　珞珈山)
(电子邮件:wdp4@whu.edu.cn　网址:www.wdp.com.cn)
印刷:武汉中远印务有限公司
开本:720×980　1/16　印张:17.5　字数:248千字　插页:4
版次:2007年10月第1版　2007年10月第1次印刷
ISBN 978-7-307-05886-6/F·1085　定价:32.00元

《武汉大学百年名典》出版前言

百年武汉大学，走过的是学术传承、学术发展和学术创新的辉煌路程；世纪珞珈山水，承沐的是学者大师们学术风范、学术精神和学术风格的润泽。在武汉大学发展的不同年代，一批批著名学者和学术大师在这里辛勤耕耘，教书育人，著书立说。他们在学术上精品、上品纷呈，有的在继承传统中开创新论，有的集众家之说而独成一派，也有的学贯中西而独领风骚，还有的因顺应时代发展潮流而开学术学科先河。所有这些，构成了武汉大学百年学府最深厚、最深刻的学术底蕴。

武汉大学历年累积的学术精品、上品，不仅凸现了武汉大学"自强、弘毅、求是、拓新"的学术风格和学术风范，而且也丰富了武汉大学"自强、弘毅、求是、拓新"的学术气派和学术精神；不仅深刻反映了武汉大学有过的人文社会科学和自然科学的辉煌的学术成就，而且也从多方面映现了20世纪中国人文社会科学和自然科学发展的最具代表性的学术成就。高等学府，自当以学者为敬，以学术为尊，以学风为重；自当在尊重不同学术成就中增进学术繁荣，在包容不同学术观点中提升学术品质。为此，我们纵览武汉大学百年学术源流，取其上品，掬其精华，结集出版，是为《武汉大学百年名典》。

"根深叶茂，实大声洪。山高水长，流风甚美。"这是董必武同志1963年11月为武汉大学校庆题写的诗句，长期以来为武汉大学师生传颂。我们以此诗句为《武汉大学百年名典》的封面题词，实是希望武汉大学留存的那些泽被当时、惠及后人的学术精品、上品，能在现时代得到更为广泛的发扬和传承；实是希望《武汉大学百年名典》这一恢宏的出版工程，能为中华优秀文化的积累和当代中国学术的繁荣有所建树。

《武汉大学百年名典》编审委员会

再 版 说 明

在对《货币与银行》一书进行再版加工时，我们只对其进行了必要的校改，有些方面，如译名、注释的体例及一些特定的表达方式等都一仍其旧，以尽可能地尊重这类具有很高学术价值的著作之原貌。特此说明。

武汉大学出版社

2007 年 9 月

序

货币与银行为大学经济及商业学系学生必修科目，惟依著者多年的经验，迄无善本可供教授之用。西文原书可以供参考者虽然甚多，而均不免有缺点。英人所著，偏于一部分的精深学说，对于本学科的全体机构素不顾及。美人之书，虽可采作教本，但往往立论肤浅，读之索然寡味。且英美人著书偏重各该国事实，在我们中国人观之，并不十分重要。反之，中国现状，西书中亦无从探讨。因此，货币银行学书虽汗牛充栋，竟无一本可适用于我国教学者。著者研究此学，历30余年，从无编纂教科书之意，但近10年来，深感缺乏教材之苦，乃从事搜集资料，久而久之，褒然成帙，然以理论高深，学说纷歧，犹自信未能，不敢轻言编纂，不幸正当去年此日，乐山被炸，所得资料数百种及本书附录七(《世界货币金融大事记》)中各条来源记录均付之一炬，良可浩叹。当邻火正在延烧之际，遂不顾一切，抢救讲稿。此书之作，即由于此。伏维世乱日亟，人无三日之谋，设若不幸，此稿再被损失，为之奈何？窃以为学问原无止境，俟河之清，人寿几何？今兹出版，亦不过抛砖引玉，千金市骏骨之意而已。当世贤达，不以为毫无价值，且进而教之，幸矣。

本书目的在供大学二年级学生参考之用，全书共分4篇。第一篇述货币制度，第二篇述信用制度，第三篇述货币理论，第四篇述货币银行政策，期于一年每周3小时授完。照教育部新颁大学课程标准，第一年级共通科目，虽有英文与经济学，然以中学程度未见提高，大学一年级学程修毕以后，不见得于阅读原书及高深经济理论易于了解。本书根据此项事实，在前两篇不多引原文，而理论亦较为简单。第三、四两篇始增多原文之引证，对于各派学说提纲挈要，敷陈其大旨。以区区一年之光阴，欲其穷原竟委，纤悉靡遗，自非力所能及，惟著者相信，中人以上之资，经此一年修业，至少在理论上，可望其自动研究，不至于茫无途径。

本书性质既属教科书，即重在说理透彻，由浅入深，引人入胜，而不重在标奇立异，独树一帜。所引各家学说，只能在力所能及之范围内，尽量介绍，极少论断之处。仁者见仁，智者见智，读者欲窥全豹，不妨自阅原书，参合自己之立场，加以批判。原来此类理论，多系抽象，强为是非，殊难合理。时事之变迁，环境之互异，更不能执一而论。读者苟能融会贯通，则运用之妙存乎一心，本不必预怀成见。

本书所取资料，多出自欧美各国，间亦引证本国事实，在我国人视之，或不免有削足适履之感。然著者之意，则以为货币、银行为社会科学之一部分；社会科学虽不能像自然科学之毫无国界，然当此世界交通日益发达之际，行见车同轨，书同文，社会科学原理，必能放之四海而皆准。证之我国，近数十年来，财政经济的设施及其演变，何一不趋于欧化？吾人若不明了世界大势，而徒斤斤自守，以为大道尽在此矣，岂是近代国家所应有之态度？

此书成于国难极端严重之秋，个人心绪时感不宁，参考书报亦难应手，缺点之多，自不能免。本国出版之书，多不作索引，常使读者感觉参考之不便。著者本欲自编详细索引，惟因印刷出版种种困难，未能办到。他日若有重版之机会，当可补此缺憾。

最后，尚有一言。本书初稿草成，恐再遭丧失，乃托武汉大学经济学系毕业同学夏道平君代为抄录一份。夏君不但慨然应允，且时常校正字句，每次达数十处之多，即意义稍有蒙混者亦为指出，而后由著者加以修正。此种盛意隆情，实令人感谢不已。夏君亲赴前方，参加实际工作，又承旧同学张克明君代为抄录附录七，节省著者精力不少，特附一语，并致谢忱。

民国二十九年八月十九日即乐山被炸周年纪念日

杨端六识于四川乐山国立武汉大学

目 录

总 论 …………………………………………………………（1）
(1) 货币学的性质和范围 ……………………………………（1）
(2) 银行学的范围 ………………………………………………（2）
(3) 货币的意义 …………………………………………………（2）
(4) 货币的职能 …………………………………………………（3）
(5) 银行的职责 …………………………………………………（4）
(6) 货币与信用的演进 …………………………………………（5）

第一篇 货币制度

第一章 硬 币 ………………………………………………（9）
第一节 铸 币 …………………………………………………（9）
(1) 铸币权 ………………………………………………………（9）
(2) 计算的货币 …………………………………………………（9）
(3) 本位币与辅币 ………………………………………………（10）
(4) 重量与成色 …………………………………………………（11）
(5) 公差 …………………………………………………………（12）
(6) 自由铸币 ……………………………………………………（12）
(7) 铸币费 ………………………………………………………（12）
(8) 磨损 …………………………………………………………（13）
第二节 硬币的发行与流通 ……………………………………（14）
(1) 发行的机关 …………………………………………………（14）
(2) 发行数量 ……………………………………………………（14）

(3) 流通与收藏 …………………………………………………………(14)
(4) 流通速度的测量………………………………………………………(15)
(5) 流通速度的估计………………………………………………………(16)
第三节 法 偿 ……………………………………………………………(17)
(1) 无限法偿与有限法偿…………………………………………………(17)
(2) 合法货币 ……………………………………………………………(18)
(3) 今日所谓法币 ………………………………………………………(18)
第四节 货币本位 …………………………………………………………(18)
(1) 本位的意义 …………………………………………………………(18)
(2) 本位的种类 …………………………………………………………(19)
第五节 格雷馨法则 ………………………………………………………(22)
(1) 法则的意义 …………………………………………………………(22)
(2) 法则行使的限制………………………………………………………(23)
第六节 维持两种金属货币的比值之方法…………………………………(23)
(1) 复品币制 ……………………………………………………………(23)
(2) 法定比值与市场比值…………………………………………………(24)
(3) 定值过高与定值过低…………………………………………………(25)
(4) 复本位的自然调节……………………………………………………(25)
(5) 面值、实值与虚币……………………………………………………(26)
(6) 辅币的私铸与销毁……………………………………………………(27)

第二章 纸 币 ……………………………………………………………(28)
第一节 纸币的意义与种类 ………………………………………………(28)
(1) 纸币的意义 …………………………………………………………(28)
(2) 兑换券与不兑换券……………………………………………………(29)
(3) 政府发行与银行发行…………………………………………………(29)
第二节 纸币发行制度 ……………………………………………………(30)
(1) 单发行制与多发行制 ………………………………………………(30)
(2) 领券制度 ……………………………………………………………(31)
第三节 准备制度 …………………………………………………………(32)

(1) 准备的意义 …………………………………………………… (32)
(2) 通货券主义与银行券主义 …………………………………… (32)
(3) 英国的固定保证发行制 ……………………………………… (33)
(4) 法国的最高发行制 …………………………………………… (34)
(5) 德国的比例准备制 …………………………………………… (34)
(6) 美国的联邦准备制 …………………………………………… (35)
(7) 中国的准备制度 ……………………………………………… (36)
(8) 比例准备制的得失 …………………………………………… (36)

第二篇 信用制度

第一章 国内金融 ……………………………………………………… (41)
第一节 银 行 ……………………………………………………… (41)
(1) 银行的种类 …………………………………………………… (41)
(2) 中央银行 ……………………………………………………… (44)
(3) 商业银行的营业 ……………………………………………… (45)
(4) 各国政府管理商业银行之普遍的趋势 ……………………… (46)
第二节 存款及其准备制度 ………………………………………… (47)
(1) 存款的种类 …………………………………………………… (47)
(2) 活期存款的性质 ……………………………………………… (48)
(3) 准备制度 ……………………………………………………… (48)
(4) 增加现金准备的方法 ………………………………………… (49)
(5) 窗帘 …………………………………………………………… (50)
(6) 存放同业应否作为现金 ……………………………………… (51)
(7) 美国政府保护存款人的办法 ………………………………… (52)
第三节 支票制度 …………………………………………………… (52)
(1) 支票的形式与作用 …………………………………………… (52)
(2) 止付与“不名誉” …………………………………………… (54)
(3) 支票的种类 …………………………………………………… (55)
第四节 支票清算制度 ……………………………………………… (57)

(1) 清算的必要 …………………………………………………… (57)
(2) 支票清算的实务 ………………………………………………… (58)
第五节 存款的流通 ………………………………………………… (59)
(1) 存款流通的意义 ………………………………………………… (59)
(2) 流通速度的测量 ………………………………………………… (60)
(3) 测量方法不正确之原因 ………………………………………… (60)
(4) 流通速度的估计 ………………………………………………… (61)
第六节 存款转账制度 ……………………………………………… (61)
(1) 存款转账的意义 ………………………………………………… (61)
(2) 德国中央银行的存款转账 ……………………………………… (62)
(3) 日本邮便振替贮金 ……………………………………………… (63)
第七节 信用的制造 ………………………………………………… (63)
(1) 银行营业两大原则 ……………………………………………… (63)
(2) 存款与放款的关系 ……………………………………………… (65)
(3) 制造信用的限制 ………………………………………………… (65)

第二章 国 际 金 融 ……………………………………………… (68)
第一节 票 据 ……………………………………………………… (68)
(1) 票据的起源 ……………………………………………………… (68)
(2) 1882 年英国《票据法》 ………………………………………… (68)
第二节 汇 票 ……………………………………………………… (69)
(1) 汇票的形式 ……………………………………………………… (69)
(2) 汇票与支票的区别 ……………………………………………… (70)
(3) 国内汇票与国外汇票 …………………………………………… (71)
(4) 短期汇票与长期汇票 …………………………………………… (71)
(5) 商业汇票与银行汇票 …………………………………………… (72)
(6) 押汇 ……………………………………………………………… (73)
(7) 见票即兑与承兑汇票 …………………………………………… (74)
(8) 出票后若干日兑现与见票后若干日兑现 ……………………… (75)
(9) 汇票贴现与再贴现 ……………………………………………… (75)

(10) 代收款项汇票 …………………………………………………… (76)
(11) 空头汇票 ………………………………………………………… (76)
(12) 国库债券 ………………………………………………………… (77)
第三节　国际汇兑与国际金融 ……………………………………… (77)
(1) 国际汇兑发生的原因 ………………………………………… (77)
(2) 货币制度与国际汇兑的关系 ……………………………… (78)
(3) 汇兑银行的营业与记账 …………………………………… (78)
第四节　国际贸易与国际借贷 ……………………………………… (79)
(1) 国际贸易两重危险 ………………………………………… (79)
(2) 银行促进国际贸易的方法 ………………………………… (79)
(3) 国际贸易差与国际债务差 ………………………………… (80)
(4) "寄存"黄金与"热的活期存款" ……………………… (81)
第五节　国际汇市 …………………………………………………… (82)
(1) 银行挂牌 …………………………………………………… (82)
(2) 汇率的标准 ………………………………………………… (83)
(3) 汇率的涨跌 ………………………………………………… (83)
(4) 套汇 ………………………………………………………… (84)
第六节　远期汇兑 …………………………………………………… (85)
(1) 银行汇款的方式 …………………………………………… (85)
(2) 远期汇兑的意义 …………………………………………… (85)
(3) 远期汇兑与长期汇票之区别 ……………………………… (86)
(4) 现汇率与远期汇率 ………………………………………… (86)
第七节　输金点 ……………………………………………………… (87)
(1) 现金输入点与现金输出点 ………………………………… (87)
(2) 输金点在空间与时间上的变动 …………………………… (88)
(3) "运送平价" ……………………………………………… (89)
第八节　贵金属的生产和分配 ……………………………………… (90)
(1) 贵金属的生产 ……………………………………………… (90)
(2) 南非洲采金情形 …………………………………………… (92)
(3) 世界产金数量统计 ………………………………………… (93)

(4) 世界黄金的分配……………………………………………………(95)
(5) 理嘉图的黄金分配学说 ………………………………………(96)
(6) 苏恩统的黄金分配学说 ………………………………………(97)
(7) 世界黄金分配状况 ……………………………………………(98)

第三篇　货币理论

第一章　物价、物价指数及其他指数 ……………………………(103)
第一节　物　　价 ………………………………………………(103)
(1) 物价的意义 ……………………………………………………(103)
(2) 物价的两种标准 ………………………………………………(104)
(3) 个别物价与物价的一般平准 …………………………………(104)
(4) 区分的物价平准 ………………………………………………(106)
(5) 差别的物价 ……………………………………………………(106)
(6) 空际相对的物价 ………………………………………………(107)
(7) 时际相对的物价 ………………………………………………(108)
(8) 各种物价涨跌的先后 …………………………………………(108)
(9) 国际物价的变动 ………………………………………………(109)
第二节　物 价 指 数 ……………………………………………(110)
(1) 物价指数的意义与其编制方法 ………………………………(110)
(2) 算术平均与几何平均 …………………………………………(110)
(3) 基期变更与算术平均 …………………………………………(112)
(4) 加权平均 ………………………………………………………(114)
(5) 横的指数与纵的指数 …………………………………………(115)
(6) 批发物价指数与零售物价指数 ………………………………(115)
(7) 货币价值的测量 ………………………………………………(116)
第三节　其他各种指数 …………………………………………(117)
(1) 生活费指数 ……………………………………………………(117)
(2) 工资指数 ………………………………………………………(118)
(3) 房租指数 ………………………………………………………(119)

(4) 消费指数……………………………………………………………(119)

第二章 货币价值学说 ……………………………………………………(121)
第一节 学说的分类 ……………………………………………………(121)
(1) 分类的困难…………………………………………………………(121)
(2) 学说的分类…………………………………………………………(122)
第二节 货币数量学说 …………………………………………………(123)
(1) 数量学说的概要 ……………………………………………………(123)
(2) 货币与货物…………………………………………………………(124)
第三节 现金交易学说 …………………………………………………(125)
(1) 现金交易学说的演进 ………………………………………………(125)
(2) 费雪的交易方程式 …………………………………………………(126)
(3) 伦敦《经济周报》的应用 …………………………………………(128)
第四节 购买力平价学说 ………………………………………………(128)
(1) 购买力平价学说的由来 ……………………………………………(128)
(2) 嘉塞尔购买力平价方程式…………………………………………(129)
(3) 中外购买力平价 ……………………………………………………(131)
第五节 现金余额学说 …………………………………………………(132)
(1) 现金余额学说的由来 ………………………………………………(132)
(2) 马夏律的学说………………………………………………………(133)
(3) 披古的公式…………………………………………………………(134)
(4) 凯衍斯的公式………………………………………………………(135)
第六节 动 态 学 说 ……………………………………………………(136)
(1) 静态与动态…………………………………………………………(136)
(2) 何屈理的消费者收入与消费者支出说 ……………………………(140)
(3) 凯衍斯的交易基本方程式…………………………………………(141)
第七节 界限效用学说 …………………………………………………(144)
(1) 奥大利学派的价值论 ………………………………………………(144)
(2) 密塞斯的货币价值论………………………………………………(145)
(3) 哈叶克的生产程序学说 ……………………………………………(146)

（4）向蒲彼得的个人主观学说 ……………………………………………（150）
第八节 货币与利息 ……………………………………………………（152）
（1）投资与利息 ……………………………………………………………（152）
（2）维克霰的利息与物价 …………………………………………………（154）
（3）凯衍斯的“概论” ……………………………………………………（157）
第九节 生产成本学说与劳力学说 ……………………………………（161）
（1）学说的演进 ……………………………………………………………（161）
（2）理嘉图的生产成本学说 ………………………………………………（161）
（3）马克斯的劳力价值学说 ………………………………………………（164）
第十节 国 家 学 说 ……………………………………………………（168）
（1）克那普的法律观念 ……………………………………………………（168）
（2）国家学说的概要 ………………………………………………………（169）

第四篇 货币银行政策

第一章 货币价值的安定与变动 ……………………………………………（173）
第一节 货币价值的安定 ………………………………………………（173）
（1）安定的意义 ……………………………………………………………（173）
（2）安定物价的一个方法 …………………………………………………（174）
第二节 货币价值的变动 ………………………………………………（175）
（1）币值变动的现象 ………………………………………………………（175）
（2）货币膨胀与货币紧缩 …………………………………………………（176）
（3）货币贬值与货币增值 …………………………………………………（176）
（4）被动的货币贬值之发生及其进展 ……………………………………（177）
（5）币值变动的影响 ………………………………………………………（179）
（6）货币对内价值与对外价值 ……………………………………………（181）
（7）币值变动与黄金生产率的关系 ………………………………………（182）
第三节 币值安定与变动的理论 ………………………………………（183）
（1）物价涨跌是资本主义经济制度所不能免的现象 ……………………（183）
（2）币值应逐渐降低的理由 ………………………………………………（184）

（3）逐渐贬值政策无甚意义 …………………………（186）

第二章　欧战前的各国货币银行政策 …………………（188）
第一节　贴现政策 …………………………………（188）
（1）货币银行政策的演变 …………………………（188）
（2）贴现政策的起源 ………………………………（188）
（3）贴现的意义与其运用 …………………………（189）
（4）各国商业银行贴现习惯的不同 ………………（190）
（5）各国贴现政策不如英国之易生效力 …………（191）
（6）提高贴现率的影响 ……………………………（191）
第二节　公开市场政策 ……………………………（192）
（1）英国所采的政策 ………………………………（192）
（2）应与贴现政策同时并行 ………………………（193）
（3）英美法三国的比较 ……………………………（193）
（4）美国的公开市场交易 …………………………（194）
（5）公开市场政策几为全世界所采用 ……………（195）
（6）公开市场政策与贴现政策对于物价之影响……（195）
（7）英伦银行与伦敦金融市场的关系 ……………（196）

第三章　欧战后的各国货币银行政策 ………………（198）
第一节　货币贬值政策 ……………………………（198）
（1）中央银行安定币值的责任………………………（198）
（2）纽约联邦准备银行创始安定政策 ……………（199）
（3）货币贬值的两种步骤 …………………………（199）
第二节　节省黄金政策 ……………………………（201）
（1）热内亚会议的提案 ……………………………（201）
（2）黄金委员会的提议 ……………………………（203）
第三节　公共工程政策 ……………………………（204）
（1）失业问题…………………………………………（204）
（2）自动的调节计划 ………………………………（205）

(3) 与纯粹救济政策的比较 ……………………………………(206)
(4) 中国在抗战期间的救济与工赈 ………………………………(208)
第四节 消灭黄金政策 ……………………………………………(209)
(1) 货币数量过多的因果 ……………………………………(209)
(2) 美国所采的政策 …………………………………………(210)
第五节 美国联邦准备局对于货币政策之声明 …………………(212)

第四章 外汇管理问题 ……………………………………………(213)
第一节 汇兑平衡基金 ……………………………………………(213)
(1) 英国创办汇兑平衡账 ……………………………………(213)
(2) 美国的汇兑安定基金 ……………………………………(214)
(3) 其他各国汇兑平衡基金 …………………………………(214)
第二节 汇兑统制 …………………………………………………(215)
(1) 汇兑统制的意义 …………………………………………(215)
(2) 汇兑统制的发展 …………………………………………(216)
(3) 汇兑统制的目的与方式 …………………………………(218)
(4) 维持法定汇率的目的 ……………………………………(218)

附录一 ………………………………………………………………(221)
(a) 浙江兴业银行贷借对照表（中华民国27年6月30日）…(221)
(b) STATEMENT OF LIABILITIES AND ASSETS OF THE NATIONAL PROVINCIAL BANK LIMITED, DECEMBER 31, 1937. LIABILITIES ……………………(222)

附录二 ………………………………………………………………(223)
(a) 美国联邦准备局检查会员银行存款准备表格式 …………(223)
(b) 1935年美国《银行条例》的变更 ……………………………(224)

附录三 ………………………………………………………………(225)
(a) 美国由澳洲输入羊毛的汇款办法 …………………………(225)

(b) 美国向南美各国输出货物的汇款办法 …………………… (226)

附录四　世界贵金属生产分配研究资料一览 …………………… (228)

附录五　伦敦经济周报批发物价指数编制的经过情形 ……… (231)

附录六　欧战前各国保留与吸收黄金办法 …………………… (235)
(a) 吸收国外现金之法 ………………………………………… (235)
(b) 保留本国现金之法 ………………………………………… (236)
附录七　世界货币金融大事记 ………………………………… (237)

参考书目 ………………………………………………………… (256)

总 论

(1)货币学的性质和范围

普通研究经济学，有归纳法与演绎法两种方法。亚丹·斯密(Adam Smith)兼而有之，不偏不倚。马尔沙斯(Malthus)注重在归纳法。理嘉图(David Ricardo)注重在演绎法。后来塞乐尔(Senior)、穆勒约翰(J. S. Mill)、克阿尼斯(Cairnes)、白芝浩(Bagehot)等都跟随理嘉图的后尘，多从假想上立论。① 英国经济学界到了耶方斯(W. S. Jevons)，受了欧洲大陆学说的影响，趋向于数理经济学(Mathematical Economics)，② 可说是别开生面了，然其大旨仍不离乎演绎法，因为数学即是应用此法而成立。用归纳法来处理经济学的当推德国的历史学派(Historical School)。克尼斯(Karl Knies)在历史学派的地位，仅次于罗歇(Roscher)。他很想把经济学完全纳于历史学派范围以内，而把新历史方法变成法典，然其后关于价值论及货币与信用论的著作，则完全抛弃其所爱好的方法，而走入自加攻击的路线上去了。③由此看来，货币学的研究方法，不是仅凭事实的考据就够了，必定有抽象的理论，才能成立。马夏律(A. Marshall)在近世英国经济学者中是受了历史学派的影响的，但是他说，除货币理论以外，无论经济学任何部分，未有像国际贸易

---

① J. N. Keynes, Scope and Methods of Political Economy, pp. 11-19.

② 耶方斯说，经济学如果是一种科学，则必是一种数理科学，见其所著 Theory of Political Economy, p. 3. 又见其序文。

③ L. Cossa, Introduction to the Study of Political Economy, pp. 81-87.

近乎纯粹的演绎法之范围以内者。①由此可见，货币学(Principles of Money)在经济理论中的地位是如何的重要，而其研究方法是如何的抽象了。自然，经济学是研究社会现象的一种科学，货币学既是经济学的一部分，决不能离开事实而纯粹地建筑于空想之上，不过关于货币的社会现象，有许多时候不能求其实现化，盖其情形极端复杂，不能不用演绎法以求得其假定之结论。

(2)银行学的范围

银行学(Banking)有两方面可以研究。一方面是预备做银行家而研究的，所注重的在乎法律和技术，平常又称为银行实务(Banking Practice)。这种研究方法在实际上很重要，必须独立成一门学科，不能与货币学混合讨论。我们现在所要研究的，是另一方面，是关于银行的几种原理原则，为研究货币与银行必不可少的门径。

(3)货币的意义

货币(Money)的名称在通常人看来，本无何等难解，但从经济学者分析，就有许多疑问。大凡一名词要立一个完美的界说，每每不可能，我们仅可以老气横秋地仿效老学者说，“货币是货币所做的事情”(money is what money does)，但这种定义对于初学者毫无补益。若是拿实物来说明，虽然不免有点牵强，然而比较地易于明了。现在我且把货币或类似货币的东西列举出来：

硬币　内包含金币、银币、镍币、铜币等。

纸币　内包含政府纸币、银行券等。

支票　内包含个人或商家或机关支票与银行支票等。

汇票　内包含商业汇票、银行汇票等。

以上4种我们可以总括说是支付工具(means of payment)，或是

① Principles of Economics, 1916 edition, Appendix D, p. 761. 又资本与利息学说，亦非历史与统计所能解释，必须借助于抽象的理论。参阅 Böhn-Bawerk, Positive Theory of Capital, Preface, pp. XXIV-XXVI.

信用工具(credit instruments)，但是哪几种是货币呢？极严格地说，只有金币可以说是货币，然而现在的人们已经多年看不见金币了，我们不是生在无货币时代吗？从另一极端来说，支票的用处和钞票差不多，也可说是一种货币，然而到现在为止，我们还没有听到这种议论。我们以为货币这样东西是在货币法行使范围以内的人民不能不共通承受(general acceptability)的一种支付工具，而支票则不能如此。至于纸币，本介在货币与非货币之间，惟时至今日，它的货币色彩日见浓厚，几乎取硬币之地位而代之。本书为承认事实起见，于第一篇讨论货币制度时，把纸币加入一并叙述，而把支票、汇票列在第二篇信用制度之内，藉此作为我们的货币的界说。

货币(Money)一个名词，在晚近经济学界，似乎逐渐成为经典学派(Classical School)的遗迹，而最流行的名词是通货(Currency)。通货(Currency)在欧洲原来不甚流行，后来美国人乐于使用，所以英国经济学者马克略(H. D. Macleod)说是有美国人臭味(Yankeeism)。在古昔，通货(Currency)有时候带有不健全的货币或外国货币之意义，现在已经毫无区别了。

(4)货币的职能

货币的职能(functions of money)普通分为3种：(1)交易的媒介(means of exchange, or medium of exchange)，(2)价值的标准(standard of value)，(3)延期支付的标准(standard of deferred payments)。第三种职能在信用制度未十分发达以前，似乎尚未出现，至于前两种，则自人类使用货币的最初时代，似乎都已具备了。有人强造学说，以为某一种职能发生于他一种之前，在事实上固然无从辨明，但理论上难于适合。假定货币最初的职能只是交易的媒介，然苟本身无价值，则谁也不会把有价值的货物去与货币交易，所以货币本身必有价值，毫无疑问。货币虽有价值，不必就是价值的标准。古代人类以牛易羊，牛与羊都可说是交易的媒介，都可说是价值物，但我们如果要断定牛或羊谁是货币，那就要问牛或羊在交易后的用途如何。如果在交易以后仍然是当做牛或羊用，那就不是货币，如果两者之中，有一物不预备当做牛或羊用，而是当做一种交易的媒介，那就是货币。所以一物在被决定了第一个职能以后，就不仅有价值，而且有预备与第三物交易的价值，就是价值的标准。说到此，我们已经走到第三种职能的范围里去了。有许多学者以为价值的标准是一种职能，延期支付的标准又是一种职能。他们以为货币是价值的公共尺度(common measure of value)，好像一个货币同时可以测量许多货物的价值，但在事实上，同时测量是不可能的事，货币必定在测量一物的价值以后，隔了多少时间，才测量另一物。这相隔的时间，无论久暂如何，就含有延期的意思在内。这是说，货币在具备了第一个职能以后，就具备了第二个职能，并且具备了第三个职能，如果第三个职能一定要列举的话。我们现在再问，货币具备了第二个职能的时候，是不是就具备了第一个职能呢？讲到这里，我们只要记得亚丹·斯密对于价值的分析就够了。他把价值分为有用价值(use-value)和交换价值(exchange-value)两种。一切经济的货财(economic goods)都有交换价值。货币当然不是有用价值，而是交换价值。既是交换价值，则具备了第二种职能时，不得不具备第一种职能。因此，我们可以说，货币同时具备两种职能，就是交易的媒介和价值的标准。

(5)银行的职责

银行(Bank)的发达是近世纪的事情。古代无所谓银行或与银行相类似的设备。就是今日，中国各乡村都没有设立银行或银庄(Chinese native bank)，然而人民的生活，并不感觉任何不便。银行比不得货币，不一定是人民所需要的。但是在欧美工商业发达的国家，我们若是假想，一旦把银行关闭，正象把都市水电忽然断绝一样，一般人如何过活呢？货币是交易的媒介，银行是货币的媒介。它的职责在乎流通金融，也可以说是流通货币。它是建筑在信用制度(Credit System)之上。货币譬如生丝，银行把它织成绸缎。它在经济界的地位，只有运输业可以比衡。银行在经济原理上，比货币易于明了，但在实际政治上，地位或有过之。即以中国法律言之，造币局不过是财政部一附属机关，中央银行则可与财政部并立。中国货币制度已历几千年，从来未能完善，直至最近几年，才上轨道，就是银行制度树立太迟的缘故。

(6)货币与信用的演进

在太古时代，人类的经济生活，大概是个人自给自足，或许是小家庭自给自足，无所谓交易(exchange)。后来发现了分工的利益，各人尽其所长，生产出来的生活必需品供给自己使用还有余，于是以其所有易其所无，而物物交易制度(Barter System)成立。后来又因为人类欲望丛生，以物易物，每感觉许多困难和不方便，于是货币制度(Monetary System)发生。货币材料(以后简称币材 money material)的选择，经过了一个演变过程。最初，凡少数人在互相交易时所认为适当的物品，都把它拿来做货币用。例如牲畜、食盐、贝壳、皮革等等，都是币材。后来又觉得此种货币还有许多不方便的地方，于是又发见了金属最适宜。用金属做币材的货币，我们叫做金属货币(metallic money)。金属有许多种类，金银铜铁锡都用过了，并且单独地或混合地都用过了，到最近几十年，大家只以为黄金才有做币材的资格，其余金属至多亦不过辅助而已。我们如果要替20世纪的货币造一个新名词，似不妨叫做黄金货币(yellow metallic money)。当金属货币正在继续演进的时候，人们又发见了更简单的方法，就是纯粹用文字来表示货币的价值。这种货币本身已无切实价值可言，不过凭制造货币的人的一点信用，在将来可以向他调为文字上所约定的货币数量。这就叫做信用制度(Credit System)。纸币、支票、汇票都是信用制度，不过纸币的发展，到了现在，已经取金属货币的地位而代之，所以前节把它归到货币制度内去讨论。

照上面所说，人类社会的经济生活，似乎可分为4个时期：①非交易时期，②物物交易时期，③货币交易时期，④信用交易时期。此四个时期好像是接连而来，彼此划清了界限，但是我们学社会科学的人，应该都知道，社会现象的演进，不是斩钉截铁地那样清楚，而是逐渐递嬗的。非交易时代虽然业已过去，其余3个时代的现象，直到现在，都还存在。汇票的发明，已经有了好几百年了，而黄金问题到如今还十分严重。国际贸易不独在理论上是物物交易，就是实际上也不免如此。然而我们可以说，在时代的进化中，这3种交易制度是以很显然的趋势表示它们比例的增减。这就是说，愈到最近，物物交易的成分愈少，信用交易的成分愈多。

第一篇　货币制度

第一章　硬　币

第一节　铸　币

(1)铸币权

铸币(Coinage)之权，从前也有属于私人的，例如汉文帝以铜山赐给邓通，使他铸币。然在今日，这权专为政府所有。我国《国币条例》开始就严格地规定了。美国人素来反对中央集权，而其宪法则明白地订定铸币权为联邦政府所独有，或者以为铸币有利可图，此项利益不应为地方政府所分蚀，似亦有理，然有利之事，中央政府不必揽为独有，而况铸币利益并不甚多(此就严格地货币行政言之)，中央政府无独占之必要。然而，各国政府认为一个严重问题而确切地如此规定，无非是谋货币行政的统一。货币是人人所必需的支付工具，非有法定的系统，则人民将纷扰不堪，而国民经济将无由发展。

(2)计算的货币

铸币的良否虽然是一个技术问题，然其重要关键则在有清明的内政。有清明的内政，才能维持货币法。反之，货币法是根本大法，货币行政以此为依归。若非有完善之法律，则影响于民生日用很大。例如英国以金镑(pound sterling)为货币单位(unit of money)，镑以下为先令(shilling)，再以下为便士(pence)，然法律规定 12 便士为 1 先令，20 先令为 1 镑，不以 10 进。数百年来，英国人民之费于货币计算的劳力与光阴不知凡几，因为此法一定，更改困难，直至于今，一国人民深感不便，而莫可如何。反之，1803 年拿破仑制定的法国《货币法》最为科学的。他规定货币单位为法郎(franc)，含纯银 5 格兰(grammes)。1000 格兰纯银铸 1 法郎银币 200 枚。1000 格兰纯金铸 20 法郎金币 155 枚。法郎以下为生丁(centime)，每 100 生丁为 1 法郎。此为 10 进法的货币(decimal money)，以后各国都仿而行之。我国历次货币条例都规定以 1 元为货币单位，元以下有角、分，都以 10 进，这种货币系统是以便于计算为目的，叫做计算的货币(money of account)，① 而实际上行使的货币，叫做硬币(hard money，or coin)。

(3)本位币与辅币

上述计算的货币，自有一定相关的系统，而与其所用之币材无关。例如英镑用金铸，先令用银铸，便士用银或铜铸；又如我国 1 元用银铸，角用镍铸，分用铜铸；各种金属都可由政府选定为币材。惟各种金属之中，以黄金价值为最贵，白银次之，镍铜等最贱，故金和银可称为贵金属(precious metals)。贵金属因世界生产数量不甚多，最适宜为币材，尤其是黄金独具上等币材的资格。近世欧美各国因工商业发达，都选定黄金为主要币材，例如英国的镑，是最标准的金币。中国的银元，是最标准的银币。这种标准的货币，叫做本位币(standard coin，or standard money)。本位币既用贵金属铸造，则因其价值太高，每个货币的体积不能过小，在小额交易必感不便，于是用比较价低的金属，如英国币制中的银铜，中国币制中的镍铜，铸造小额硬币，叫做辅币(subsidiary coin，or subsidiary money)。

---

① 按数学原理，不同类的东西不能相加减，国币 1 元 2 角 5 分，平常写 $ 1.25，英金 1 镑 17 先令 10 便士半，省写£ 1/17/10 $\frac{1}{2}$。为什么银币 1 元与镍币 2 角铜币 5 分可以相加，为什么英国银币 17 先令铜币 10 便士半可以变为金镑的小数呢？这就叫做计算的货币。

(4)重量与成色

货币的重量(weight)原无多大问题，只须大小适宜就够了。成色(fineness)也是技术上的问题。民国22年《银本位币铸造条例》是中国最近有效的铸币法，规定本位币银元1元的总重量为26.6971公分(grammes)，成色88，所以1元银币应含纯银23.493448公分。其余12%为铜。此掺入之铜叫做合金(alloy, or base metal)。合金为铸币不可少的东西，因为没有合金，则铸成的货币必定太软，不适于用。英镑为纯金11与合金1配合而成，所以英镑成色为916 $\frac{2}{3}$，比其他各国的金币成色为900者，品质较佳。此种成色916 $\frac{2}{3}$的金，在伦敦叫做标准金(standard gold)，而成色十足的金叫做纯金(fine gold, or pure gold)。用金为本位币的英国，金即是币材。英国法律，1翁斯(ounce)的标准金应铸金镑3镑17先令10便士半(符号为£3/17/10 $\frac{1}{2}$)。这叫做金的造币厂价(mint price of gold)。照理论上说，1翁斯标准金就是3镑17先令10便士半，而3镑17先令10便士半的金币也就是1翁斯标准金。若是铸造与销毁的时候毫无损耗，这两种东西完全是一样的。所谓造币厂价实在无所谓价，因为金在英国与银在中国，都不应该有价。在伦敦，用金与金镑互相兑换，实在是一件极简单的事。不过伦敦金市场买卖金子，并不照造币厂价，而依纯金计算。纯金1翁斯可铸4镑4先令11便士半。此在欧战以前，伦敦金价大概是在这数的上下。欧战以后，金镑已经不兑现，所以现在的纯金1翁斯已经超过4镑4先令11便士半很多了。

以上所述，是说本位币的重量与成色。① 至于辅币，一般的国家都不十分注意。大旨说来，辅币的成色照例比本位币低一些。

---

① 英镑1镑含标准金123.274格林(grain)，即含纯金113.01格林。美金1元含9成金25.8格林，即含纯金23.22格林。此均为欧战以前之事。

(5)公差

造币技术无论如何进步，一个货币在造成以后，不必与法律所规定的重量和成色丝毫无差。但如相差太多，则货币行政又会腐化，因此，各国铸币条例都规定一个限度。① 此限度叫做公差(remedium, or telerance of the mint)。民国3年《国币条例》与民国17年《国币条例草案》都规定银元重量公差不得逾3‰，每1000枚合计不得逾3‱。成色公差不得逾3‰。金币虽未实行铸造，但规定成色公差不得逾2‰。

(6)自由铸币

在欧战以前，英国为维持自由金市场(free gold market)的地位起见，乃有自由铸币(free coinage)的规定。所谓自由铸币，是指人民可用生金请求造币厂按照造币厂价代铸金币，造币厂不得拒绝的意思。民国22年《银本位币铸造条例》即有此项规定。铸币权与请求铸币权有别。铸币权前已述及，专属政府，请求铸币权，即自由铸币，可以属之人民。自由铸币只有本位币，辅币向无此权。欧战以后，各国都取消金币的铸造，自无所谓自由铸币了。

(7)铸币费

国家设造币厂的目的，本不是为营利。如其不然，货币制度一定会紊乱。然在自由铸币条件之下，人民虽然得不到特别利润，而在政府则负担也不小。为减轻国家负担起见，政府对人民请求铸币，往往课以铸币费(mintage)。此项铸费如果极轻，叫做轻铸费(brassage)；若稍重，叫做重铸费(seigniorage)。《银本位铸币条例》规定本位币铸

---

① 英国金币重量公差不得过2‰，银币重量公差不得过4‰，美国20元与10元金币重量公差不得过半格林，5元以下金币不得过1/4格林，成色公差不得过1‰，银币不得过3‰。斯干地那维亚3国，重量公差，20克乐那金币不得过15‱，10克乐那金币不得过20‱，金币总重10公斤不得过5‱；成色公差，20与10克乐那金币不得过15‱。

费为2.25%，比民国十七年《国币条例草案》每元收库平1分已加重不少。

辅币无自由铸币之权，故无所谓铸币费。国家铸本位币，向例不敷成本，故铸辅币时多取赢余，以资弥补。①

(8)磨损

货币在民间使用若干年以后，发生磨损(abrassion, or least current weight)，若仍继续许其通用，则必有一部分货币变为轻质货币。在欧战以前，尤其在英国，为维持其自由金市场起见，不但允许人民自由铸币，且允许其自由销毁(free melting)。今若不设法防止货币的磨损过度，则人民销毁货币之后，必受相当的损失，所以在法律上规定，金镑1镑的法定重量不得低于122.5格林，即比法定重量123.274格林少0.774格林。据耶方斯估计，金镑每年磨损平均为0.043格林，即约10万分之35。照此计算，每过18年，金镑即失去其法定重量而不准行使。质言之，每18年，金镑即须由政府收回改铸。② 民国十七年《国币条例草案》，1元银币重量如减少1%，辅币如减少5%，由政府收回改铸。《银本位币铸造条例》，银本位币无论行使若干年，不得少于公差限制。

---

① 英国造币厂接收人民生金后，须经过两星期始交出货币。如人民迫不及待，则可将生金交与英伦银行，立刻兑取3镑17先令9便士，比造币厂价相差1便士半。此差额约合年息4%的两星期利息。美国人民请求铸币，须缴纳合金。关于铸币成本，可参考 Journal of Institute of Bankers, April 1884, pp. 208-211。

② W. S. Jevons, Money and Mechanism of Exchange, p. 157。美国金币在20年间只应磨损5‰，即每年平均约10万分之25，例如10元金币重258格林，20年后应不轻于256.71格林，即每年磨损不应超过0.0645格林，否则最后持有人应负担损失。银币的磨损，均归国家负担。参考 Garis, Principles of Money and Credit, p. 55。德国的金币磨损限度为5‰。参考 Knapp, State Theory of Money, p. 74. 瑞典亦为5‰。参考 Wicksell, Lectures on Political Economy, Vol. Ⅱ. Money, p. 49。

第二节　硬币的发行与流通

(1)发行的机关

货币在铸成后，离开铸造机关叫做发行(issue)。国币的发行机关为中央造币厂。各国亦有在造币厂以外另设发行机关，而使造币厂专任技术部分的工作的，例如英国在英伦银行(Bank of England)内特设一发行部(Issue Department)，代理英币的发行。

(2)发行数量

货币在发行以后，即实现其货币的职能，其数量的多少影响于国计民生很大。一国人民需要货币常有适当的定额，发行过多固有害，过少，亦不便。政府或发行机关如何知道人民所需要的数量呢？在欧战以前，自由铸币的习惯普及于英国，如果人民需要更多的货币，就把生金持向造币厂，请求铸币。如果人民觉得货币过多，就可以把一部分货币销毁。有这两种自由权，人民就可以随时调节货币的供求(supply and demand of money)。此种自然调节作用，只在19世纪全盛时代的英国勉强可以实现。现在世界各国早已走向统制经济的途径。政府对于货币数量的调节，完全别有政策了。

欧洲各国法律对于辅币有用人口为标准，而规定其发行数量的。其所以限制辅币发行特为严厉的原因，是因为辅币的铸造常有利可图，若不严加限制，深恐政府当局随意滥发(over issue)。

(3)流通与收藏

货币的流通(circulation of money)和发行有别。发行是货币离开发行机关的意义。流通则货币已到了公众(general public)手中，由一人移到另一人的情形。发行机关若是造币厂，货币的发行大概只有一次，若是代理机关，例如英伦银行发行部，则货币有时回到发行部，经过若干时日又发行。流通则次数不知凡几。有许多货币自发行以后，到政府收回重铸或其他原因不再成为货币的时候，常常经过几千万人之手。每经过一人，就叫做流通一次。说清楚一点，就是一个货币经过一次交易，就叫做流通一次。如果留在某人手中，不做交易的介媒，就不叫做流通而叫做收藏(hoarding)。流通就是非收藏(dishoarding or dehoarding)，收藏就是非流通。流通与收藏，是一件事的正反两面。并且流通一次，即收藏一次，所以我们如果知道那个货币收藏多少次，就可以知道它流通多少次。

货币的流通在经济上有重大的意义。各国货币流通速度(velocity of circulation)，各有不同，有的很快，有的很慢。我们对于每一个货币在一定时期内，譬如一年之中，流通多少次，实在无法知道，就是知道，也毫无用处。但是我们可以说，如果各个货币流通速度都很大，则比较流通速度都很小的场合影响于国计民生迥然不同。简单说来，一些货币若是比另一些货币的流通速度大一倍的话，它的效用也要大一倍。因此，我们对于货币流通速度不能不加以测量。

(4)流通速度的测量

上面已经说过，我们对于每个货币的流通速度无法知道，并且也不必知道，但是一国或一个社会内的货币，全体在一个时期与在另一个时期的流通速度的比较，我们如果大略地知道，则对于国计民生的状况比较地可以研究了。我们要测量货币流通的速度，应该先把流通的货币(money in circulation)一个观念弄清楚。什么是流通的货币？奥国经济学者孟额(Karl Menger)说，我们应先把人民永远收藏不用的货币，例如古钱，悭吝人所储蓄于长袜内的钱，农家所储蓄的纸币等，一概除外，其余公私机关的准备金，人民所储以待用的款项，均列入实际流通数量之内。① 这种解释实在是不易明了。究竟收藏时期到好久才算是非实际流通呢？至于测量的方法，也有争论。德国经济学者希尔德卜兰(Hildeberand)说，测量的时候应指定时间的一点(at a certain point of time)，把实际使用的货币数量来计算，不应把人民

① K. Helfferich, Money, pp. 450-454.

收藏的数量加入。① 英国经济学者堪南(E. Cannan)批评此说，谓时间的一点与几何学上空间的一点一样，是无有的东西，故测量货币流通速度应以某一时期(at a certain period of time)为标准。② 照以上所说，我们要测量货币流通速度，不必考虑哪些货币是流通的，哪些是非流通的，只要选定一个时期就够了。美国经济学者费雪(J. Fisher)解释这个问题极为详明。他说，“流通速度是用了的货币对于留存手中货币的平均数的一个比例，就是货币周转率。周转率和俗见的流通速度不同。后者以为流通速度是货币经过许多人手的平均次数，而我们的观念，则是把一个人每天留存手中的平均数去除那时期内货币经过他手中的总数”③。他并以测量火车速度为例。一个方法是跟随火车行若干里，再考虑其行了若干时刻而计算其速度。还有一法，是站在火车外某一地点而注意一定长度之车身经过此地点所需要之时间。前者可称为货币移转法(coin-turnover method)，后者为人身移转法(person-turnover method)。两法测量所得结果大略相同，惟前法常包括不用以交易的货币在内，故不如后法的正确。

依照费雪的方法，只要“把一年间与交易有关的货币流通平均数除交易总数”④即得流通速度。现举一个最简单的例子来说明：有人从1月起，到12月止，每月初收入30元，假定每月都是30日，又假定每日用1元去交易，则每日留存手中的货币平均为14元5角。全年用去360元。因此流通速度为24.8，即25次稍弱。此法所用的分母，是留存手中货币的平均数，并非货币流通平均数，但是收藏一次就是流通一次，前面已经说过了。

(5)流通速度的估计

根据前述理论，费雪估计1896年美国的货币流通速度为18.6，

① K. Helfferich, Money, pp. 450-454.

② Modern Currency, pp. 8-10.

③ Purchasing Power of Money, pp. 352-353.

④ Ibid, p. 17.

即每个货币在人民手中每次平均约有 19 日或 20 日的收藏。又 1909 年为 21.5，即每次约有 17 日的收藏。① 19 世纪的末年，法国经济学者吕洛波流（P. Leroy-Beaulieu）估计法国硬币的流通约有 8 500 000 000 法郎，而每年所消费的货物与劳役（services）为 25 000 000 000 法郎，所以当时法国货币流通速度不过三四次，比美国要慢得多了。②

第三节　法　偿

（1）无限法偿与有限法偿

法偿（legal tender）是法律规定可以每次偿债的支付工具的最大数量，债权人不得拒绝的意思。法偿有两种。①无限法偿（unlimited legal tender），即债务人用以偿债的货币，可以无限制地使用。平常各国对于本位币大都给以无限法偿的资格。比方民国 24 年 11 月 3 日以前，中国的无限法偿为银元。如有人用 1 万元现银还债或购物，债权人或商人纵令嫌其笨重，也无法拒绝不受。③ ②有限法偿（limited legal tender），即使用数目有一定限制，过此，则债权人或商人可拒而不受。此种法偿大概适用于辅币。比方中国法律规定 2 角与 1 角银币限用 5 元，铜币限用 1 元。④ 有限法偿有不适用的场合，例如货币发行机关，中央银行，政府税收机关，都不能照此限制拒收辅币。在实际上，此种法律等于具文，尤其是各银行对于商店的存款，每日有大量的辅币解入，都不能不受。各国政府所以规定有限法偿，无非是防止辅币的发行数量越过人民的需要，然在今日，此项规定已无多大

① Purchasing Power of Money, pp. 289-290.

② Wicksell, Lectures. Vol. Ⅱ, p. 71.

③ 法国 5 法郎银币与金法郎同为无限法偿。1833 年，英国法律规定英伦银行纸币为法偿。

④ 英国银币为 40 先令，铜币为 12 便士。美国 50 仙、25 仙与 10 仙银币为 10 元，5 仙与 1 仙为 25 元。德国银辅币为 20 马克，铜辅币为 5 马克。法国 10 法郎与 20 法郎银币为 250 法郎，铜币与铝币为 50 法郎，镍币为 10 法郎。

意义了。

(2)合法货币

合法货币(lawful money)为美国特别名称。它包含法偿货币，而其范围较大。在1933年以前，金币(gold coins)，金存款券(gold certificates)，银元(silver dollars)，银存款券(silver certificates)，绿背纸币(green-backs)，1890年发行之国库券(Treasury Notes of 1890)都是。1933年以后，联邦准备券(Federal Reserve Notes)与联邦准备银行券(Federal Reserve Bank Notes)都是法偿，当然更是合法货币。

(3)今日所谓法币

我国财政部于民国二十四年十一月三日颁布命令，定中央、中国、交通3银行钞票为法币，禁止银币流通。后又加入中国农民银行。所以政府4银行钞票已经代替了银元，成为无限法偿，而银元已在禁止流通之列。在19世纪，纸币虽亦可为法偿，但在发行银行不能拒绝兑换，而在欧战以后，各国都以纸币本身为法偿，不再兑现。中国也采同样政策。

第四节 货币本位

(1)本位的意义

本章第一节已把本位币说过了。什么叫做本位？在许多货币条例和货币学参考书中，都说是价值的本位(standard of value)，而不说是货币的本位(standard of money)。这两个名称，平常并不十分注意加以严格的区别，不过，至少照字面上看来，我们可以说，如果说是价值的本位，那似乎就是说货币，或是本位币。如果说是货币的本位，那就不能说是货币而应该说是货币里头的一件东西。瑞典学者维克霰(Knut Wicksell)解释本位的意义最明白，他说，“讲到本位，通常总以为是本位币中所含金属的净重，换句话说，也是一样，从一种贵金属一个单位重量之中铸成的货币单位的数。到了近代，本位的名词也常常指为铸造本位币的金属。因此，我们说是金本位、银本位、复本位等”。① 有许多人因为废止硬币的行使而专用不兑现的纸币，说是纸本位(Paper Standard)，照维克霰的解释，我们找不着纸的意义在哪里。② 于是有人改称纸币本位，似乎妥当些，然而一国纸币假使原来是代表一种金属货币，不过后来因为发行数量过多，到了不兑现而跌价，则纸币本位又似非根本的说法了。

(2)本位的种类

前述维克霰解释本位的意义，是专就金属货币而言，是一个实际的解释。但是金属货币之外，在古代人类，有用贝壳、皮革等为货币的，我们可叫做贝壳本位，皮革本位等。即在现今前德国殖民地现在日本委托统制下的加罗林群岛(Caroline Islands)土人，还有用大石头作为货币的，③ 也可叫做石头本位。19 世纪以前理想家有主张采用谷物本位(Corn Standard)，或劳力本位(Labour Standard)，或表本位(Tabular Standard)的。近日更有主张采用消费本位(Consumption Standard)的。④ 再进一步，本位的名称并推广而用为批发本位(Wholesale Standard)，零售本位(Retail Standard)，所得本位(Earning Standard)的。⑤ 这许多名称，不是已成过去，就是偏于理想，不是现实问题。现在只把 19 世纪以来世界各国曾经采用过的各种本位叙述如下：

①有效金本位(Effective Gold Standard)　这是金本位(Gold Standard)的一种，又有称为金币本位(Gold Coin Standard)的。在欧战以前，英国行了将近 100 年(1821—1914)，其他各国都望尘莫及。英

① Lectures, Vol. Ⅱ, p. 48.

② 参考拙作《货币制度》，见武汉大学《社会科学季刊》。

③ 参考 Robertson, Money, p. 159.

④ J. M. Keynes, Treatise on Money, Vol. 1.

⑤ Ibid, Vol. Ⅱ, p. 393. 参看本书第四篇货币政策第三章第一节所引凯衍斯的《逐渐贬值说》原文。

国金本位所以有效，一般人都以为系遵守两个原则，一是自由铸币，一是无限法偿。但无限法偿的规定，远不及自由铸币的重要，所以瑞典学者嘉塞尔(G. Cassel)说，"金本位要是有效，则凡有一定现金的人，无论那现金在国内或在国外，都要有权向国家要求兑取相当的货币。反转来说，也是一样。老实说，就是凡有现金的人，都应该有自由输入与自由铸币的权。凡有金币的人，都应该有自由输出与自由销毁的权"。① 这4个自由权，实际上，就是一个，自由铸币。

②金块本位(Gold Bullion Standard)　金块本位是理嘉图所发明。② 在1821～1823年，英国早已实行。1925～1931年，英国又采用了。金块本位的目的，在使国内不流通金币，而由国家银行储存金块，使有现金出口需要的人，得随时按照"金的造币厂价"(mint price of gold)，把纸币拿到国家银行，兑取金块，运送出国。1925年英国《金本位条例》(Gold Standard Act)规定，凡请求金块的人至少要有400翁斯的数量。1931年停止金本位，就是停止这个办法。

③跛本位(Limping Standard)　跛本位，又有译做跛行本位的，也是金本位的一种。19世纪，法国实行，最为有名。怎样叫做跛本位？前面已经说过，有效金本位是有两个要遵守的原则，一是自由铸币，一是无限法偿。金法郎是无限法偿，但不能自由铸造，譬如一个人缺了一条腿，所以叫做跛本位。这种本位，也还要政府自己铸造金币，人民才得有无限法偿的机会。现在各国都不以流通金币为然，跛本位也就无形中消灭了。

④金汇兑本位(Gold Exchange Standard)　金汇兑本位，又有译做虚金本位的，也是金本位的一种。最初本是一国对于它的殖民地采用的一种币制。荷兰在1877年用之于爪哇，③ 然而世人并不注意。从1893年印度停铸银罗比，采用英汇兑定率以后，金汇兑本位制才为

---

① Money and Foreign Exchange After 1914, p. 2.

② Ricardo, Proposals for an Economical and Secure Currency, Section Ⅳ, 见McCulloch's edition, Ricardo's Works, p. 405.

③ G. Vissering, On Chinese Currency, Vol. Ⅰ, p. 115.

人所注目。嗣后各国殖民地固然相继实行，而独立国家，如日本、俄国、奥国等，都避其名而用其实。欧战以后，更属普遍的采用了。金汇兑本位的目的，不仅国内不用金币，并且不储存金块以供出口需要，而在国外选择一个或几个金融中心市场存放现金，以备汇款之用。此法在欧战后虽曾流行过几年，但自1929年世界经济恐慌开始以后，各国都停止金汇兑本位，都把存放于国外的黄金运回本国。这无非是国际信用业已丧失的缘故。

⑤复本位(Bimetalism)　以上所述，都是金单本位制(Gold Monometalism)，是以黄金为币材，其余各种金属不过铸币时用以调节的工具，而非价值的本位。辅币所用的金属，好像金币内所含的合金，纸币所用的纸张，不能算是币材。在金本位国家，金是币材，银是货物。在银本位国家，银是币材，金是货物。复本位则采用金银两种金属为币材，而用法律预定两种金属间的比值铸成金银两种货币，并许人民向政府任意兑换，政府不得拒绝。在1792年，美国采15∶1的比值，金币含纯金24.75格林，银币含纯银371.25格林。1803年法国采15.5∶1的比值，1 000格兰纯银铸1法郎银币200枚，1 000格兰纯金铸20法郎金币155枚。复本位制优于单本位制，是由于货币价值比较地可以稳定。譬如一碗水易干，两碗水各各分开，和一碗水一样地易干，若是把两碗水合在一处，则比较地不受气候的影响。此种说法在理论上实无可非议，只要采用复本位时，所定的比值合乎实际，究不应发生问题。19世纪中，法国法定的比值，最为合理，行了数十年，因英德等国不能合作，终归失败。所以一般人的意见，以为复本位制虽然合理，但非采万国复本位制(International Bimetalism)，则难以维持，其理由在下两节说明。

⑥银本位(Silver Standard)　古来，金银铜3品都是币材，随便使用，原无所谓金单本位或银单本位，自从1816年英国用法律规定金本位以后，世界上才感觉有所谓本位问题。1873年德国货币条例采用金本位。1893年印度停铸银罗比，银的币材资格才为一般人所轻视。到现在各国都相继采用金本位或金汇兑本位，只有中国还未能

明白规定。民国二十四年(即1935年)十一月三日财政部颁布法币令，规定国币1元合英金1先令2便士半，在表面上看来，中国还是银本位，然而实际上，也可以说中国已经与英国发生货币上的联系，已经是踏上金本位的大路了。

第五节　格雷馨法则

(1)法则的意义

"格雷馨法则"(Gresham's Law)，即俗称恶货币驱逐良货币(bad money drives out good money)①的定律。据说是Sir Thomas Gresham所首倡。他在1554年②曾上英女皇以利沙白(Queen Elizabeth)奏折，说过此事，但世人并未注意，直到1857年，英经济学者马克略(H. D. Macleod)在他所著的《经济学初步》(Elements of Political Economy)，说此法则是格雷馨所发明，世人才相习称为"格雷馨法则"。后来1896年，马克略著《经济学史》(History of Economics)的时候，忽发见1366年阿列姆(Nicolas Oresme)在上奏法国查理第五(Charles Ⅴ.)时，又可伯尼加斯(Copernicus)在上奏波兰西继斯曼第一(Sigismund Ⅰ.)时，均早已发明此法则。然"格雷馨法则"业已经过40年的传说，一般人并不因为马克略的更正而改变。③ 其实在西历纪元前三四百年，已有希腊喜剧作家阿利斯多芬(Aristophanes)差不多同样地说过了。④

本法则是说，有两个货币在此，假定法律上规定它们的价值是相

① 所谓恶(bad)与良(good)在经济学上有许多解释。Marshall说，Inferior currency drives out superior currency，见其所著Money Credit and Commerce，p. 60. 又Fisher说，Cheap money drives out dear money，见其所著Purchasing Power of Money，p. 113.

② Marshall在其Money Credit and Commerce，p. 60，Note 2中称为1558年。

③ Fisher，Purchasing Power，p. 112.

④ D. Kinley，Money，p. 53，Note.

等的而其非法律的价值不相等，则非法律的价值较低的一个货币必定流通于市面，而较高的一个必定为人所保留不用或竟为人所销毁，结果，市面上所能看得见的货币都是恶货币了。这种事例很多，譬如轻质硬币驱逐重质硬币，破烂纸币驱逐新纸币都是。然最重要的问题乃在复本位制下的金币或银币，下节当详为说明。

(2)法则行使的限制

本法则的行使，虽然是一般人所认为共通的现象，然有时不尽适用。第一，国家法律严明，行政效率很高，人民不能私铸或销毁。第二，发行数量有限，譬如辅币，各国都极力限制铸造。1893 年印度停铸银罗比，使其流通数量逐渐减少，而价值逐渐提高，到 1898 年，1 罗比竟提高到 1 先令 4 便士的法定汇价。第三，人民习用良币，对于劣币一致拒绝行使。例如南北花旗战争时，美国各州都用跌价的绿背纸币(greenbacks)，只有加利福尼亚州(California)维持它的金币使用的习惯。①

第六节　维持两种金属货币的比值之方法

(1)复品币制

我们在讲本位币与辅币的时候，曾经说过小额交易应该有比较价贱的金属货币。我们在讲复本位的时候，又曾经说过，辅币所用的金属不能算是币材。这两句话都是就金单本位或银单本位而言，至于复本位制，则金银两金属都是币材，两种货币都是大家交易所要用的本位币。单本位与复本位虽然是截然不同的两种币制，但我们应该知道，无论单本位也好，复本位也好，所用的金属都不止一种，这叫做复品币制。现在世界各国都是用复品币制，但在中国历史上，我们的祖宗曾经用过单品复制。汉以前我们不说，从汉到宋一千多年，我们

① 参看 Kinley, Money, p. 55.

用的有铜单品币制。除铜以外，我们找不出别的货币。① 铜单品币制应该是最简单而最易行的了，然而历史告诉我们，汉唐宋的币制如何不能维持。由此可见，无论币制如何简单，若非有良好的政治，是不能维持的。复品币制自然更加复杂，非有强有力的政府，每每发生紊乱现象。我国直到最近，才能打破纪录，行使十进的镍铜辅币。这种长期演进的币制史，在近世欧美国家，从来无人想象，② 而在中国则似乎难而又难。此中原因，以下拟详述之。

(2)法定比值与市场比值

法定比值(legal ratio)是政府采用复本位时用法律规定铸币时金币中所含纯金重量和银币中所含纯银重量的比例。譬如1792年美国所定15∶1和1803年法国所定15.5∶1就是它们的法定比值。法定比值并不是永久固定而不能更改的。例如1834年美国改为16∶1。金币所含纯金减少6.26%即只含23.2格林。银币所含纯银照旧不变。1837年成色由11/12改为9/10。金币改为23.22格林，银币仍为371.25格林，金银比值为15.988∶1。但是法定比值一经决定以后，造币厂即照此铸币。若时常变更，则收回改铸不胜其繁。不收回改铸，则人民势必把重质货币销毁以牟厚利。如果法定比值永久不变，则历次铸币当然一律，似不至发生问题，然而市场比值(market ratio)若是不同，则“格雷馨法则”又将出现。金银除作币材之外，还有其他用途，即美术工业的用途。金银在市场上的比值，不受法定比值的拘束，而受当时两种供求的影响，譬如金的供少而求多，银的供多而求少，则金贵而银贱，反之，则金贱而银贵。市场比值变更的频繁，按之史册，都是事实。③ 1792～1834年，市场比

① 新莽时，曾经有过复品币制的计划，然而事不果行。汉初虽然用金赏赐，然不久就不用了。

② 德国在1870年以前，大帝国尚未统一，各邦币制紊乱也不逊于过去的中国。详情可参考 K. Helfferich, Money, Vol. Ⅰ, pp. 147-149.

③ 参看美国《造币厂年报》(Report of the Director of the Mint, Washington)。

值大概近于15.1∶1，只有1808年，1812年，1813年3年近于16∶1。所以从美国人民看来，金较贵而银较贱，美国金币逐渐消失，国内流通的不是纸币，即是外国所铸的杂色银币。1834年以后，一直到1873年，市场比值还是近于15.5∶1，而美国法定比值已改为16∶1，所以从美国人民看来，金较贱而银较贵，故银币又逐渐消失。1853年，政府不得不将银币成色减低6.91%，即所含纯银从371.25格林减为345.60格林。

(3)定值过高与定值过低

定值过高(over valuation)与定值过低(under valuation)，当然是两个正相反的说法。当法定比值一定的时候，市场比值若是发生差异，则我们不说是市值过高或市值过低，而说是定值过低或定值过高。这好像是市值变更是自然的，定值不变是不合理的。其实这是无所谓的。我们现在有两种金属，两种价值，相互比较，一共有四个条件，总要有一个说法才好。1834年以前，美国法定比值为15∶1，而市场比值约为15.5∶1，所以我们可以说金币定值过低(under valuation of gold dollar in terms of silver dollar)，从另一方面说，银币定值过高(over valuation of silver in terms of gold)。若是不从法定比值方面看而从市场比值方面看，在那时候的美国，可说是黄金卖价过高(high price of gold in terms of silver)，或说是白银卖价过低(low price of silver in terms of gold)。就黄金而言，市场卖价，既比造币厂价高，当然依据一般货物向高价地方流动的原则，也不得不向市场流动，所以1834年以前，美国金币不得不逐渐消失。1834年以后，美国法定比值为16∶1，而市场比值还是约为15.5∶1，我们说金币定值过高，银币定值过低，在市场上，黄金卖价过低，白银卖价过高，所以银币逐渐由货币界流到工业界而消失了。

(4)复本位的自然调节

照以上所说，采用复本位时，难免法定比值和市场比值发生差异，因此，定值过高或过低，结果，“格雷馨法则”出现，金币或银币必有一种逐渐消失。推其原因，是定值与市值不能一致。如果一致，则问题不至于发生。前已说过，定值不变，本不合理，然而我们不铸币则已，① 要铸币，则不能时时收回改铸，所以定值不变，是不能避免的事，而两值又不能发生差异，则只有用人为的方法使市值与定值相合之一法。欲达到此目的，究竟用何种方法呢？在实际上只要采用复本位的国家极强而有力，或世界上多数工商业发达的国家共同采用复本位，则定值与市值不会发生很大的差异。为什么呢？如果发生差异，譬如定值为15.5∶1而市值为15.4∶1，这就是说，法律许人民以1两金子换15两5钱银子，而市上只能换15两4钱银子，则人民都会用金子向造币厂请求铸币，而把银币销毁向市场兑取金子，再向造币厂请求铸金币，一转手间，每1两金子可得1钱银子的利益，即1/154的利益。金银屡易，利益无穷，谁不乐为？但如此，则金币流通增多，银币流通减少，而在市场上则金子日少，银子日多，金子1两势非多兑银子，即非到兑取15两5钱不止。反之，若是定值为15.5∶1而市值为15.6∶1，则市上金贵银贱，金币必见销毁而求售，驯至市上金子增多，兑换银子的数目非降到15.5∶1不止。这叫做自然调节作用(compensation action)。

(5)面值、实值与虚币

政府铸币，必须在货币上印出值计算的货币若干，例如我国银元印有1圆字样。这叫做面值，或额面价值(face value)。究竟我国银元是否值1圆，须视公差与磨损如何而后能定。银元内所含纯银的分量为实际价值，简称实值(real value, or intrinsic value)。无论何种货币，它的实值和面值，多少总有点差异，不过本位币，尤其在自由铸币之下的本位币，这差异一定极微。辅币的实值照例远在面值之下。凡实值低于面值的货币，叫做虚币(token money, or token coin)。理嘉图说，如国家铸币时征收铸费，则铸成之币必较未铸货币时该金属

① Fisher有调节的金元(compensated dollar)，即不铸金币而迁就市值的一种办法。他的理想见 Purchasing Power of Money, Appendix.

之价值超过其所征收之铸费。纸币因此可说是征收全部铸费。① 我们要知道虚币之虚的程度，我们须知道①公差，②磨损，③铸费。纸币是百分之百的虚币。

(6)辅币的私铸与销毁

前述复本位的自然调节作用对于辅币不能适用，因为辅币不能自由铸造，因为它是程度很高的虚币，铸造利益很大。辅币的面值高过实值，在近来自然是举世一致的办法，然当初并非如此。英国就是不自觉的一种演进。② 从前辅币的面值和实值差不多，在那时候政府铸辅币有两种危险：一是伪造(counterfeiting)，一是私毁(smelting, or melting)。如果辅币铸成以后，不久就变成虚币，则人民或有犯法私铸的，③ 如果辅币在铸成以后，辅币金属比本位币金属涨价，则必被销毁。伪造固足使辅币充斥于市场，而销毁则足使辅币绝迹于市场，而引起小额交易的不便。此两种危险，似乎总有一种不能避免。我们翻阅马端临《文献通考·钱币考》，就可知历代钱币行政所以紊乱的原因。近世欧美各国最惧辅币之销毁而不甚惧其私铸，因为政治清明，警察严密，而铸币机器又极复杂，私人不易设置，所以私铸之事并不常见。至于销毁，则人所易为，难于防范。因此辅币金属一有涨价之趋势，各国政府即起而收回改铸，减低其重量或成色，或同时并减。辅币经过屡次改铸，重量愈小，成色愈低，虚币的程度愈高。若欲牟利，铸辅币当然是一件有利的事，然而政府筹款自有良法，决不以此为得策，所以各国既无私铸之风，又无滥发之弊，货币行政如有困难，则其困难已不在辅币了。

---

① Ricardo, Principles of Political Economy and Taxation, Chap. XXVII.

② 参看 Cannan, Money, p. 31。英国本来是银本位，Dana Horton 曾著有 The Silver Pound 说明此事。1798 年法案，决定采用金本位以后，银币逐渐失去其本位币之资格而变为辅币，其成色、重量也逐渐减低，而变为虚币。参看 The Silver Pound, pp. 68, 145, 184, 185。

③ 现在战争期内，铜价高涨，战区内铜币缺乏，政府不得不发行“分币券”以资调剂。

第二章　纸　　币

第一节　纸币的意义与种类

(1)纸币的意义

纸币(paper money, or paper currency)在中国货币史中，发明比汇票晚，然而已有六七百年的历史了。① 在欧洲，近古时代的意大利、日耳曼、荷兰各通商口岸，有所谓银行货币(bank money)，在当初似乎是一种代管收据，和今日银行信托部所出的贵重物品保管收据一样，目的并不在乎流通，但后来为便于财产权之移转起见，渐渐变为认票不认人，并且兑换亦不必原物了。

纸币有称为代表货币(representative money)，又有称为货币的代替物(money substitute)，原来是发行人(issuer)对于持票人(holder)所发的一种借据。例如1元钞票，发行银行(bank of issue)在票上声明凭票兑换国币1元，所以又叫做约付债券(promisory notes)。② 今日各国所发钞票，已经由各国政府禁止兑现，所以纸币在各该国内已经是货币而非货币代替物了。

---

① 大明通行宝钞，明洪武年间所印，式样见 W. Vissering, On Chinese Currency。H. B. Morse, Trade and Administration of the Chinese Empire 重印。

② 1822年英国《票据法》(Bills of Exchange Act)把钞票、支票、汇票包括在一个广义的汇票之内。

(2)兑换券与不兑换券

纸币在发行当初，本是兑换(redemption，or conversion)的性质，而且有见票即兑(promise to pay on demand)的义务。如果发行人愿意并且能够履行这种约束，则可以叫做兑换券(redeemable note，or convertible note)，否则是不兑换券(irredeemable note，or inconvertible note)。本是兑换券而后来因为种种原故停止兑现的，叫做停兑(suspension，or suspending payment)。停兑后，因为环境改善而又恢复兑现的，叫做开兑(resumption，or resuming payment)。欧战以前，纸币不兑现是不名誉而为各国所忌的事，现在似乎以不兑现为一种上策了。

(3)政府发行与银行发行

纸币的发行有属于政府机关的，叫做政府纸币(government note，or treasury note)，有属于银行的，叫做银行券(bank note)。这种区别，似乎在欧战以前各国银行多系私人资本设立，所以银行券似乎专指私人机关所发行的钞票。在最近，这种分别已有很多的国家不存在了。例如我国的中央银行、中国农民银行，实际上，中国银行、交通银行、苏俄的国家银行(Gosbank)、日本的日本银行等，都是政府设立的银行，在表面上虽然可以叫做银行券，但实际也是政府纸币。经济学者对于纸币的观念亦大不相同。从前以为政府纸币总是趋向滥发(over issue)，或强制发行(forced issue)，所以谈到政府纸币，都要色变。现在政府好像是万能。实际上各国除政府纸币外，并无所谓真正的银行券了。理嘉图对于政府发行与银行发行说是无甚差别，不过在人民负担租税上说来，政府发行可以节省人民负担，而银行发行则不能。譬如国家派遣远征军出境，需要100万镑军费，若当时利息为周年7厘，则由银行发行钞票100万镑，借给政府，政府要每年付息7万镑，而自人民课缴此数。若是由政府发行100万镑钞票，以代替100万镑金币的流通，则军费可从此出，而人民永无租税的负担。①

第二节　纸币发行制度

(1)单发行制与多发行制

纸币发行制度，向来分为两种：①单发行制(centralised issue system)，②多发行制(decentralised issue system)。后者的发行机关，不止于一。在史册上最著名的多发行制，要推苏格兰，其次是坎拿大。② 这两国的银行数目不过10家左右，资力大致相等，金融界极其平静，所以纸币的发行权虽然分散在各行，而无滥发或垄断的弊病。美国自从19世纪初年第一中央银行(The First Bank of the United States)与第二中央银行(The Second Bank of the United States)相继失败③以后，直到南北花旗战争为止，纸币发行不能集中，金融界极为紊乱。我国发行向来也不集中，在前清时代，不独私人设立的银行钱庄有发行权，就是外人在华设立的银行分支行只要得到他们自己政府的许可，也可以在中国境内发行钞票。此是世界各独立国所无的事。直到最近，我国纸币发行才有集中的趋势。民国26年7月7日芦沟桥事变发生以前，政府已经计划设立中央储备银行，不幸中途搁置。

多发行制在世界太平时期，本无所不可，但以目前局势而论，各国政治制度都采集中统制方案，纸币发行当然也不能例外。否则一遇战争爆发，经济战争不能运用灵便统一的机构，国家生存将陷于危

---

① Principles of Political Economy and Taxation, Chap. XXXⅡ, Section, 128. Gonners edition, p. 349.

② 参阅 A. W. Kerr, History of Banking in Scotland 与 Breckenridge, Canadian Banking System, in the National Monetary Commission Publications.

③ 参阅 C. F. Conant, History of Modern Banks of Issue, Chap. XXXⅢ.

险。苏格兰所以至今仍旧维持多发行制，不仅因为历史悠久，并且国际政治向来有英伦当冲，苏格兰可以安然过去。坎拿大自1934年通过《坎拿大银行条例》(Bank of Canada Act, July 1934)以后，多发行制亦已废止。此外，英国各殖民地都已采集中发行制度。可见多发行制现已不存在了。

(2)领券制度

领券是非发行银行向发行银行领用钞票的办法。原来发行钞票是有利的事，①若由少数银行垄断，似欠公允，所以上海方面近年来倾向集中发行，同时奖励领券，使非发行银行也得分润一部分利益。②其方法大概领券银行在领券时，可缴纳一部分现金，另一部分为债券等，作为抵押品。公债券的息金当然为领券银行或钱庄所得，而其所领之券又能放出生息，故领券100万元，生息款项不止100万元。民国二十七年四月二十八日财政部公布《改善地方金融机构办法纲要》，规定各地方金融机关得向中、中、交、农4行领用1元券及辅币券，缴法币至少20%，公债30%，其余以土地、房屋、农产品、农商票据等充之。钞票印制费除以二成法币准备项下应得之存息抵充外，每领券100万元，应缴22500元。

---

① 发行钞票有利与否，须视钞票种类如何。大概单位以上的钞票都是有利，辅币券成本较大，已无甚利益。最近上海因为铜币缺乏，中央银行发行“分币券”(参阅民国二十八年十月三日《上海银行周报》第23卷第39期)，据说每张成本已超过1分，自然不会引起伪造之事，不过银行亏本发行也不是一个办法。这不过是随时措置而已。英伦银行5镑以上的钞票，照理应有利益，惟欧战以前，该行习惯，凡钞票一旦回到发行部，无论新旧，一概不再发出，而其纸张印刷又特别精工，所以也无利可图。

② 上海各私立银行为竞争营业起见，从前常给钱庄或商家以某种利益，使其缴纳存款，并为推销钞票。最普通的奖励方法是领出钞票时不扣存款利息而迟计10天或半个月。此与领券制度不同，不在本段讨论范围之内。

第三节 准备制度

(1)准备的意义

前已说过，纸币是发行人对于持有人的一种借据，应该有归还的义务；又说，兑换不必原物。这与普通借物微有不同。纸币发行原来是发行人借到货币，所以持有人要还的时候，发行人不得不拿出货币。这里所谓货币，就发生许多问题。既然不是原物，就应该有个明白的规定，什么东西才可以代替原物。纸币是货币的代替物，纸币的兑换，不能再用纸币。讲到这里，我们似乎要用货币做纸币的代替物了。其实不然，这里是说，一个货币可以做别一个货币的代替物，如是而已。现在如果要问，一个货币是否和别一个货币的价值相等呢？这个问题此处不能详答。简单地说，一国法律规定它们相等，发行人就算尽了他的义务，至于实际上真正相等与否，他却不能过问。

除货币外，发行机关也可用有价证券(securities)，国内外商业票据(bills)或其他有价值的东西作为准备，叫做保证准备(fiduciary issue)。而用货币作准备之一部分叫做现金准备(cash reserve)。现金准备与保证准备如何分配，各国多以法律定之。

照上面所说，纸币发行的准备(reserve)是发行人按照法律所规定的办法，用价值相等的货币或其他有价值的东西存放在发行机关内，以备持有人随时来兑，这叫做准备制度(Reserve System)。

(2)通货券主义与银行券主义

1797年英国因战时财政困难，钞票发行过度，以致英伦银行不得不停兑，全国物价高涨，一直到1821年才开兑。自此以后，英国人士间发生一种争论，就有通货券主义(Currency Principle, or Currency Doctrine)与银行券主义(Banking Principle, or Banking Doctrine)之争，主张通货券主义者有洛易德(Jones Lloyd，即Lord Overstone)、披尔(Robert Peel)等，说是纸币的发行，应该有严格的法律规定，发行

1 镑钞票就应该有 1 镑金币的准备。他们以为如此就可以依据自由铸币的原则，使货币的流通数量与社会的实际需要相适合，而无过多过少，物价不调的弊病。主张银行券主义者反对此说。这一派人，如季尔伯(J. W. Gilbert)、都克(T. Tooke)、福拉敦(Fullarton)等，都以为纸币的跌价，虽然是由于发行过多，然欲矫正此弊，不必政府严厉干涉，只要发行银行见票即兑，就自然可以维持。两派争论达数十年，直到 1844 年《英伦银行条例》公布以后，才见决定。

(3)英国的固定保证发行制

1844 年，披尔(Robert Peel)之子小披尔任首相。通货主义派得胜，通过有名的《英伦银行条例》(Bank of England Charter Act，省称 Bank Act，又称 Peel's Act)。条例内容，将银行事务分为两部：一银行部(Banking Department)，管理发行钞票以外之一切银行业务。一发行部(Issue Department)，专管钞票的发行事务，所有发行的钞票，除 1400 万镑可以用政府欠款作为准备以外，其余每发行 1 镑钞票，必须准备 1 镑现金。其他在伦敦享有发行权之银行，从此以后，不得增发钞票，但后来如有合并，解散，或在英伦设立分支行，则丧失其发行权，而英伦银行得继承其 2/3。① 本条例关于纸币发行部分最重要的规定，即是保证准备只限于一个永久固定的数目，就是那 1400 万镑。这叫做固定的保证准备制(Fixed Fiduciary Issue System)。立法的用意，以为英伦人民所需要的支付工具，至少必有 1400 万镑，所以对于此数不必用现金准备，过此，则非用现金准备不可。换一句话说，全英伦所用的支付工具，只有此 1400 万镑之数非现金，其余的都可按照自由铸币的原则，随时增减货币流通的数量以应社会的需要。此种用意，在当时以为如此就可以解决货币问题，殊不知英国国富日增，工商业日益发达，人民需要支付工具逐渐加多，1400 万镑或 2000 万镑之数，到了几年以后就会不够用了。自此条例公布以后，

① 英伦银行此项发行额到 1923 年始增至 1975 万镑，而全英伦发行权始统一了。

果然，不到几年，就发生了金融恐慌。1847 年英伦银行因为条例所限，不能自由放款，工商业大感压迫，财政部不得不即刻用部令停止该条例的行使，而后向议会请求追认。部令一颁，风潮立即平息，实际上发行并未曾超过。恐慌过去以后，条例仍继续有效，10 年以后，1857 年同样发生金融恐慌，同样停止条例。此次保证准备虽然超过 1400 万镑，而为数甚微。1867 年又是一次恐慌，办法也和 1847 年相同。原来施行此种条例，是防止金融恐慌，不料成为制造恐慌的根源，而以停止条例为解除恐慌的方策，是原提案人所不及料。但是英伦金融制度在 1844 年，已暗中改善，支票制度日见发达，所以发行制度虽然极端严厉，还不阻碍工商业的发展。

(4)法国的最高发行制

当通货主义得志于英国的时候，银行券主义反见重于法国。1848 年，法兰西银行统一全国钞票的发行权，只定最高额为 350 000 000 法郎；现金准备与保证准备如何，法律上并无明文规定。这叫做最高发行制(Maximum Issue System)。此项最高发行额，因时代变迁，以后时有扩充。1828 年，整理币制，废除此制，而改用比例准备制，现金准备为 35%。

(5)德国的比例准备制

德国在普法战争以前，逐渐统一行政，羡慕英国的富强，极想模仿其财政金融制度，但又鉴于 1847 年、1857 年、1867 年 3 次之恐慌情形，知道固定的保证准备制确有缺点，乃发明有伸缩性的比例准备制(Proportional Reserve System)。1875 年，通过银行条例，全国发行总额定为 385 000 000 马克，其中中央银行(Reichsbank)占250 000 000 马克。现金准备定为 1/3，其余 2/3 为 3 个月以内到期之两名商业汇票。中央银行发行额如万不得已时超过 250 000 000 马克，课以年息约 5% 的额外发行税。如此，则中央银行若遇金融恐慌时，不必像英伦银行请求议会停止条例，只须缴纳相当的税，即可在额外发行。征税所以防止银行为取得利益，故意额外发行。此种比例准备制，再加以课税方法，他们以为比英国制度富有弹性了，乃1899年，发见季节的需要(seasonal demand)①，不能照平常办法处理，乃修改条例，一方面增加全国发行总额为541 000 000马克，其中中央银行占450 000 000马克，另一方面规定四季的最后一星期，为818 771 000马克与750 000 000马克。关于征税，亦改为递增办法，使中央银行额外发行愈多，负担愈重。自比例准备制创始施行以后，世界各国争相仿效，成为最流行之一种准备制度。

(6)美国的联邦准备制

美国自从第二中央银行解散以后，中间经过独立国库制(Independent Treasury System)及国立银行制(National Banking System)，将近80年，政府财政与国民经济两方面都发生困难。为了此事，美国政府在1908年曾经任命一个币制调查委员会(National Monetary Commission)，到各国考察币制金融，归国后，向议会提出有名的报告数十种，至今还不失为研究币制金融的良好参考资料。根据该会的报告，渐渐形成一个改革案，这就是1913年通过的《联邦准备条例》(Federal Reserve Act)，而其制度称为联邦准备制(Federal Reserve System)。此制将全国分为12区(district)，每区设立一个联邦准备银行(Federal Reserve Bank)，而在华盛顿市设立联邦准备局(Federal Reserve Board)以统治之。准备银行资本由国立银行(强制参加)、州立银行(State Banks)与信托公司(Trust Companies)缴纳。纸币的发行，分为两种：(一)联邦准备银行券(Federal Reserve Bank Notes)，是继承国立银行券(National Bank Notes)，而以5%的现金与100%的政府债券为准备。(二)联邦准备券(Federal Reserve Notes)，是准备银行新发行的一种钞票，现金准备定为40%。此制的特点不在乎准

① 季节的货币需要在1832年与1841年由J. Horsley Palmar与J. W. Gillbert答复议会的委员会询问之时，首先指出。当季节将临之时，人民常欲将存款一部分变为纸币与硬币。又当商业繁盛的末期与金融恐慌期中，同样事情亦必发生。(J. A. Hayek, Prices and Production, 1st ed. 1931, p. 96.)

备制度，而在乎将全国分为 12 区，每区设立一发行银行，既不似从前的多发行国立银行制，又不似单发行的欧洲各种中央银行制，所以美国的发行制度还是在由多发行趋向单发行的过程之中。①

(7) 中国的准备制度

中国的准备制度，也是一种比例准备制度，规定现金准备为60%，保证准备为40%。此制经过两年多的抗战，未曾变更。当初此制本是对于一般发行银行而设，后来上海方面的商业银行均采用向中、中、交、农领券办法，放弃了发行权，所以现在普及全国的发行银行，只有 4 家国立银行，而此 4 家银行本预定联合组织中央储备银行，统一全国纸币的发行权，不幸发生战争，暂时停顿。至于各省银行为各省所设的地方银行，虽亦有发行辅币券之权，但尚无明文规定准备制度。四行的现金准备大半存于英美两国，作为外汇基金，且已变为金存款了。

(8) 比例准备制的得失

比例准备制在现今各国，除英国、日本、瑞典、挪威 4 国外，差不多是全世界所采用的一种制度。它的重要性可以想见。究竟这种制

① 关于 1930 年时期的各国准备制度，除苏俄与中国外，共 73 国，均载在 League of Nations, Gold Delegation, Registration on Gold, 1930。最近各国中央银行法定准备率的现状，可分为 4 类：(1) 固定的保证准备制，采用的有英、日、瑞典、挪威 4 国。(2) 新近设立的中央银行，有阿根廷、坎拿大、纽西仑、印度 4 国，规定纸币与活期存款均为 25%。(3) 德国自 1932 年 9 月，意大利自 1935 年 7 月，均停止法定准备率。(4) 此外有 9 国均减低法定准备率。其中，如奥国、保加利亚、但泽、拉特维亚系直接减低。尚有 4 国，所采方法各有不同。例如波兰自 1933 年起，规定纸币与活期存款超过 1 万万 Zloty，即须现金准备 30%，原有现金与外汇准备共计 40% 的办法废止。捷克 1934 年法律，活期债务总数须准备现金 25%，至于外汇，只可用作纸币的第二准备金。匈牙利 1934 年法律规定今后 4 年间现金准备为 24%。犹哥斯拉夫 1935 年 1 月法令，规定现金与外汇准备率为 25%，其中现金占 20%（League of Nations, Monetary Review, 1938, pp. 88-89）.

度在理论上和事实上有无可议的地方，我们应该加以讨论。创立此制的德国在欧战以后，曾经把现金准备改为30%，然自1932年7月国社党得志以后，中央银行(Reichsbank)现金准备降低到世界各国中的最小者。1934年6月23日达到7650万马克的最低纪录，年底不过恢复到8370万马克，仅当钞票发行额2.1%，现在则已不到1%了。照常理，德国货币对外价值应该不能维持，然因施行汇兑统制的缘故，外汇率还是比较安定。① 由此看来，所谓法定比例，已经不必遵守了。至于在理论上，创制的人以为比例准备富有弹性，实则各国所采的比例并不一致，所定30%，35%，40%，60%，均无特殊理由。不过国家富强时，比例可以低些，国家威信尚未确立时，比例应该高一点。究竟低到如何程度，或高到如何程度，并无一定可靠之理论根据。法定比例(legal ratio)决定以后，发行机关要保持这比例，实际比例(actual ratio)应该高得多，才能在金融紧逼时不至违反法律。譬如我国法定比例为60%，发行银行必定要在平时准备60%以上，或高到80%，才能在紧急时维持60%，因为60%是最低限度，而不是最高限度。② 因此，比例如果定得太高，结果是十足准备；如果定得太低，结果与不定比例相同。③ 从国民经济上说，比例准备制比固定的保证准备制影响更大，因为后者收回1元钞票，即发出1元现金，

① Fifth Annual Report of the Bank for International Settlement, pp. 21-22.

② 抗战以前，上海各银行每次发表准备检查报告，除中央银行外，差不多都是恰好有60%，不多也不少。他们如何能够做到这一步呢？是钞票发行以外，还有存款，也有现金准备，他们尽量先把钞票准备凑足以后，有余，才作为存款准备，所以前者总是60%，后者的比例听其随时高低。简单地说，钞票与活期存款两项共计的现金准备不低到钞票发行额60%以下而已。这种比例或许也不算低，不过立法原意不见得是如此。

③ 假设法定比例为40%，钞票发行为100万万镑。如果500万镑钞票要求兑现，则兑现之后，钞票流通额减为9500万镑，现金准备减为3500万镑，比例降到37%以内了。若是发行银行预料500万镑的兑现，则非准备4300万镑现金不可。如果彼预料将有2500万镑的兑现，则非准备5500万镑现金不可，因为兑现以后，钞票流通额减到7500万镑，现金准备减到3000万镑，还是40%的比例。(E. Cannan, Modern Currency, p. 36.)

此1元现金固然也可以销毁或运送出口而减少1元货币的流通，然其影响只限于此1元。若按照比例准备办法，例如1/3的比例，则收回3元钞票，才减少1元现金准备，流通的货币①数量大为减少，影响之大随法定比例的减少而愈甚。我们现在得到一个结论，即英国的准备制度较为合理，惟须随时加以修改，如法国的最高发行额一样。②

① "流通的货币(money in circulation)是指国库与联邦准备银行以外的一切货币，包括公众与银行所存的纸币和硬币而言，不管它实际使用与否。"(Federal Reserve Bulletin, August, 1939, p. 641.)

② 在不兑换制度之下，现金准备还是必要的，因为对外仍是需要黄金。不过对内即无需硬币的流通，则英国的准备制度较为合理。我们可以估计全国流通的纸币应有几何，即可规定为最高保证准备额，而其超过此额之发行，可以视为随时要求兑现出口，即外汇基金之一部分可以随时增减。此最高保证准备额，当然可以用法律随时变更。

第二篇 信用制度

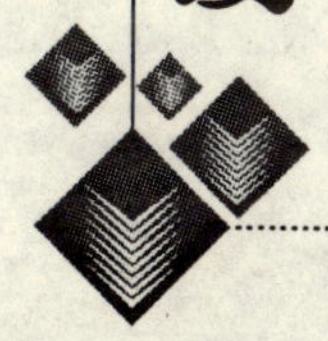

第一章　国内金融

第一节　银　　行

(1)银行的种类

前面已经说过，银行的职责在乎流通金融；它是建筑在信用制度之上。信用是多方面的，尤其是近世社会组织日益复杂，信用制度日益繁多；银行为应付多面的需要，感觉力量不足，于是有分工合作的组织。银行的事业既然日益庞大，影响于国计民生自然很深，政府不得不加以注意。现在各国政府对于银行的态度，大约可分为消极干涉与积极干涉两种。美国联邦政府是消极干涉的代表国家。它虽然没有金融管理局长(Comptroller of Currency)，① 但是我们一看它的各种法规，差不多都是防止银行的积弊。日本政府对于银行的态度却是相反。它是积极地推进各方面的事业，所以日本的银行业系统井然，应有尽有。② 今将银行的种类简单述之如下：

① 照文字解释，应该是通货管理局长。事实上，他所管的尽是银行事务。

② 中央银行为日本银行。北海道特别地方有北海道拓殖银行。殖民地有朝鲜、台湾两银行。国际贸易汇兑有横滨正金银行，发展工业有日本兴业银行，发展农业有日本劝业银行。以上都是所谓特殊银行，都由政府特别予以统制。至于商业银行，则多由民间经营。我国银行名称虽各不相同，而其内容则都是普通商业性质。近年来，政府有逐渐加以整理的计划。除中央银行外，拟改组中国银行为国际汇兑银行，交通银行为工业银行，中国农民银行为农业银行，以战事发生，不果行。

①商业银行(commercial banks) 此为银行业中最普通的形式,在银行中,其数最多,对于人民日常生活,亦最为密切。此种银行的主要职务在于促进国内商业,所以需要资本不必很多,因为所收存款很大,银行以商家为主要顾客(customer),兼及一般人民。商业所需流动资本(working capital),多取之于银行,然流动资本的性质多属于短期周转(short term turnover),故银行对于商家的放款(loan)亦是短期放款(short term loan),随时可以收回。另一方面,商家在收回账款之时,流动资本过多,当然随时存入银行以便陆续支取。银行一手放款,一手收入存款(deposit),为数都是很多,所以自己的股本倒相形见绌了。商业银行的发达,以英美两国为最,而各有独特的色彩。英国银行经多年合并的过程,集中于几家;现今所谓"五大"(Big Five),就是合并的结果。① 这种银行资金极为雄厚,分支行遍英伦,倒闭之事当然不会发生。美国以各州分权之故,禁止设立分支行;即令准立,亦不过限于本州之内,所以银行数多而分支行少,② 倒闭之事,时有所闻。每当金融恐慌,全国银行倒闭的,动以数百计。

②工业银行(industrial banks) 工厂制造货物,与商店买卖货物性质不同。它自购进原料,加工制造以至出货时候为止,每每需要长期间的程序,所以它不独需要大量的固定资本(fixed capital),并且需要大量的流动资本。工业公司虽然在创立时就要招收大量股本,然其流动资本仍不能不仰给于银行。银行对于工业放款,当然不能希望如商业放款之迅速周转,而商业银行对于一般人之活期存款,又不能不准备随时支付。因此,对于工业放款,必须另有一种组织,这就是

① 英国五大银行为(1)Midland Bank,(2)Barchay's Bank,(3)Lloyd's Bank,(4)Westminster Bank,(5)National Provincial Bank。此外英伦的商业银行,亦不过几家。

② 美国因分支行不易设立,于是有暗中从事联络者,所谓 Group banking 或 Chain banking 即由此而来。近年来鉴于世界大势,也渐渐趋向于集中,据 Federal Reserve Bulletin , August 1939, p. 657 所载,1929 年 6 月,一切银行总数为 25110,至 1939 年 5 月减为 15151,10 年之间,差不多减少 1 万家,然而数目之多,还是惊人。

工业银行。此种银行要做长期放款(long term loan)，不能专靠存款客户的资金，必须银行自身先有巨大的股本。还有一事，不可不注意。放款期间延长，不单只资金周转不易灵活，而且要冒更大的危险。银行当局必须有明了工业情形之人，才能分别放款，并在放款后，加以监视与指导。在欧战前，工业银行办理最有成绩的当推德国的"信用银行"(credit banks)。他们是银行家，同时又是实业家，但是也可以说，他们本是实业家，同时又做了银行家。①

③农业银行(agricultural banks)　农业金融与工业经济又不相同。工商经济是集中于城市某一区域之内；农业散处四乡，每家所需资本周转不必甚多，而家数则不少。农家的资金周转比工厂更是长期。从春耕到秋收，至少半年。若是改良土地或购买耕田，则摊还本息(amortization)动辄要数十年。工商放款多半有抵押品(security)，农家不但难于提供担保，而且复杂的文件(document)与合同(contract)也不能适用。有此种种原因，银行对于农民放款，必须另有一套办法。我国现行政策，是由中国农民银行与农本局共同设法，利用合作社，放出许多小额款项。至中国银行、上海商业储蓄银行等，虽然也参加农业放款，究竟不是永久的办法。

④储蓄银行(savings banks)　储蓄银行的目的，是奖励小额收益人节俭储蓄，并吸收零星游资，聚成巨额，用在生产或其他有益事业。在战时储蓄银行更可辅助政府推销小额公债券。各国有发行战时储蓄券(war savings certificate)的，所得总数也很可观。我们储蓄事业，还未发达，各商业银行所办储蓄部虽然照储蓄银行特别法规另外组织，而且由办理储蓄之银行董事负无限责任，然实际上似非真正储蓄，与普通存款无甚区别。邮政储金汇业局与外国的邮政储蓄银行(postal savings bank)相类似，比普通商业银行所办储蓄近真，然而进步很慢，有待改进之处甚多。

---

① 关于德国工业银行的发展，可参阅 J. Riesser, The German Great Banks and Their Concentration in Connection with the Economic Development of Germany, by the National Monetary Commission, Washington, 1911.

⑤信托公司(trust companies)　信托公司，原是美国产物，名称虽不叫做银行，实与银行营业有许多相同的地方，所以美国的联邦准备银行的会员银行(member banks)也有信托公司在内。信托公司的主要业务，是替顾客多尽劳役(services)，而取得相当的手续费(commission)，与银行注重在利息收入(interest earned)不同。它的业务既是如此，所以用人务必涉于多方面的专门技术人才，而不是工商农业银行只限于狭小范围的活动者可比。在20年前，上海信托公司忽然风起云涌，不久即相继倒闭，存留者不过几家。彼时国人仅知仿效美国的流行事业，而不能了解其中的意义，毋怪乎随起随倒。现在各商业银行也想多方面的活动，设有信托部(trust department)，办理公债买卖，经收利息，与房地产买卖，经收房租等项事件。

⑥钱庄(Chinese native banks)　钱庄在中国发达比银行为早。在新式银行未曾创设以前，中国的金融，除山西汇票庄以外，都是在钱庄之手。前清末年，它们的劳力远在银行之上。上海洋商银行与华商银行往来，要经过钱庄之手。到现在，它们虽然因为墨守旧规，不想改良进步，以致金融界的牛耳操持不住，然而还能勉强维持，不过时势推移，将来恐终难立足而已。钱庄不肯改组为银行的理由，钱业中人自己说，他们是无限责任(unlimited liability)，对于公众能够尽量担保。他们放款注重信用(personal credit)，而不注重抵押品，必须多认识人，所以应该放的就放。他们计算利益，都以日计，叫做拆息。这些都是钱庄的特色。

(2)中央银行

以上所说各种银行，各有它的职务，彼此虽然不免有竞争的时候，但近世经济组织趋于专门化，银行也不能例外。它们可以分工合作，组成很坚固的团体，然而群龙无首，在国际竞争剧烈的今日，总不是一个办法。中央银行(central bank)统制全国金融，与普通人民不必发生直接的关系。它的主要顾客不是农工商界，而是农工商银行，所以叫做银行之银行(bankers' bank)。它管理全国现金准备，集中全国纸币发行，一遇金融恐慌，它就出来救济，所以是最后的贷款者(lender of last resort)。对于政府财政，它有尽力维持协助的义务。在平时代理国库，在战时推销公债。这些都是各国中央银行照例应做的事，即令国家法律没有规定，也逃不了责任。但是中央银行的职责(function)究竟是什么呢？据国际联盟《货币评论》说，欧战前，各国中央银行条例虽然列举应行的事件与不应行的事件各若干条，而其范围较狭。战后则大加扩充。例如1936年4月6日丹麦《中央银行法》，载明该行的主要目的“在乎维持本国的一种稳妥货币制度，以便于调整货币的交易与信用的扩充”。①

(3)商业银行的营业

银行种类虽多，而关系于国计民生最为普遍的，要算商业银行。它们的顾客不仅普及各城市的人民，而且银行本身或其分支行数在各种银行中为最多，有特加叙述之必要。要明了商业银行的营业，我们可就其资产负债表(balance sheet)加以分析。

商业银行资产负债表

资产(assets)

1. 现金(cash in hand)

---

① "In the statutes of central banks adopted before the war, there is generally no mention of the primary functions of a central bank; the premable or the opening articles usually contain a list of the operations the bank may or may not undertake. In the statutes drafted during the reconstruction period after the war, the main object of the bank is specified, but this is usually confined to the regulation of the monetary circulation with a view to ensuring a stable gold value of currency. The definition of the general objective of the central banking system in the recent statutes and amendments is considerably more extensive, though striking differences characterise the formation of this objective in various countries. Denmark alone affords an example of those employed in the early post-war period; according to Section 1 of the Law of April 6th, 1936, amending the statutes of the National Bank, the principal aim of the Bank is 'to maintain a safe and secure currency system in this country and to facilitate and regulate the traffic in money andextention of credit'."—League of Nations, Monetary Review, 1938, p. 78.

2. 存放中央银行(balance with the central bank)
3. 存放同业(balance with other banks)
4. 活期放款(money at call and at short notice)
5. 票据贴现(bills discounted)
6. 定期放款(advances)
7. 有价证券(securities or investments)
8. 其他(other items)

负债(Liabilities)

9. 活期存款(current accounts or demand deposits)
10. 定期存款(fixed deposits or time deposits)
11. 股本与公债(capital and surplus)

在逐项详细讨论以前，我们应当先有一个概括的观念。第一，上面所列 8 项资产与 3 项负债，每项中所包含的账目，不仅很多，而且性质也有很多区别。第二，资产与负债两方各就其性质活动(liquidity)挨次排列，最活动的列在最前，但亦不能十分正确，例如有价证券与定期放款究竟谁为活动，实难一概而论。第三，第八项与第十一项比较不关重要，此后不加讨论。第四，资产总计与负债总计当然相等。第五，各项中有在外国为最重要而在中国尚不十分重要的，例如票据贴现，但为说明商业银行营业情形起见，也有详细讨论之必要。为便于读者比较实际状况，特将浙江兴业银行与英国的国民地方银行(National Provincial Bank)的资产负债表附录于本书之末。

(4)各国政府管理商业银行之普遍的趋势

据国际联盟所调查，“调整商业银行之特种立法，在欧战前仅是例外，战后 10 年也不普遍，到现在却成为一般的现象。除英、法、荷兰以外，世界各国对于银行营业都有详细的规定与统制。如果觉得法规尚不完美，例如澳洲与巴西，则更加考虑统制的方法。战前特别注重银行立法的国家仅有美国与瑞典两国。自欧战以来，银行立法可分为 4 个时期：①1919 年欧洲新造国家与丹麦、挪威制定各种法律。②在 1922 年至 1931 年，各国整理币制时期，施行银行法规者有拉丁美洲各国与葡萄牙、西班牙与日本。③1931年以后，则有欧洲各国，最著的为德国、比利时与瑞士，而其他各国亦同时大加改善。④最近各国设立中央银行，如英国的各自治领地与阿根廷，都有详细立法”。①

第二节 存款及其准备制度

(1)存款的种类

存款(deposit)系存款人(depositor)以现金(cash)寄存于银行以便在需要时再向银行支取。经营此种业务叫做存款业务(deposit banking)。存款业务在商业银行最为重要，然其他银行也并非不关紧要。商业银行所收存款，如前节所述，可分为两大类：①活期存款，②定期存款，但实际上，存款种类繁多，而其名称与意义各国习惯也不尽相同。即在一国以内，各银行所用名称，也多少有点差异。我国活期存款，指随时可以支取的存款，与英国的 current account 相同，而与美国的 demand deposit 稍有区别。美国的 demand deposit 是由法律规定，凡30日以内到期的存款都是。英国、日本有通知存款(notice deposit)，如一星期通知存款，两星期通知存款等，若在美国，也归入 demand deposit 以内。我国活期存款，普通分为用支票提取(drawn by cheques)与凭折提取(drawn dy passbook)两种形式。前者又可称为往来活期存款，后者多为活期储蓄存款。定期存款种类更多，大概因还本与付息的方法定出许多名称。最习见的，有①定期存款，到期一次付息，②定期存款，分次付息，③整存零付，④零存整付，⑤特种定期存款，到期付息较高，不到期亦可提本，但息金递减。总而言之，

① League of Nations, Monetary Review, 1938, p. 92. 又 A. M. Allen, The Principles of Statutory Regulation, 见 Commercial Banking Legislation and Control. 比较各国商业银行之法律甚为扼要。此外并将阿根廷、比利时、加拿大、捷克、丹麦、德国、英国、意大利、日本、挪威、瑞典、瑞士、美国等分别叙述，各为一章。

定期存款，照例给息，在银币跌价之时，例如欧战后的马克，给息尤高，然在非常状况之时，例如数年前的中国，上海洋商银行，因放款不易，反因存期较长而息率减低。活期存款在中国也照例给息，储蓄存款比支票存款给息较多，而在欧美各国，多不给息。

(2)活期存款的性质

活期存款分支票存款(cheque account, or deposit subject to cheque)与凭折存款(deposit by passbook)两种。前者多用于支取频繁与工商业者，后者则为普通人民所用。从表面上看来，此两种存款不过形式上的不同，因为银行都是随时兑现，但从经济学上说，则大有区别。凭折存款，存户要用款购物或偿债，必须持折向银行提取货币，而支票存款，则存户不必经过如此手续，即可直接用自己所开支票付债或购物，效力和纸币相同。

(3)准备制度

银行吸收存款，分为定期与活期两项。活期随时兑现，当然须有准备(reserve)。定期到期兑现，在未到期以前，除非存户改变方针，放弃定期利息，经银行允许之后，不得不兑现以外，可以不必准备现金。由此看来，活期存款似乎应该十足准备，而定期存款可以不必准备。实则定期存款每天都有到期，每天都应该准备付款，而活期存款一方面有人提取，一方面必有人存入，彼此相抵，不见得付出很多的现款。因此，银行对于一切存款，都应该有现金准备，再就定期存款说，银行不妨早一天计算第二天到期的总数而实行准备，但实际上所有到期的定期存款不见得尽数要求兑现，其中或有一部分愿意“转期”(即照原定条件再继续存入)，或有一部分改为活期存款而等待将来再提取，甚至有加入现款扩大原存款者。因此，银行对于定期存款，也不必照到期总数十足准备。究竟银行对于活期存款与定期存款的准备，应该采取何种方针呢？征之实例，各国政府对于银行，多采取自由放任政策，而银行自身也都随时代情形而变更，并无一定的办法。但有许多国家对于发行银行规定存款的现金准备率，而对于其他银行的存款则不加干涉，例如荷兰银行存款准备率与钞票同为40%，法兰西银行为35%，比利时国家银行为1/3。政府干涉最甚的要算美国。1913年《联邦准备条例》分全国银行所在地为三等：①非准备市银行(Non-Reserve City Banks)，应按照其所收存款12%转存于其市之联邦准备银行，②准备市银行(Reserve City Banks)，则为15%，③中央准备市银行(Central Reserve City Banks)，① 则为18%。1936年8月15日各各改定为10.5%，15%，19.5%。1937年5月一律加倍。此种变更，立法当局之意，似不在乎为存户谋安全，而是确立一种政策，使信用制度适应一时的环境。关于此点，本书第四篇当再加说明。现在所应讨论的是存款准备制度究竟如何建立？1931年《美国联邦准备制度存款准备委员会报告》(Report of the Committee on Bank Reserve of the Federal Reserve System)主张，①对于一切存款，无论活期定期，应准备现金5%，②对每日提取之各种存款平均数应准备50%，其计算标准系根据过去八星期存款，其适用时期为将来一星期或四星期，按照各地情形定之。② 此建议并未经美国政府采用。

(4)增加现金准备的方法

我们在叙列商业银行资产负债表时，资产方面首先列入现金，其次为存放中央银行、存放同业、活期放款、票据贴现等。现在第一要问的是：什么是现金(cash)？此处所谓现金，银行术语叫做现金类(cash articles)，包括本位币、辅币、纸币在内。这是不生利的，而且是货币。生利不生利是银行切身利害所关。货币非货币是国民经济问题。存放中央银行，照例也不生息，而不能算是货币，只能算是信用的基础，因为中央银行对于各银行的存款，也可按照比例而准备现金，例如此项比例为50%，则中央银行准备现金100万元，即可收各银行存款200万元，而各银行的存款准备率如果为20%，而以存

① 中央准备市原有纽约、芝加哥、圣路易三市，后改为纽约与芝加哥二市。

② J. M. Keynes, Member Bank Reserves in the United States, Economic Journal, March, 1932, p. 30.

放中央银行之款也看作现金，则可收存款1000万元。存放同业应否作为现金，且留待下文讨论。活期放款照例可以随时收回。票据贴现每天都有到期，到期后不再贴现，或不新做贴现，则已到期的票据就是现金。定期放款也可按照票据贴现的原则办理。有价证券可以出卖而变成现金。照这样说来，银行各种资产除去营业用房屋器具以外，差不多全部都是活动资产(floating assets)。而且各银行息息相关，即无存放同业之款，也可彼此互助。如此则银行不至有倒闭之事发生。然而历史告诉我们，银行破产并不是稀有的事，根本原因是由于所谓活动资产，到紧急时并不能活动，所以银行在平时应该不断地注意于增加现金的方法。然而银行不能无中生有，不能在本行资产以外去找资产，不能希望同业无保障地帮助。说来说去，还是在资产方面设法。要想容易增加现金，不但要注意资产的量(quantity)，而且要注意资产的质(quality)，这是银行家所必不可忽略的事，他要每天详细检查他的营业夹(portfolio)。

(5)窗帘

银行对于存款须要准备，虽然实际上是为防止挤兑(a run on a bank)，但还有一个心理上的顾虑。这个顾虑是在公布营业报告时才感觉的。他们以为顾客看到营业报告，必定有人会把准备百分比做出两种比较表，一是本行历届报告比较表，一是和别行的同届报告比较表。比较的结果，如果发觉有不利的趋势，就难免不到本行来挤兑。为免除顾客的猜疑起见，银行每每在发表营业报告之前，特意增加其现金准备；到了报告发表以后，又把现金尽量减少。这叫做窗帘(window-dressing)。防止窗帘之法，只有政府限令银行在发表报告时，应将最近几个月的现金准备平均率附带发表。此种干涉，在自由主义的国家似乎不必要。例如英国各银行在19世纪末年，存款准备率大致为20%，后来逐渐减低，到欧战后，大约为10%，即减少一半。这种减低，并不能妨害英国银行的名誉，因为各银行经过多年的合并，资产日益雄厚，存款日益增加，准备率即令减低，也无甚妨害。不过最可怪的是英国银行也不免有窗帘的行为。有人计算，英国10家银行的窗帘总数，最低为1934年6月之100万镑，最高为1927年12月之3 800万镑，而在一年之中相差最甚的是1936年1月之200万镑与12月之2 900万镑。这个估计虽然不十分正确，然窗帘之存在是不可讳言的。①

(6)存放同业应否作为现金

存放同业，在各个银行看来，似乎可以作为现金，因为一遇紧急，亦可向同业收回。但是我们要知道，从整个银行界说，这种看法是不对的。如果存放同业可以作为现金，则假设某一市内有银行甲、乙两家，互相借款1万元，就存入对方的银行，则甲乙各有存放同业1万元，实则并无1元现金。从前美国《国立银行法》曾经允许各银行以存放同业作为现金准备的一部分，后来《联邦准备条例》将存放同业悉数改为存放联邦准备银行。联邦准备局并特制表格，使会员银行填报以便稽核。其方法大要是规定银行欠解同业与存放同业都要分别计算，从欠解同业(due to banks)总数内减去存放同业(due from banks)总数，所得结果，再从活期存款(demand deposits payable within thirty days)内减去，即是活期存款净数(net demand deposits)。法定准备，即从此净数计算。如果存放同业总数大于欠解同业总数，则两者都除去不计。②《1935年银行条例》(Banking Act of 1935)修订办法，准许银行从活期存款总数内减去存放同业而不从欠解同业之差额内减

① J. F. Cahan有一篇通信，载在1938年8月6日London Economist, p. 278，略谓Macmillan Committee在其报告书中曾经指出英国银行有此种行为是不名誉的事，希望立刻废止。Cahan估计，窗帘的方法是：先从各银行每月发表的硬币、纸币与存放英伦银行3项总数内减去各银行所有的硬币与纸币数，其结果即为各银行存放英伦银行的总数。此总数是各银行自行公布的。再将英伦银行每星期公布的营业报告中各银行存款一项在该时期中平均计算，所得之数与上述各银行发表之数相减，即得各银行窗帘之近似数。

② 详细情形，参阅H. P. Willis and G. W. Edwards, Banking and Business, 1925 edition, pp. 230-240，为便于读者参考起见，特作为附录2。

去存放同业之数,① 比较前法合理了。

(7)美国政府保护存款人的办法

各国政府在欧战前对于银行券持有人(bank note holder)与存款人(depositor)的安全所采的态度不同。各国立法，大都偏重在银行券方面，而对于存款则采取放任政策。其理由无非是：①银行券的流通多半带强迫的意味，而存款是存款人自由存放的，②银行券持有人为一般民众，无论富贵贫贱都有关系，而存款人多半为有钱阶级。② 间或有对于中央银行的存款施行与银行券同样管理者，例如战前的荷兰，战后的法国，都规定有与银行券同样比例准备率，然各国对于一般银行的存款并不加干涉。欧战以后，美国政府因存款人利益太无保障，始创立存款保险(deposit insurance)制度，联邦准备制会员银行与非会员银行都可加入。据《联邦准备月报》所载，加入存款保险公司(Deposit Insurance Corporation)组织的有13 000家银行，而美国全国银行总数不过15 000家,③ 每存户最大保额为5 000元，可见大多数小额存款已得到相当保障了。

第三节　支票制度

(1)支票的形式与作用

支票(cheque, or check)是活期存款人对于银行发行的支付命令

① “The Banking Act of 1935 prescribes that reserves be carried by member banks against United States Government deposits but permits reductions of balances due from banks and collection items to be made from gross demand deposits instead of only from balances due to banks.”——Federal Reserve Bulletin, Nov. 1938, p. 961.

② 参看 J. W. Gilbart, History Principles and practice of Banking, edited by Ernest Sykes.

③ Federal Reserve Bulletin, Oct. 1939.

书(paying order)。① 当存款人最初存入款项的时候，银行付与支票簿(cheque book)与解款簿(bank's receipt book)各一本。两簿都有正副两联，以便随时可将正张扯下应用。解款簿在存款时填好以后，当即扯下一联交与银行记账，其剩下的一联，即作为银行对于存款人的收款凭证。支票簿正张为支票，其附属一联为存根(counterfoil)，备存款人留存记账之用。支票每本若干张，先由银行印就存款账户号数(account number)与支票号数(cheque number)，其余空白之处由存款人自填，我国所用支票形式如下：

账户第　　号 支票第　　号
凭票祈付　　　　或来人
国币
银行台照
中华民国　　年　　月　　日　　(存款人签名或盖章)

最近中央银行所用公库支票兼采稽核公款与银行传票两种形式，如下：

<table>
<tr><td colspan="7">账户第　　号
字第　　号　　　国库〇〇支库　　　中华民国　　年　　月　　日</td></tr>
<tr><td>存款户名</td><td>年月份</td><td>用途</td><td>受款人</td><td>金额</td><td>备考</td></tr>
<tr><td></td><td></td><td></td><td></td><td></td><td></td></tr>
<tr><td colspan="6">上款凭票在上列存款户内照付此致</td></tr>
</table>

中央银行〇〇办事处

<table>
<tr><td>传票分号　字第……号　　传票总字第……号
科目……
副经理　　主任
主任　　系长　　　记账</td><td>(存款人签名盖章)</td></tr>
</table>

---

① 据说1853年英国银行始采用支票，见 Woodward and Rose, Primer of Money, p. 43.

支票发出(draw of cheque)以后，通常有三个人发生关系：第一，发票人(drawer)即存款人，第二，付款人(payer, or drawee)即银行，第三，受款人(payee)。在法律上受款人如不能取得款项，发票人应负责任。受款人如不愿自去取款，也可将此票付与别一人，作为偿债或购物之用，此种行为叫做转让(negotiations)。支票是一种可以转让的工具(negotiable instrument)。支票在转让之时，须由受款人在背面写明"付与某人"(pay to ……)，叫做背书(endorsement)。此时受款人叫做背书人(endorsor)，而受让的人叫做被背书人(endorsee)。被背书人如果再行背书而转让，则他又成为背书人而另外一人又为被背书人。至此连续转让，至最后一人到银行取款为止。支票每经一次转让，在法律上即多一关系人(party)。如果最后的被背书人不能取得现款，可以向来手追问，一直追到发票人为止。因此，每多一次转让，即多一重保障。但实际上支票转让的次数不会多。兹将英美支票形式列下，以供参考：

```
        Acc. No………        X Y Bank Limited
        Che. No………
                    Pay……………………or order the sum of
      dollars ……………………………………………only
                                   Sig……………………
```

(2)止付与"不名誉"

支票发明以来，工商业所得便利不少。第一，社会上增加一种筹码，无形中等于采出一大宗贵金属矿产。第二，大宗款项，可以一纸支付，节省携带与点交货币之劳。第三，付款时可借存根保留记录，以免遗忘。第四，异地付款，可借邮递方法行之。此外还有一个好处，就是止付(stop payment)。付款用货币，如有错误，有时候虽然也可以追回，然大半不易办到。又如货币被窃，即无从查问。支票因为兑现需要相当时刻，而且大宗付款，在银行需要一定保证，所以一遇错误或遗失，假使当时发觉，存款人可用电话或亲至银行报告，银行当可止付。

支票金额，系由存款人自填，是当然的手续。然苟使存款人未能注意所存的数目，或虽明知存款不多而故意多开，则可发生两种弊病。第一，受款人譬如售货人，误信为真，将货交出而受此透支(overdraw)①的支票，则到银行取款时会发生纠纷。关于此点，受款人除非是与发票人往来有素，能得有确实保障，不会轻易接收支票。② 第二，银行接到支票请求兑现时，必先查明存款人的存款尚有若干。若发现存款不足，则决不肯照付，而立刻通知受款人，请其再询发票人(refer to drawer)。此种支票的发出叫做不名誉(dishonour)。

(3)支票的种类

支票可分为两大类：①存款人所出支票，如上面所举的式样；②银行所出的支票，形式和存款人所出支票大略相同，而发票人则为银行。此两类支票中又各有几种，现在分别叙述如下：

①不抬头支票(bearer cheque)　支票上不填受款人姓名。无论何人，都可以持向银行兑现。

②抬头支票(order cheque)　支票上填有受款人姓名，并有“或来人”(or order)字样。持有此项支票者，在请求兑现时，须签名或盖章，但得委托他人向银行取款，不必亲自出面。在转让时，必须背书。如发票人或受款人先将“或来人”字样划去，则受款人须亲到银行取款。

③横线支票(crossed cheque)　发票人或受款人在支票正面画一道平行线，平行线内或再加写“& Co.”，或不加写，叫做横线支票。此种支票必须委托银行代收，所以纵令遗失或被窃，也不发生问题，因为代收银行(collecting bank)不会替素无交情之人兑取款项。受款

---

① 透支存款，银行也可允许，但须预先由存款人与银行订立透支合同，方为有效。有时，银行因存款人系老主顾而透支数目不甚多，亦可通融付款，随后即通知存款人，请其注意。

② 上海大商店如先施、永安、新新、大新等公司，对于顾客购货，请求送到住宅后交付支票，往往照收。但以支票数目不十分大者为限。至于顾客无家而身寓旅馆者，则送货人多不接收支票。

人接到支票时，既不能亲自取款，则必须与素有往来的银行商妥取款办法。而发票人若不预知受款人有直接或间接请求某一银行代收能力，则此种支票不能发出。①

④特别横线支票(special crossed cheque)　平行线内若加写一某银行名称，则只有委托此银行代收，才能取款，这叫做特别横线支票。此种支票比普通横线支票更为谨慎，然在一般情形之下，也可不必如此。

⑤旅行支票(travelling cheque)　以上4种支票都是存款与开支票同一城市，旅行支票则不然。旅行家预定在若干时日内经过若干城市，譬如由上海到汉口，沿途停留南京、芜湖、九江等处，到处须用款若干，而不愿多带现款，则可先在上海与其往来银行商定一个整数，领取旅行支票若干，以后每到一口岸，即可向该银行分支行兑现若干，至支取总数完毕时为止。如用不完，回到上海时，仍可向原银行结算。

⑥本票或庄票(cashiers cheque)　以下几种支票都是银行所发。庄票是钱庄所出支票的别名。银行钱庄自己购物或偿债，或应顾客的请求，发出本票或庄票。有时顾客因为购物或偿债，不愿使用现款，亦有请求银行钱庄发出此种支票者。从前上海进口货报关纳税，曾有庄票，因为它的价值与现款相等。

⑦保付支票(certified cheque)　存款人所出支票既难免有透支或不名誉的事，则受款人为避免损失起见，往往于接到支票时先即向付款银行照票者。银行当时必先查明发票人有无充分存款。如有，则一方面开单转账，将存款人所存此票金额转入保付支票账内，一方面在该支票写明保付(certified)字样，加注日期，而后由经理或会计主任签名加章，交还受款人保存。自此以后，此支票即变为银行所出本票。

---

① 民国二十六年八月十五日财政部公布《非常时期安定金融办法》后，对于汉口市订立补充办法4项，第3项说，横线支票只能入账，不付法币，并不得转购外汇。这是与普通习惯大有不同之处，不可不注意。

⑧划头支票与汇划支票　民国二十六年中日战争发生以前，上海支票有所谓划头与汇划之分。划头是洋商银行所出支票，当日可以兑现，与普通存款人所出支票一样。汇划是钱庄支票，上面印有“隔日兑现”字样，须先照票，而后能于第二日兑现。如须即日兑现，则须补出一天利息。中日战争发生以后，财政部公布《非常时期安定金融办法》，并对于上海市补充办法4项。第一项说，“银钱同业所出本票，一律加盖同业汇划戳记。此项票据，只准在上海同业汇划，不付法币及转购外汇”。第二项说，“存户所开银钱同业本年八月二十日以前所出本票与支票亦视为同业汇划票据”。第四项说，“凡有续存或新开存户者，银行钱庄应注明法币或汇划，支取时仍分别以法币或汇划支付之”。从此以后，汇划支票，不仅当日不能兑现，即隔日也不能，持有此项支票者只能以账抵账，于是上海的汇划支票与法币发生价值上的差异，而有贴水买卖之事。

第四节　支票清算制度

(1)清算的必要

支票清算制度(Clearing System)是由许多同在一个城市的银行共同设立的支票交换所(clearing house)办理各银行支票互换的事务。在我国，通称为票据清算，或票据交换，其实票据含义甚广，不止支票一种，而此处所谓清算只限于支票，倒不如干脆地说是支票清算或支票交换。支票清算制度所以创立的原因，是由于支票使用习惯的发达，各银行为避免麻烦起见，仍有设立交换所集中交换支票之必要。在欧战以前，伦敦一市的支票每日约有80万张。当时银行数，除分支行不计，约20家。若是每家每日派人分往其他各银行收款，则须派出380班人，而所收之款如何运回，更不知要费多少手续了。支票清算制度，不一定要有中央银行才能成立，譬如纽约在联邦准备制度施行以前，也能顺利的通行，然有中央银行，譬如伦敦，当然更为方便。

(2)支票清算的实务

一家银行每日从其顾客接收许多支票，由收款柜(receiving counter)连同现款随时结算总数，大约每10笔或12笔总结一次，叫做分批结算办法(Batch System)，结算以后，一批一批的移交。现款交与付款柜(paying counter)以备付款之用。支票交与支票部(cheque department)，以备送出交换。支票部接到支票后，即分别整理，先将本行的支票(own cheques)提出保存，再将他行支票分别整理，每一银行抄单结总，交与行员，携往交换所。同时并另派一行员随同前往，以备接收他行交来的本行支票。本行，现称为甲行，即收款银行(collecting bank)，每日接到顾客交来的乙、丙、丁等银行(paying banks, or drawer banks)的支票，送到交换所后，即由乙、丙、丁等行各各交来甲行支票，点查无误以后，彼此对销，如甲行收入的乙行支票总数比甲行付与乙行的总数多1万元，则甲行应补缴乙行现款1万元以资了结。如少5 000元，则应向乙行补收现款5000元以资了结。这叫做差额清算法(Balance Settlement Method)。伦敦支票交换因为有英伦银行总其成，近年来改用总数清算法(Total Settlement Method)。其法系不先抵销，而自对方银行收取总数。例如甲行接收乙行支票共5万元，即开一本票5万元交与乙行，使向英伦银行兑取现款，或即存入英伦银行，由英伦银行转账了结。甲行付与乙行支票4万元，即向乙行收取乙行本票4万元，持向英伦银行，亦由英伦银行转账了结。如此，我们知道有3个办法：①未设交换所时，乙行须向甲行取回现款5万元，甲行须向乙行取回4万元，现款运送共9万元。②有交换所而无中央银行代为转账，乙行须向甲行取回现款1万元。③有中央银行转账，毫无解款之必要。①

① C. A. Dunbar 在其 Theory and History of Banking, 5th edition, 1929, pp. 58-59，曾设一例题说明6家银行交换支票的情形，只说到了第二个办法。

第五节 存款的流通

(1)存款流通的意义

我们既已知道，活期存款的存户可以开发支票，我们并且知道，支票的效用在非常状况之下，是可以代替货币的，① 所以活期存款的作用比别的存款不同。在工商业和信用制度极端发达的英美两国，人们的支付工具，真正用货币的不过 10% 左右，而用支票的却占了 90%，由此可见，人们的购买力(purchasing power)多半发生于活期存款了。活期存款影响于国计民生既大，我们不能不对于其动态(behavior)加以研究。所谓存款流通(circulation of deposits)和其速度如何，就是活期存款动态的表示。什么叫做存款的流通？这与支票的转让完全不同。支票转让是支票发出以后到回到付款银行为止，其间经过几次支付的作用，例如发票人用以向商店购物，可说是第一次发生效用。商店再以背书方法，用支票向批发商人购进货物，则是第二次发生作用。批发商人若是以此支票存入他的银行，最后到了付款银行。如此，则此支票可以说是转让了 2 次。支票转让次数不会很多。它比不得货币，可以转手无穷之多。但是活期存款的效用，并不是发出一次支票就了结。甲的存款 100 元因为发出支票付与乙，乙在银行的活期存款多了 100 元。乙又可发出支票 100 元付与丙，丙的活期存款又多了 100 元。如此继续开发支票，此 100 元存款可以利用无数次。我们假定以 1 年为期，如果此一笔存款由甲至癸，经过 10 个人的账，每一个人所开支票只转让一次，则此项存款流通的速度为 10 次。实际上，支票转让两次的很少，普通只有一次，所以我们计算存款流通速度，不必问每张支票的转让多少次，只须问一笔存款在 1 年

① 存款可以代替货币，Langhlin 叫做存款通货(deposit currency)，见其所著 Principles of Money，p. 118(Fisher，purchasing Power of Money，p. 151，Note)。Mises 叫做 fiduciary media，见其所著 Theory of Money and Credit，pp. 263-268.

中开出支票多少次就够了。

(2)流通速度的测量

在英美两国，存款效用既远在货币之上，所以测量存款流通的速度比测量货币的流通速度要重要得多。我们简单地说，只要知道存款流通的速度，我们的目的差不多可以说是达到了。测量存款流通的速度是用全国各银行活期存款(即支票存款)在1年内每日的结差(credit balance)加起来，以365除之，即得1日的存款结差平均数，再以此平均数除全年支票交换总数，即得该年度全国存款的流通速度。照此方法，我们应该先知道①每个银行逐日存款的结差，②每日全国支票交换数。关于第一项，各银行虽然逐日都有账可查，然不见得按日发表，除非政府明令限定各银行非如此不可。所以最简单的方法，是选定适当的一日搜集各银行公布的活期存款数，即作为全年的平均存款数。此法虽不十分精确，然勉强可以应用。至于全国支票交换总数，在英美两国，支票交换所虽不是全国各大都市都有设立，然最重要都市大概可以代表全国的大部分，却也勉强可以应用。关于支票交换，下节当详为说明。

(3)测量方法不正确之原因

按照前述方法，我们要得到比较可靠的结果，必要有几个先决条件。第一，要存款制度特别发达，如英美两国一样。第二，要全国银行对于支票存款能与别的存款分开记载，并能在同一日期公布。第三，要全国大都市都设有支票交换所。纵能如此，这方法还不能十分正确。有许多支票根本就不经过交换所。例如①存户自取支票(pay self cheque)，是存户自己向银行取款的。此项支票究不十分多，而且与我们测量的目的无甚妨碍，因为此项支票是不用以购物或还债，而是用以取出现款以后再用现款购物或还债。②受款人不将支票存入他的银行而自向付款银行请求兑现。此是一种缺漏。③受款人与发票人与同一银行有往来，而将支票存入该银行，则此支票也不经过支票交换所。此又是一个缺漏。④受款人虽然将支票存入他的银行，而此银行与付款银行不同是交换所会员银行，则此支票将由代收银行派人直接向付款银行收款，而不经过交换所。此又是一个缺漏。⑤银行本票与保付支票如直接由持有人向该行取款，则亦不经过交换所。此又是一个缺漏。⑥邮局汇票(postal order)亦有用以购物的，然邮局并非交换所会员，则与支票有同等效力的邮局汇票亦不经过交换所。此又是一个缺漏。有此种种缺漏，我们就可以知道，全国支票交换总数并不能包括一切支票的交易。若是国中大都市未曾设立交换所，则记录更不完全。

(4)流通速度的估计

根据以上所述的方法，英美两国有许多估计。他们所用的时期，都是以1年为准。美国存款流通的速度，费雪说，在1896年是36次，1909年是54次。① 柏哲士(Burgess)说，1919年1月至1923年2月约在25次到35次之间。严格说起来，应在30次以下。史耐德(Carl Snyder)说，1919年到1926年最低为24.7次，最高为28.8次。② 凯衍斯(Keynes)估计英国活期存款(income deposits)1909年至1929年最低约为32次，最高约为46次。③ 以上各家估计，虽不见得十分正确，然而我们可以知道，①存款流通速度比货币流通速度在美国要大1倍，②存款流通速度在20世纪的英美比在19世纪要快些。

第六节　存款转账制度

(1)存款转账的意义

存款转账制度(Giro Verkehr)是德国的产物，日本亦已盛行。它

① Fisher, Purchasing Power of Money, p. 285.

② 柏哲士与施耐德的估计，见 J. M. Keynes, Treatise on Money, Vol. Ⅱ. pp. 35-36.

③ Treatise on Money, Vol. Ⅱ. p. 31.

与支票制度(Cheque System)大同而小异。支票制度是由存户开发支票交与受款人向付款银行取款，而存款转账制度是由存户直接开支票交与付款银行，请其转收受款人之账，一面由存户或银行通知受款人。照此办法，受款人也须与收款银行有活期存款往来，否则不甚方便。此种制度加以推广，即有下列两种办法：①只要受款人与某银行有往来，而其账号为一般公众所熟知，则交款的人不必为该银行的存户，就是与该银行素无往来的人也可将现款交与该行，指明收转受款人之账。②受款人不必与存户同在一市，存户仅可请求银行转汇受款人所在地的分支行，再收受款人之账。此种办法，与普通银行汇款差不多，不过普通汇款须由受款人接到汇票以后，再向银行取款，而存款转账制度则先由银行分支行先收受款人之账而后通知受款人。总而言之，无论同市与不同市，受款人可早几天得有银行利息。这是存款转账的利益。在不同市的时候，如果由债务人寄出支票，必须由债权人(即受款人)将该支票寄回债务人所在地的银行，再由银行汇到债权人所在地。三次往返，今以一次了之，两地距离很远的时候，费时必多。因此，不同市存款转账比同市的，在受款人更为有利。

(2)德国中央银行的存款转账

德国中央银行(Reichsbank)因为分支行遍于全国，最早有存款转账的设立。此制度的基础为存款转账户(Giro account)，通常不计利息，且须有最小限度的结余。当存户请求银行转账之时，须开一种“红色支票”(red cheque)以便与普通支票有别。中央银行转账以后，不必每次通知受款人，只需在按期发出往来清单(statement)时分别注明就够了。存户请求转账以后，应随即通知受款人。中央银行推广此制，存户与受款人有一方不是往来客户，甚至两方都无存款关系，仍可照办。如此，则是与普通汇款无异。在汉堡，各银行共同设立存款转账组织(Giro-organization)。连中央银行在内，一共有7家银行，邮政局亦加入。每一银行配给一个颜色。任何银行的存户，都得到各种颜色的“支票簿”。甲银行存户要想转账与乙银行存户，必须开具属于乙银行颜色的支票交与甲银行。因此，每一银行每日收到五花八门的支票，照颜色清检，极为便利。清检以后，各银行派员齐集中央银行分行办事处互相交换，与普通支票交换一样。①

(3)日本邮便振替贮金

日本邮便局于1906年3月仿照奥国的办法，施行振替贮金制度。② 初行于东京，后扩充到大阪与福冈，现已遍于全国各城市。③ 凡欲享受此种便利的商家，须先在邮局开一振替账户，并将账户号数在各处发表，以便汇款人按号转账。

第七节　信用的制造

(1)银行营业两大原则

银行业务比寻常商业有很多特异的地方。它们不是买卖货物，如百货商店一样，又不是买卖劳力，如工厂工人一样；它们是买卖信用(dealing in credit)。它们收入存款的时候，是将信用卖出；放款的时候，是将信用买进。信用的价格(price of credit)在利息上表现出来。银行的信用比其他私人事业的信用高些，所以放款利率要比存款利率大。货物可以数量计算，劳役可以时间计算，信用之为物，无声无臭，如何可以比较？银行的信用为什么要高些？高的程度如何？这些都是应该讨论的问题。银行的信用，不是建筑于房屋设备之上，而是建筑于贤明经理与勤敏行员之上。如果一个银行只能将股东的本金开设宏大壮丽的行屋，而不能利用存户的资金向有益而且有利的事业进行，它们的内容，必定空虚，不久会使它们的信用程度降低到寻常信

① 参阅 P. B. Whale, Joint Stock Banking in Germany, 1930, Appendix Ⅱ, Note on German Methods of Economizing the use of Cash in Payments, pp. 334-335.

② H. P. Willis, Foreign Banking Systems, p. 820.

③ H. M. Bratter, Japanese Banking, p. 238.

用的水平线以下，而其结果必不堪设想。银行营业失败(failure)不独影响于其股东，并且波及大多数的公众，所以各国政府为保护全民众的利益，都要制定各种特别法规，并随时加以检查。银行法(Law of Banking)与票据法(Law of Bills of Exchange)的颁布所以不可少，一部分原因就在乎此。

银行虽然一方面要顾到公众的利益，然另一方面不能不顾到股本的安全。如果放款利息总收入不能超过存款利息与营业费用的总和而犹有余，(实际上当然不是如此简单)，则股本将被侵蚀。要达到私人营利的目的，不独要使放款利率高于存款利率，而且要使所收存款的资金尽可能的限度投于生利的事业。这样一来，现金准备必须减少到最小限度，因为现金是不生利的。若是则存户群来兑现，又有动摇信用的忧虑。银行家到此，就有两个原则，必须审慎选择，常常维持其平衡，否则过于慎重，就不能获利，过于放肆，就要冒着失败的危险。此种原则，一是活动的选择(preference to liguidity)，一是利益的选择(preference to profitability)。资金要它活动，就不能贪图厚利，将过多的资金投之于生利事业，因为利息越高，危险性越大。此处所谓危险，并不是说银行会失去所投资金，而是说此项资金投在某种事业以后，不能随时变成现款，若遇存户来提现，就会无以应付，这叫做现金不足(insufficiency)，① 譬如某银行股本100万元，全数用在建筑行屋与设备，而所收活期存款1000万元，全数用在购买极有利的房地产，如果存户只来要求兑现1元，即无以应付，而其投资并非不稳妥，但不能随时变更。若是银行将此1000万元存款任意滥费，或购置无价值的财产，或所购的财产经过一定时期以后，价值大跌，则银行即令将此财产出卖而变成现金，但其所得现金不是1000万元，则叫做资产不足(insolvency)。在普通商业，现金不足不至于破产，资产不足则必破产(bankrupt)。在银行，则两者都非关门不可。

① 参见 J. Fisher, Purchasing Power of Money, pp. 43-45.

(2)存款与放款的关系

银行虽然是一种私人企业(private enterprise)，但因为性质特殊，也可以说是半公式服务机关(semi-public service institute)。它们应该同时替社会服务，应该努力发展工商业。讲到这里，我们遇着一个问题，常常听见人家讨论的，就有银行与工商业谁是事业的先导者。在守旧的银行家看来，银行业的发展是被动的；它是跟着工商业进行的。这就是说，工商业如果不发达到相当的程度，银行业就无法进行。照此说来，银行家只是坐享其成，专门坐在行里等到存款的送来，不必设法领导一般事业向前进。这样的银行家不能说是已经尽了他们的责任。在进步的国家，尤其是正待发展的国家，譬如现在的中国，各种事业需要银行家的领导。如果这是合理的要求，我们就要问，银行如何才能领导呢？第一，银行应该延揽各项专门人才，预备对于各种事业上实施建设的审核。第二，银行家应自行参加各种建设事业的活动，首先应多方调查考察。第三，在实施计划时，应该多准备款项，即是多量放款。第四，放款以后，应该对于该项事业随时加以督促和指导。

巧妇不能为无米之炊，银行不能无款而言放，这是一般银行家所认为铁律的。银行可以用别人的钱，替他投于有利的生产事业，但是必须先有人将款存于银行，而后银行可以转放出去。这就是说，银行必先有存款而后有放款。但事实不尽然，银行也可以先放款而后收存款。譬如银行如果觉得某种事业应该加以扶助，它尽可和它先缔结放款合同，即该事业先向银行缔结借款合同(loan contract)，即将所借之款存于该银行，以便随时支取。此种办法，叫做制造信用(manufacture of credit)，或创造信用(creation of credit)。此种存款叫做引申存款(derivative deposit)。

(3)制造信用的限制

银行如果愿意照此制造信用，它可以无限制地扩充放款与存款，只要有人愿意借。在银行，放款利率(loan interest rate)比存款利率

(deposit interest)高些。当然每一笔款，就可得到一笔利息的差额，何乐而不为？但在工商业者，若是出较高的利率向银行借得款项而不能用，反以低利存在银行，不是凭空损失这差额吗？所以借款人虽然可以将借款存入银行，只是暂时的意义，不久就会要来支取的。银行到此，会遇着一种限制。假设某银行本有现金 100 万元，存款 1000 万元，准备率为 10%。今放款 1000 万元，同时收入存款 1000 万元。我们在此，可以注意这件事情的发展了。假设旧有存户没有何种举动，在刚刚放款之后，引申存户(derivative depositor)也未将引申存款动用分毫，则银行现金准备率表面上虽然已由 10% 降到 5%，但实际上并不发生何种骚动，因为现金 100 万元并未减少分文。但引申存户不会永久不来支取引申存款，到了一定时期，假设他开了一张支票给予另一商人，数目是 50 万元。此另一商人如果也是本银行的顾客，或许就将此支票存入本银行，在本银行账上，不过将此 50 万元从引申存户转到另一商人存款，实际上与引申存户未开支票以前无异。如果此另一商人不是本银行的顾客，而将所得支票存入另一银行，但同时幸而又有一本行顾客或新顾客，忽将一张 50 万元的支票存入本银行，则两支票数目相抵，经过交换所交换之后，本银行现款也可不减少分文，然这种幸运之事，不会一定遇着。如果引申存户所开 50 万元支票不幸而来兑现，则本银行现金准备即会一下减少 50 万元，而准备率即由 5% 降到 2.6%。这样准备率的减低，虽然不妙，但还不是最可怕的事。假使引申存户再开一张支票，数目或许是 50 万元以上，而此第二支票又不幸要求兑现，则本行即将陷于现金不足之苦。银行为防止这类不幸事件之发生，即不敢草率创造信用。这是第一个限制。①

还有一层，引申存户所以愿意负担较高的利息来向银行借款，并不是冒昧的事，如果他借得一笔款项而不用，则白白地赔折息钱，替

① 1935 年美国银行现金准备比 1929 年高过 1 倍，但因人民财富有限，故请求银行运用的数不多，因此存款不能比例增加(Economist, Banking Supplement, May 1935, pp. 5-6.)

银行谋利益。他所以愿意负担这样利息的差额，必定是可以将此借款用在更有利益的事业上。比方借款利率是月息1分2厘，存款利息是月息5厘，他虽然对于银行吃亏月息7厘，但是他可以将此款做一笔生意，可以合到月息2分，则他反可赢得月息8厘。这件事根本就在工商业者能否利用引申存款至于最大的效用，使所得的利益超过银行借款利息而犹有余。银行借款利率是工商业发展的界限效用或负界限效用(marginal disutility)。工商业投资生息能否超过此界限，是另一问题。譬如工业家扩张生产，必须购进原料，加用职工。按照一般原理，原料与职工的需要突增，价格与报酬必见加高，而使工业家的利润(profit)减少。减少到界限效用时，即不愿意向银行借款了。这又是一个限制。

第二章 国际金融

第一节 票 据

(1)票据的起源

票据(bill of exchange)是中国人最初发明的。唐宪宗时(805~820年,A. D.),商人发明合券取钱之法,号曰飞钱(西人译为 flying money)。① 在欧洲方面,据说是犹太人所发明,然其可据的发明时期则远在中国之后。②

(2)1882 年英国《票据法》

票据是什么?从实际上说,可包括三种东西:①支票,②期票

---

① W. Vissering, On Chinese Currency, p. 120; A. Marshall, Money Credit and Commerce, p. 295, Note; W. F. Spalding, Eastern Exchange Currency and Finance, 1914 edition, pp. 396-397.

② 一说是中世纪犹太人所发明(A. C. Conant, Principles of Money and Banking, Vol. Ⅱ, p. 173),一说是 14 世纪意大利人,尤其是犹太商人发明汇票之用(W. S. Jevons, Money and the Mechanism of Exchange, 1910 ed., p. 300)。14 世纪犹太人为设法自其被逐出之国家取回其财产起见,发明汇票(E. Sykes, Gilbart on Banking, Vol. Ⅰ, p. 161)。中世纪之初,汇票之为用仅及于受款人,至 15 世纪,始发明背书转让之法(Ch. Gide, Political Economy, 1914 ed., pp. 387-388)。13 世纪意大利银行家即已使用汇票(W. Cunningham, Growth of English Industry and Commerce, Vol. Ⅰ, p. 249)。11 世纪以来,即已使用汇票。国内汇票之用在国外汇票之后(A. Marshall, Money Credit and Commerce, p. 141, Note)。

(promissory note)，③汇票(bill of exchange)。支票已经说过了。期票甚简单，即普通所谓借据，系由债务人对于债权人出具的借款收据。严格说来，银行券也是一种期票，虽然它是即期而且无息。汇票则极繁杂，且种类特多，详情且等到下节说明。英文 bill of exchange 有广狭两义：广义包括上列三种，我国译为票据；狭义只含第三种，我国译为汇票。票据的含义，1882 年英国《票据法》说得最为正确。① 兹将原文照录如下：

"A bill of exchange is an unconditional order in writing, addressed by one person to another, signed by the person giving it, requiring the person to whom it is addressed to pay on demand or at a fixed determinable future time a sum certain in money or to the order of a specified person, or to bearer."

分析原文，可得下列几点：

It must be an order

①in writing,

②unconditional,

③signed by the drawer,

④to pay a sum certain

(a) in money,

(b) at a fixed or determinable time,

(c) to a specified person or his order, or to bearer.

上述各点，仅有(4)第二项 at determinable time，尚待说明。这是见票后若干日兑现的汇票，下节当加解释。

第二节　汇　　票

(1)汇票的形式

汇票的一般形式是由甲地(或甲国某地)债权人(普通是出口商)

---

① 英国《票据法》起草人 Chalmers 著有 Bills of Exchange Act, 1882，对于票据法条文解释极其详尽，且引证欧洲其他各国法律，加以比较，为法律中少有的杰作。

向乙地(或乙国某地)债务人(普通是进口商)发出一种支付命令书。有时用正副一式两张；有时只用一张(sole bill)。兹将英国一种国外汇票形式列下:①

"Manchester, 18th January, 1892. £ 350 14s. 2d.

Three months after date pay this First of Exchange (Second unpaid) to the order of Messrs. E. F. & Co. the sum of three hundred and fifty pounds, fourteen shillings and two pence, at the rate of exchange as per first London endorsement, value of the same, and charge to account as advised.

To Messrs. C. D. & Co. A. B. & Co."

Venice

此汇票所开条件①出票后3个月即4月18日应该付款，然照一般习惯，可延期3天，叫做优待日(days of grace)，即4月21日。②如副张未付，即凭此正张付款，但正张未付亦可凭副张付款。③发票人为A. B. & Co.，付款人为C. D. & Co.，受款人为E. F. & Co.。④发票人为英人，付款人为意大利人，受款人亦为意大利人或在意大利之英国人。付款人欠款当是英金350镑14先令2便士，但在威尼斯付出之款只有意币利拉(Lira)，所以须照市折合。行市每日不同，此票上言明须照第一次在伦敦背书时所注明的日期汇兑行市为准。大约此票发出之后，不久即在伦敦卖与另一人G. H. 或更由G. H. 第二次转让与I. J.，亦未可知。⑤此票付款虽为利拉，然其价值与£ 350 14s. 2d. 相等。⑥末了一句，系指付款人在付款时可记入发票人之往来账或别的账。

(2)汇票与支票的区别

汇票与支票，都是信用工具，都是债权人向(on)债务人发出支付命令书，都是可以转让，但不同点也很多。第一，汇票行于两个城市，而支票则不然。第二，汇票多涉及两种货币，而支票则否。第

① 见 Clare and Crump, ABC of Foreign Exchanges, 9th ed., 1931, p. 72.

三，汇票多半有期,① 而支票是即刻兑现。第四，汇票因为有期，所以转让时须由背书人倒贴利息，而支票则无所谓贴息。②

(3)国内汇票与国外汇票

国内汇票(inland bill, or domestic bill)系由一国内某地商人向另一地商人发出的汇票，因为一国内货币相同，所以手续比较简单。国外汇票(foreign bill)虽然也有货币相同的国家，例如拉丁同盟(Latin Union)都是法郎，斯干地那维亚同盟(Scandinavia Union)都是等值的货币③，英国与土耳其、埃及、澳洲、南非联邦都是用金镑，美国与加拿大都是用金元，然各国币制多是独立的。就是英、土与美、加，名义上币制相同，而价值仍有涨跌。

(4)短期汇票与长期汇票

汇票期有长短。短期汇票(short bill, or short exchange)普通是在3个月以内到期，3个月以上到期的叫做长期汇票(long bill, or long exchange)。期既有长短，汇票价值当然各不相同。各票的价值是按照尚未到期的日数计算它的利息，在总数内扣除以后的余数。例如某日市场的利息是年息6厘(6% p.a.)，现在有两张汇票，票面价值都是1000元，甲张在当日还有1个月到期，乙张还有3个月到期，如果这两张汇票是同一人发出的，付款人也是同一人，则当日要是倒贴利息卖出，甲张可得995元，乙张可得985元。但实际上两票的价值，并不一定以到期日数多少为比例。如果发票人信用程度有差，或付款人信用不等，或付款地方远近情形都不一样，就是同时到期的汇票，价值也各不相等。就是除到期日数不同以外，其余一切条件都是一样，也

① 银行代顾客汇款，多为即期汇票(sight draft)，但此是例外。现在我们所讨论的是商业汇票，多半有期。

② 支票亦有倒填日期者，叫做 post-dated cheque。受款人接到此种支票时多半等到到期再去取款，而不转让。

③ 这两组货币同盟国家在欧战后都宣告解散了。

不一定照到期日数多少为价值的计算标准。譬如上述的例子，甲张如果可卖995元，乙张或许卖不到985元，它或许只卖得980元。这5元的差是危险(risk)的代价，因为期限较长，中间或许要发生意外变故，买主为弥补(to cover)此种危险起见，要有较廉的价格才肯收受。在国外汇票，尤其是国际风云险恶的时候，此项考虑极为重要。反之，如果国际政局正在改善，或是国外币制正在整理，长期汇票或许比短期汇票还要贵些也未可知。国外汇票若是票面金额为外币，则利息的计算当然以当时外国市场的利率为准。此外还有外国印花税问题。因此，长期汇票贴现率(long rate)=即期汇票行市(sight rate)+国外市场到期前几个月的利息+外国印花税+保险金额。①

(5)商业汇票与银行汇票

有人要汇美金100元往纽约买书，假使当时的中美的汇市是国币100元合美金30元，则再加少许手续费，银行可向汇款人收取国币330余元给汇款人一张美金100元汇票，使向纽约兑现。这种汇票叫做银行汇票(bank draft)。这种汇票虽然一年中为数也不少，然在汇票市场(bill market)不占地位，我们要知道，国际金融(international finance)所包含的项目虽很多，而其最重要的项目当推国际贸易(international trade)。商业汇票(commercial bill, or trade bill)是沟通国际贸易的重要信用工具，不可不详加叙述。

假设上海进口商甲欲向美国出口商乙购进机器一部，设定卖价美金1万元，如无其他办法，甲商必须运送价值美金1万元的现金往纽约以偿货债。又假设纽约进口商丙欲由上海出口商丁购进桐油一批，议定卖价美金1万元，如无其他办法，丙商必须运送价值美金1万元的现金来上海以偿货债。其实此一来一往运现是无谓的事。若是甲乙丙丁四人彼此都是相识，大家约在一处，开会议决，由甲以1万元交与丁，作为丙还丁的货款，同时由丙以1万元交与乙，作为甲还乙的货款，则两方运现，不是可以省掉吗？但是乙与丙虽同为美国人，甲

① Clare and Crump, ABC of Foreign Exchanges, p. 78.

与丁虽同为中国人，彼此并无关系，这种省事的办法是无从进行的。于是国外汇兑乃应运而生。

乙将机器装运上海时，照价开一汇票(bill of exchange)，约计机器可以到上海的日期，比方3个月，即开3个月期，托人在上海交货取款。丁亦同样开一张3个月期汇票，托人在纽约交货取款。两票到期，仍旧要从上海运回纽约美金1万元，又从纽约运回上海美金1万元。在此时，或在此3个月内，如果有人，比方是银行戊经手代办运送现金的事，他可以在上海从甲接收1万元而不运纽约，即在上海交与丁，同时在纽约从丙接收1万元，而不运上海，即在纽约交与乙。如此，他可以从甲丙收取运金手续费，实际上他只要在上海、纽约两处开设分支行，一封信就了结此事。但是他如何可以从甲丙收取现金呢？这就是汇票的作用。他要在上海先向丁收买丁向丙发出的汇票，又在纽约先向乙收买乙向甲发出的汇票，而后有权分途向甲丙收取汇票到期后的现金。他因为是人人都知的国际金融机关，所以不必找乙丁，乙丁自然是来找他。经他居中，甲乙丙丁四方面的债权债务都可同时解决了。

(6)押汇

现在有一问题：比方说，银行戊从乙丁收买出口汇票时，必定要在汇票到期以前，才能有时间上的余裕，将汇票寄到对方口岸，赶到汇票到期之日收兑现款。在此时期当中，戊既已将现款各1万元(减去贴息)交与乙丁，假设乙丁不顾信用，将货物运到外国后，另行出卖，则甲丙得不到货物，当然不能付款。在此时，戊不是买了两张空头汇票吗？如果戊得不到别的确实保障，是不会凭空收买汇票的。保障的方法很多，押汇是一个直截了当的办法。什么是押汇(documentary bill)？当出口商装运货物以前，必须经办许多事情。第一，他必须开具发票(invoice)，将货物的名称、数量、价格与总数一一填写明白，以便货到时进口商可以点收。第二，他必须向进口国家驻在本国的领事请发进口允许证(consular certificate)，否则货到外国时，会遇到拒绝进口的麻烦。第三，他要向本国海关报告，并且缴纳出口税，取得税单(custom's receipt),才能装运出口。第四,他要将货送到出口轮船上,取得船公司的收据。这收据平常叫做舱单,或提单(bill of lading)。有此提单,货到外国时,才可以凭此提取。第五,他还要向保险公司投保海险(marine insurance),以备途中出险时得向保险公司要求损害赔偿。保险后,由保险公司受取保险单(insurance policy)。在战时,还须加保兵险(war-risk insurance)。以上6种文件(documents)在平时必须完备,始能运货出口,现在遇着了非常时期,各国出口货还须经过别的手续。6项文件之中,尤以提单为最重要,因为提单是货物的命符;非有此,船公司不允交货。出口商要是愿意将汇票卖给银行,银行必要求此六项文件一并接收。这就叫做押汇。

(7)见票即兑与承兑汇票

商业汇票到期时,汇票持有人(bill holder)将汇票连同附属文件交与进口商,取得现款。这叫做见票即兑(Documents against Payment,省为D. P. bill)。此种办法,自是正常手续。但信用制度不是这样简单。出口商虽然可以等到汇票到期时兑现,然货已制成,还须等几个月才能兑现,在营业上资金不能周转,所以每每在到期以前,即将汇票卖出,这叫做贴现,下文当详述之。另一方面,进口商若是照规矩付款取货,再将货卖出,或进口货是原料,尚须加工制造,才能出卖,动辄数月,在营业上资金亦不能周转。为免除资金呆滞起见,进口商最好先提进口货,等到此货可以转卖时,再付进口货价。如此,则进口商可要求先取提单。于是有承兑(accept to pay)的办法。在此时,进口商在汇票上签字承兑,交还出口商或其指定之人,而取得附属文件。汇票与附属文件离开以后,变成一种纯粹的信用工具,叫做承兑票(acceptance, or clean bill)。进口商可得到资金的通融,固然有利,但在出口商则未免失了保障。承兑纯恃信用,非信用素著的进口商,出口商不会照办。进口商与出口商既不同国,即令信用素著,在出口商总觉没有把握,所以承兑事业常不由进口商自做,而转托汇兑银行(exchange bank)或其他世界闻名的金融机关代行。汇兑银行与进口商同在一处,彼此关系极密,所以能取得进口商的保证,而代为承兑。这叫做银行承兑票（bank acceptance, or bank bill）。伦敦为世界金融中心，有人组织承兑行（acceptance house），专以代客承兑票据为业务，从中收取手续费。汇票经过银行承兑以后，不仅信用更著，而多一重保障，所以价值更大。

进口商在定购货物以前，如果能先将银行承兑约定，则可由银行向出口商发出一封信用书（commercial letter of credit），使将汇票寄与该行承兑。银行得到充分保障，他出的信用书是确定的（confirmed letter of credit）。如得不到充分保障，他虽然也可以发出信用书，但口气是不确定的（unconfirmed letter of credit）。在此时，出口商就要冒着相当的危险。照票（presentation, or sight）的时候，银行或许对于条件加以修改，例如兑现日期的延长，汇票数目的减少。这样承兑，叫做有条件的承兑（qualified acceptance）。如果照出口商所开条件承兑，叫做无条件的承兑（unqualified acceptance）。

（8）出票后若干日兑现与见票后若干日兑现

汇票兑现日期，有两种规定：一是出票后若干日兑现（so many days after date），一是见票后若干日兑现（so many days after sight）。前者在发票时即已预定（fixed time）。后者在发票时虽不能预定兑现日期，而约指计之，可以知道兑现大约系在何日或其前后一二日（determinable time）。比方发票日为1月25日，出票后3个月兑现，即是4月25日，再加3个优待日，为4月28日。如果见票后3个月兑现，则由发票到见票的时间，须视发票人所在地与付款人所在地的空间距离，及其邮信寄递方法如何而后能定。

（9）汇票贴现与再贴现

进口商得到银行承兑的便利，既如上所述，出口商也可以得到贴现（discounting）的便利，使资金容易周转。贴现即是出卖汇票（sale of bill）。它所以不叫做出卖而叫做贴现，是因为计算利息的方式不同。平常计息，是照本金计息，而收息在到期以后，叫做外扣。例如放款1000元，年息1分，则1年以后放款人除收回本金1000元外，还得收回利息100元，共计1100元。贴现是内扣的。汇票1000元，在贴现时，即由放款人先扣去100元，只付现款900元，1年后，收回本利共1000元。是即放款900元而得利100元，所以真正利率是1分1厘1毫多。若是3个月到期，利上加利，所得还不止此。

如果是押汇，在汇票发出以后，即可贴现。如果是承兑汇票，在承兑以后，亦可贴现。承兑票因为有发票人与承兑人(acceptor)两重负责的关系，叫做两名汇票(two names paper)，价值更高。有许多中央银行法律只许收买两名汇票，而不许收买单名汇票(one name paper)。汇票贴现以后，贴现人(discounter)即汇票持有人，尽管保持此票，到期兑现，但有时贴现人因为种种原因不能等待，于是在未到期以前，将它出卖。这叫做再贴现(rediscounting)。法、美等国银行在必要时，多将汇票向中央银行请求再贴现，英国商业银行则因为资本雄厚，不再贴现，只有一种专做贴现业务之贴现行(discount house)才有向英伦银行再贴现的习惯。①

(10)代收款项汇票

汇票亦如支票一样，是一种流通工具，是一种可以转让的信用工具(negotiable instrument)，所以才有贴现办法。但是有些出口商并不急于资金的周转，不必贴现，只是因为没有分支店在外国，不能交货取款，于是委托银行代办。在此时，出口商将报运手续弄妥以后，开具汇票，连同附属文件，交与银行，转寄外国，代为收款汇回本国。这叫做代收款项汇票(bill for collection)。

(11)空头汇票

以上所述，都是真正的商业票据。汇票的背后，有出口货在。信用之基础是建筑在出口货之上。货物虽然也有跌价的危险，然而总不

---

① 外国汇票关系复杂，C. F. Dunbar 在其 Theory and History of Banking, 1929 edition, pp. 117-120，举出美国由澳洲输入羊毛，与由美国向南美各国输出货物两个事例，加以阐述。现为读者参考起见，引录原文，作为附录 3.

至于一文不值。此外，尚有所谓空头汇票(finance bill)，并无货物作后援，不过发票人因为资金一时不能周转，乃发出一种汇票，持到金融市场贴现，以便得到现款。他要达到目的，当然不是容易的事。汇票须有付款人，谁是他的债务者？他可以假借名义，向他的夫人发出汇票("Mr. on Mrs.")！俗语叫做"pig on pork"。他如能觅得一个承兑人(他的同谋者)，汇票的形式更是完全。但是贴现人是不容易找到的。

(12)国库债券

国库债券(treasury bill)是英国经济政治学者白芝浩(Walter Bagehot)所发明。原来的目的，是为政府谋国库收支的方便。当政府收入旺盛的月季，国库所存现款遇多，固然可以存入中央银行，然民间资金必感觉缺乏。当税收清淡的时候，政府固然可向中央银行借款，然中央银行必须收缩放款，始能应政府的需要。白芝浩乃发明国库债券的办法，使政府发行一种短期债券，3个月或6个月或9个月到期。在税收清淡之时，委托中央银行公开发卖，而在旺盛之季，则又向民间买回。金融界得以调剂，不至像美国独立国库制度(Independent Treasury System)的呆滞了。国库券在欧战后的英国，显然占了伦敦票据市场的大部分地位，使商业汇票为之减色不少。

第三节　国际汇兑与国际金融

(1)国际汇兑发生的原因

国际汇兑所以发生，是由于国际间金银往来运送甚为频繁；为节省运金费用与改铸货币起见，才有此种组织。国际汇兑的目的，既在节省现金的输送，则必两国或多数国家之间彼此互有债权债务关系可以抵销，则国际金融机关可以将国际送金变为国内送金，因而节省费用。如果甲国对乙国只有片面的债务(unilateral indebtedness)而没有双方的债务(bilateral indebtedness)，国际汇兑就不会发生。在事实上绝对的片面债务是不会有的。甲国不能无限制的将金银输送乙国。国际汇兑在普通情况之下，常比国内汇兑麻烦而且重要，然亦不一定如此。假使一国国土很大，国内交通不甚方便，譬如中国的新疆、西藏与本部各省的关系，国内汇兑反比国际汇兑来得麻烦。欲解决此种困难，除改良国内交通是根本的办法以外，货币行政的统一也是要的。譬如海参威距莫斯哥虽远在万里之外，而同属苏俄的货币系统，它与中日各处的汇兑关系，因此可以减少一部分的重要性。

(2)货币制度与国际汇兑的关系

货币本位相同的国家，例如英与美都是用金本位，有所谓汇兑的造币厂平价(mint par of exchange)。英美的汇兑平价(par value)，在1931年以前是1镑等于美金4.8665元。这是按照两国造币条例所规定的币值计算出来的。这就是说，如果把崭新的金镑一枚熔化后，后得的纯金，足供铸造美金4.8665元之用。在货币本位不同的国家，例如中国用银，美国用金，即无所谓汇兑平价。

币制不稳定的国家，汇兑上所用的货币常有舍去本国货币而采用外国货币的事。例如德国在欧战后，因马克跌价，出口贸易，甚至国内贸易，都采用英镑或美金计算。经济落后的国家，出口发票也有采用对方国家币制计算的。

(3)汇兑银行的营业与记账

汇兑银行(exchange bank)因为各国币制不同，营业与记账两俱复杂。在营业方面，他们不能冒险投机，(普通银行当然也不能投机，不过汇兑银行所冒的风险更大，应该特别谨慎。)否则随时可以破产。他们不能不买卖外汇，这是他们的本业。但是他们买卖外汇，是代客买卖，而不是自己买卖。这是第一个原则。他们买进若干外汇，必须同时卖出同数外汇，或是卖出若干外汇，必同时买进同数外汇，否则一有差额，则等于自己买卖了，此是第二个原则。

汇兑银行记账，须按照事件发动的方面，分别行之。譬如收买外国某银行承兑的汇票时，他们是主动的，外国某银行是被动的。在此时，他们记入所谓往账(nostro account)。将来兑现时，也同样记入此账以了结之。在承兑银行接到贴现银行通知，即记入所谓来账(vostro account, or loro account)。此是一个原则。实际或尚有变通之处。

第四节　国际贸易与国际借贷

(1)国际贸易两重危险

国内贸易在币值安定的环境之下，只有一重危险。商人只要售价比进价高，高到可以维持开支而犹有余，则有利润。国际贸易则不如此简单。进口商向外国购进货物或原料时，他要担心两种变化：一是货价的变化，一是币值的变化。如果他购到一批价廉物美的货物，在货价上总算得到了利益，但是他若不能在货币上保持安稳的状况，结果或许反要受损。例如某进口商向美国购进机器一部，议定货价美金1万元，当时中美汇市为30元，即国币100元合美金30元，而当时此种机器在国内可售国币5万元，所以在定购之时，眼见得有余利。但是不幸市场状况发生变化，等到6个月机器运到以后，此种机器在国内市价已经跌到25 000元。如此，则货价方面已经吃亏了8 000余元。此种损失在国内贸易也是有的。又假设货价并未下跌，此种机器在运到国内以后，仍可售得5万元，但不幸中美汇市发生大变化，国币100元只能合美金15元，而进口商须在货到时付款，则非国币66 000余元不可。与售价相比，已经亏了16 000余元。若非货价上得到16 000余元的利益，则汇兑损失可达33 000余元之巨。

(2)银行促进国际贸易的方法

国际贸易的发展，是相关国家都有利益的事，这是一个大原则。但在经济国家主义(Economic Nationalism)极端发达的今日，各国都采取闭关自给政策，以致国际贸易受到最大的阻碍。然在经常状况之下，银行对于国际贸易的发展是有极大责任的。它第一步要在国外设立分支行，采取自动的出口政策。第二步要尽量供给信用，使国内货物可以源源出口。第三步要领导国内人士向外组织各种附属机关，例如保险公司、运输公司等。

(3)国际贸易差与国际债务差

国际金融包括许多事项在内，贸易不过其中一项而已。然而贸易可称为其中一大宗，非任何他项国际往来所能比。以贸易言，甲国与世界许多国家同时发生往来。今假定这许多外国为乙、丙、丁等国。对于乙国的贸易或许是出超(excess of exports to country B)，对于丙国或许是入超(excess of imports from country C)，这在甲国是不必忧虑的事。只要综合起来，甲国是出超国家，则贸易上可谓有利(favourable)。若是入超，则说是不利(unfavourable)。此出超或入超的数目，叫做国际贸易差(balance of trade)。国际贸易差并不是国际金融有利与否的惟一决定因素，此外还有许多事项应该考虑。譬如我国华侨每年汇款回国，占我国国际金融的一大部分。华侨在外国出卖劳力，是一种无形的输出(invisible exports)。若是派遣驻外使节与留学生，每年费用亦不少，也可说是无形的输入(invisible imports)。有此种种往来，故国际贸易差虽不尽有利，而综合起来仍可互相抵销。我国历年来的对外关系就是如此。这叫做国际债务差(balance of indebtedness)或国际支付差(balance of payments)。国际金融是不会有差额存在的。无论在一年中或一时期内，借贷两个总数必时时相抵。譬如一家公司的资产负债表，无论何时结算，资 产与负债两总数必常相等。国际债务如果真有差额，则此差额必有方法填补，所谓对外贷款(foreign lending)与对外借款(foreign borrowing)就是此种差额填补的方法。兹将前约翰书院教授雷麦(Remer)估计 1914 年至 1921 年中国国际支付差表列如下:①

① C. F. Remer, Foreign Trade of China, p. 223. 此外尚有诸家估计，参考 W. Y. Lin, China under Depreciated Silver, 1926-1936, Table facing, p. 142. 关于世界各国的国际支付差，见国际联盟每年出版的 Balance of Payments.

The Important Items of China's Balance of International Payments, 1914-1921.

(In Millions of Haikwan Taels)

	Debits (−)	Credits (+)
Excess of Merchandise Imports ··· ··· ··· ···	−980	···
Net Import of Silver ··· ··· ··· ··· ··· ···	−120	···
Payments of Interest and Principal on Loans and Indemnities	−250	···
Net Export of Gold··· ··· ··· ··· ··· ··· ···	···	+11
Proceeds of New Loans··· ··· ··· ··· ··· ···	···	+350
Emigrants' Remittances··· ··· ··· ··· ··· ···	···	+640
Investments by Foreign Individuals and Corporations	···	+100
	−1 350	+1 101

(4)"寄存"黄金与"热的活期存款"

从理论上说，一国的支付差额是决定于许多外国对于本国各个的支付差额总结算后的净数，而不是决定于一个外国对于本国的支付差额。外国乙对于本国的差额如果不利于本国，并不算是真正不利，因为外国丙或丁对于本国的差额或许有利，后者有利的程度或超过前者不利的程度，则总结后的净差或反有利。今无论净差有利与否，若是真有净差，则填补的方法，最简捷的是运送黄金。但运金之事不一定发生于有差额之时，常常可以迟延时日。"寄存"黄金("Earmark" gold)与"热的活期存款"("hot money")是其中两个方法。寄存黄金是一个政府或银行向外国购得黄金，而因时期不便不能或不愿意即刻运回本国，即将该黄金暂时寄存外国。"热的活期存款"是美国总统罗斯福所创造的名词，① 指外国人存放美国的活期存款。无论寄存黄金或活期存款，在存放的国家随时有兑取现金或运金出口的自由。此在经常国际局势之下，是无可訾议的。在收存的国家，譬如美国，则不

① Economist, Nov. 28, 1936, p. 416.

免有感受金融上扰乱之忧。外国为避免它的本国不稳起见，一时或将许多现金存放于美国。当此时，美国顿感资金过剩。若是一旦将黄金运送出口，美国金融市场又会资金枯竭。惟在国际信用崩溃的今日，此种存放款项已不如前此之热心。各国当战事发生的时候，往往扣留外国人存在该国内的款项(blocked currency)。即如最近英德战事开始，英国即颁布此项法令，是一明证。还有对于外人存款不给利息，甚或征收手续费的。如瑞士由中央银行与各银行商定，自 1927 年 11 月 8 日起，外人活期存款不再给息金，而须转为定期存款。将来存款必定先期通知始能提取。如存期在 6 个月以内，须征手续费 1%。外人存款欲得利息，必须存期在 9 个月以上。①

第五节 国际汇市

(1)银行挂牌

汇率(rates of exchange)受各国支付差额的影响，不能不时有涨跌。其涨跌的频繁，是别种行市所不能及。它的感觉是极端敏锐的。它是金融市场(money market)的一环，与其他各种金融机构有连带的关系。各汇兑银行在早晨开业以后，即不能不遇到顾客来行请求汇款。在一夜休息的时期中，世界各国金融市场继续不断地进行业务。它们并未有完全停止工作。汇兑银行在睡梦中接到各处发来的电信，当然可以知道世界金融进展的状况。所以一到开始业务的时候，就可决定当时应该采取的态度。此种消息是大规模的汇兑银行所同样接收的，然而各行所得的消息和各行所采取的态度不一定完全相同，所以挂牌行市(quotations)也不免略有参差。但是大致是不会相差很多。在伦敦，他们有汇兑公会(Royal Exchange)的组织。每天上下午都有集议公定的行市。各银行根据此公定行市，可以斟酌损益，决定买卖的方针。在上海，情形是被动的。几年以前，多半是由汇丰银行依据

① League of Nations, Monetary Review, 1918, p. 22.

从伦敦得来的消息，挂出汇兑的牌价，华商银行不过追随其后而已。自从中央银行自动地在上海挂牌以来，于是上海市有两种牌价。此两种牌价本来相差不多，不过从1938年3月以后，汇丰银行退出《君子协定》(Gentleman's Agreement)，于是上海汇市有两种相差甚多的牌价。中央银行是依照我国法定价格。汇丰则代表所谓黑市场(black market)。此是战时所发生的现象，不是永久的办法。将来我国国力加强，中央银行的挂牌应该是上海汇市的指南针。

(2)汇率的标准

汇率有两个标准：一是以本国货币单位为基础，而计算外币的数目，例如伦敦的美汇为1镑等于美金几元几角几分。一是以外币单位为标准，而计算本国货币的数目，例如伦敦的中汇为法币1元等于几先令几便士。此两种标准原无善恶之分。伦敦为世界金融市场中心，也不在乎此。上海本来也是两种标准，但近来已归划一了。

两国相互行市的标准常一致。例如上海的英汇为国币1元等于英金几先令几便士，伦敦的中汇亦为华币1元等于几先令几便士。

(3)汇率的涨跌

汇率的涨跌随国际支付差为转移。利于本国，则国币贵而外币贱。不利于本国时则反此。标准划一的行市，不至于发生误会。例如上海，英汇如由1先令2便士半升到1先令2便士3/4，则是英币贱而国币贵了，美汇、日汇、港汇都是如此。标准不划一的行市，例如伦敦，则汇率升降可有两种反对方向的解释。中汇由1先令2便士半升为1先令2便士3/4，是中国货币价值提高，不利于英国，而美汇由4.886元升为4.985元，则是美国货币价值降低，有利于英国。

汇率是银行买卖汇票定出的价格，照例有两种：一是银行买价(bank's buying rate)，一是银行卖价(bank's selling rate)，两价之差，即为银行之利益。所谓买卖，是银行收买外国汇票之价，例如上海英汇买价为1先令2便士9/16，是银行愿以国币1元向汇票持有人买进此数英币之汇票。所谓卖价，是银行发售外国汇票之价，例如上海英汇卖价为1先令2便士7/16，是银行愿以此数售得1元国币。故以国币单位为标准，汇率高的是银行买价；汇率低的是银行卖价。若在标准不一的伦敦，此种说法又不再适用了。

汇率既为买卖汇票的价格，其升降，一方面可以说是国际支付差的关系，另一方面也可以说是汇票供求律(law of supply and demand of bills)的结果。例如中英汇率上升，在伦敦，是因为中国出口货多于进口货，中国对英国出口汇票拥挤于伦敦市场，而伦敦发向上海的汇票甚少。伦敦银行欲购买此种汇票不得不出高价。

(4)套汇

甲国对于外国乙的金融关系，不能决定甲国汇市的有利与否，必须综合其他外国的关系，前节业已说过了。故在长期间(in the long run)，各外汇率应该有极调和的升降。不独如此，即两国间相互的汇率亦应有同方向一致的升降。例如中英汇率，在伦敦若上升1/16，在上海亦应同时上升1/16。又如英美、英法、法美3国间相互汇率，假设英金1镑等于美金5元，等于法金25法郎，则美金1元应等于法金5法郎。如果英金1镑变为美金4元，法金40法郎，美金1元应等于法金10法郎。此两类调和的升降，在普通国际局势之下，是继续着维持，但是有时候因为偶然的异状发生，也不一定如此。譬如伦敦中汇为1先令2便士9/16的时候，上海英汇或为1先令2便士1/2，相差1/16。当此之时，上海或伦敦投机商人即可利用此差，以图利益。他若是在两市都有很灵活的机关，他可以在上海向伦敦发出1先令2便士半的汇票，在上海卖出，得国币1元，同时在伦敦发出1元的汇票，在伦敦卖出，得英金1先令2便士9/16。彼此相抵，赢得英金1/16便士。此数虽少，然而大量汇票，即可得利很多。这叫做两国间的套汇(arbitrage)。又如英金1镑为美金4元，法金40法郎，而美金1元为11法郎，则投机商可在伦敦发出美金汇票，在纽约发出同值的法金汇票，在巴黎发出同值的英金汇票，结果，1镑一变而为4元，再变而为44法郎，三变而为1镑2先令，得利2先令。这叫做三角套汇(triangle arbitrage)。

第六节　远 期 汇 兑

(1)银行汇款的方式

银行汇款普通有电汇(telegraphic transfer，省称 T. T. , or cable)与信汇(sight draft)两种方式。在从前交通不大方便的时候，信汇比电汇要多延时日，尤其是两国间距离很远，邮递更迟。但在今日，航空邮递比电信相差不过数日。所以电汇比信汇也没有多大的区别了。此两种汇兑都叫做现汇。国内汇款，因为货币相同，银行收入一定金额的现款必定在别的都市交出同额的现款，所以另外计算汇水(charges)。国外汇款，因为币制不同，即无须计算汇水，只要在交出外币数目上多计或少计，就可以维持费用而有余。这就是所谓汇率(exchange rate)。信汇与电汇两率，都叫做现汇率(spot rate)。

(2)远期汇兑的意义

前已说过，国际贸易有两重危险：一货价涨跌的危险，二币值涨跌的危险。前项问题的解答，不在本书范围之内。但如何避免币值涨跌的危险，是此处所拟讨论的。兹先就进口贸易说。进口商向外国出口商定购货物时，价格虽已讲妥，但因货物须等到几个月以后才能运到，一时不能交款，以致发生汇市变动的危险。进口商在此时自然也有许多方法可以避免此危险。譬如定购货物时，即立刻向银行购买同额的外币，存在银行，等货到时，即将此外币付出。此法虽是安全，但不甚合算。银行对于外币存款，向例不给利息，即给亦极轻微，进口商在此数月内将现款投之于不生利的方面，不是最合理的办法。

远期汇兑(forward exchange)是解决上述困难的一个方法。进口商定货时，即按照货价，与银行订立外币合同，照当时的远期汇率(forward rate)，约定在几个月以后，向银行取出外币而付以国币。在订约之时，进口商不必付现。此是远期汇兑的特色。进口商得到此种保障，乃不至感受汇市变化的威胁。然而汇市变化是不可避免的事。如果变为不利，不是银行代进口商负担损失吗？我们要记得，银行的汇兑业务不是替自己做的，是替顾客做的。他们向进口商订约，卖出外汇若干，必定向另一顾客买进同额外汇以为抵补（to cover）。此另一顾客或为出口商，或为其他银行，或为纯粹投机者。出口商所处的地位与进口商相同。他也要预防售货定约以后几个月内汇市变化的危险，所以他也要与银行订立远期汇兑合同，向银行卖出远期汇票。一买一卖，银行不过居中场合，从汇率的高低取得利益。但是此种买卖是否同时发生？其数目是否绝对相等？其发生是否即在一银行？这些问题当然是银行实务所应当解决的。某银行当卖出外汇的时候，如果遇不着进口商，买进同额的外汇，他们可向另一银行补足。另一银行如果不能买进同额的外汇，可以转向投机者买进。所以最后的危险是落在投机者的身上。

(3)远期汇兑与长期汇票之区别

远期汇兑与长期汇票（long bill）骤看似乎相似，实则大有区别。长期汇票是汇票业已发出，可以流通于市场。远期汇兑是汇票尚未发出，不过银行与顾客预定一种买卖合同而已。

(4)现汇率与远期汇率

现汇率与远期汇率在国际局面正常平静的时候，相差不会很多，远期汇兑在买卖双方都无现款收付的关系，即无所谓利息问题。既无利息，则不似长期汇票与短期汇票发生价格上的差异。但是投机者对于几个月后的汇市情形应该多少有些觉悟。譬如他觉得外币价值趋向于跌落方面，他就是一个空头（bear）。他如果是卖出外币者，一方面他以为将来价贱再出卖，不如此时早些出卖；另一方面他以为将来补进可得便宜，此时可不索高价。所以外币看跌时，远期汇率至少可与现汇率相接近，甚至高于现汇率（此就中国外汇标准说）。反之，外币看涨时，投机者变为多头（bull），远期汇率或低于现汇率（此亦就中国标准说）。投机者的买卖外汇，本是为自己利益计，然外汇的风险，有时可借投机者的干涉而得缓和。这和一般投机者所给予市场的影响相同。①

第七节 输　金　点

(1)现金输入点与现金输出点

国际金融的往来，虽然可以暂时地建筑于信用之上，然最后不能不有解决(settlement)的方法。譬如进货，虽可由进口商与出口商磋商延期付款的办法，但终有付款之一日。在此时，他有两个办法，由他自己选择一个。他可以自己在国内市场上搜集现金运到外国去偿债。他也可以向银行购置汇票，寄往外国。他的选择是在比较两种方法以后，看哪个方法有利于己而后决定的。自己运金出口必须花去运费与保险费等。如果由银行汇款所得的外币数目比运现出口所得的外币减去运费等的净数相差不多，则出口商不必自己多劳而愿向银行购买汇票。如果相差很多，则他必愿自己运金出口。例如英国进口商向美国购进货物值英金 1 镑，由英运金至美的运费约为 0.5% $\left(\frac{1}{2}\%\right)$，则自己运金 1 镑到美国时，所得不过汇兑平价(par of exchange)与运费之差，即 G \$ 4.8665 - G \$ 0.0243 = G \$ 4.8422。如果银行挂牌低于 4.8422 很多，则英商将愿自己运金往美而不愿购买银行汇票。如果银行牌价与 4.8422 相近或多于此，则英商自然以汇款为得策。因此，4.8422 是汇率的最低限度(lowest limit)。这叫做现金输出点(gold export point)。此输出点自然是

① 关于远期汇兑，在欧战以前虽早已存在，然不为世人所注目。欧战以后，才发挥它的重要性。经济学者中，要算 J. M. Keynes 是最初讨论本问题的一人。他在 Monetary Reform, pp. 115-136 用扼要的文字叙述远期汇兑在各方面的关系与其发展情形。Panl Einzig 在 1936 年 9 月出版的 Economic Journal 曾发表一篇 Some Theoretical Aspects of Forward Exchanges，加以补充的说明。他后来并另出专书，题为 Theory of Forward Exchanges，但嫌词费耳。

就英国一方面而言。

英国出口商向美国输出货物，情形恰与此相反。他是要由美国进口商收取现款的。他也有两个方法达到这个目的。一是由美国运回现金，一是将汇票卖与英国的银行。他若采取运金办法，则 1 镑英金运到英国时，他必须花费 G \$ 0.0243 运费与保险费，结果，须花费 G \$ 4.8665 + G \$ 0.0243 = G \$ 4.8908。因此，4.8908 是汇率的最高限度(highest limit)。这叫做现金输入点(gold import point)。此输入点当然也是就英国一方面而言。

英国的现金输出点就是美国的现金输入点。英国的现金输入点就是美国的现金输出点。

以上所述，是英美货币的法定平价能够维持不变，而两国都是自由金市场(free gold market)，才能有此说法。若在货币本位不同的国家，譬如中国用银，英国用金，又若在两国之中任何一国，或并此两国，货币的法定平价不能维持，或两国之中任何一国，或并此两国，政府采取统制政策，使现金出入不能完全自由，则此种输金点不能存在。

(2) 输金点在空间与时间上的变动

汇率变动，在经常状况之下，总不出此两极端。两点之间叫做汇兑变动幅(range of exchange fluctuations)。前述 1% 的汇幅，是指三四十年前的英美汇兑，不是各国间都是如此，也不是英美间永久还是如此。譬如日本与英国，运金路程比英美间为远，运费等比较加多，运金时所受利息的损失也大，所以汇幅也要大些。再以时间的关系说，欧战以后，美对英的现金输出点已由 4.89 降至 4.88，而输入点已由 4.83 上升到 4.85。① 由此可知，世界交通愈便，汇幅也随之而小。然而交通并不是惟一的条件，此外尚有其他问题。1931 年以后，英美的汇幅又由 0.5% 放大为 1.3% 了。此项变更由于美国方面征收所

① C. F. Dunbar and O. M. W. Sprague, Theory and History of Banking, 1929 edition, p. 113.

谓手续费(handling charge)每次0.25%，即两次为0.5%，运费的增加并不很多。①

(3)"运送平价"

自1931年英国停止兑现，1933年美国贬低币值以后，各国的币制都不以维持法定汇价为善策。因此，输金点已不存在。各国汇率随时高低，并无一定的标准，于是有所谓"运送平价"(shipping parity)的说法。英国停止兑现以后，伦敦1翁斯纯金的价格由原来的84先令11便士半涨到140先令以上。美国货币贬值，由原来的每元含纯金23.22格林(即纯金1翁斯得铸20.67元)改为纯金1翁斯得铸35元。两国采取贬值政策，大同小异，后来有时且回到原来的法定平价，即£1 = $4.8665左右。在此时，两国贬值程度相差不多，然而英国没有固定的贬值办法，英镑价值的高低就随时而异。我们要知道英镑在某一时日的真正价值，只有考究伦敦的纯金市价为若干先令。而欲知道英运金往美或由美运金往英，比银行汇款孰为有利，即须考究伦敦金价与英美汇率的高低而加以比较。② 美国政府购金价格为每纯金1翁斯35元，减去$\frac{1}{4}\%$的手续费，再减去由伦敦至纽约的运费，即是运送平价。在此时由伦敦运金至纽约既无利可获，也不至亏损。如果伦敦金价跌到运送平价以下，即使运金往纽约有利。如果伦敦金价涨到运送平价以上，即使运金来伦敦有利。伦敦金价与运送平价发生差异的要素有二：一是英美汇率的变动，二是伦敦金价的变动。譬如汇率降低(换言之，美币对英涨价)或伦敦金价下落，即足使现金运美有利。③ 兹为详细说明起见，设例如下：

假设美国政府收买黄金按照每翁斯35元价格，除去手续费

① Eighth Annual Report of the Bank for International Settlements, p. 21，引见Federal Reserve Bulletin, June 1938, p. 460.

② Eighth Annual Report of the Bank for International Settlements, p. 20；引见Federal Reserve Bulletin, June 1938, p. 258.

③ League of Nations, Monetary Review, 1938, p. 24.

0.25%与运费0.45%，共0.7%，即＄0.245，实得＄34.755。假使伦敦金价为140先令，即英币7镑之数，则英金1镑在伦敦所购得的黄金运到纽约后，可得＄4.965(＄34.755÷7)。当时英美汇率如果为＄4.965，则与运送平价相等，运金至美无利亦无损。如果金价跌到140先令以下，而汇率仍为＄4.965，则英国进口商可以较少的英币购得黄金自己运往纽约，自然得利。如果金价维持140先令，而汇率降到＄4.965以下，则英国进口商亦以运金至美为有利，因为用汇款方法，每镑得不到＄4.965。

第八节 贵金属的生产和分配

(1)贵金属的生产

贵金属的生产和分配(production and distributions of precious metals)在国际金融理论与实际两方面都占了极重要的地位。本节所述，不过最简单的一部分而已。

贵金属包含金银两种，其实，自1873年以后，白银已被世界摒除在币材以外，不成为贵金属了。现在白银所以还能勉强维持它的地位，是因为美国白银生产者在议会中还占有不少势力，所以货币法中保有政府购买与银行准备的条文。不然，白银的价值，更将一落万丈，无所谓贵了。就是黄金，如果世界各国都不用做货币的基础，或根本地废除货币制度，也就会像铜铁一样，无所谓贵了。学说是时代的产物，在20世纪中，至少黄金还不失为天之骄子。我们应该如何重视它！

货物的生产，在私人财产制度尚未废除的今日，是根据利润的界限而来。金银虽为币材，然在未铸成货币以前，还是一种货物，其生产是受一般生产原则所支配。但是它们既有潜在的币材资格，情形就略有不同。譬如金矿的开采，在若干年前，多属投机性质的事业。因为有少数人忽然致富了，大多数人虽相继失败破产，还是趋之若鹜。从前的黄金生产不是从经济的立场来的。近来因为经验的丰富和技术的进步，此种投机事业才逐渐地被淘汰了。① 现在黄金的生产既然归到经济事业范围以内，究竟与一般货物有什么不同呢？一般的货物，卖价(selling price)时有高低，而黄金不然。在欧战以前，英国因为有黄金的造币厂价(mint price of gold)，1 翁斯纯金等于£ 4/4/11 $\frac{1}{2}$，数十年未曾变更，在此时期内，黄金的卖价如此固定了。开采家若是有利可图，其利润不在乎卖价上，而在乎成本(cost of production)一方面。普通货物的利润是与卖价与成本两方面都有关系。开矿的成本虽然也受一般企业原则所支配，但因为矿苗经过多年的开采以后，生产率逐渐减少，工资为开矿成本一大部分，若不能随而减低，则利润必渐薄，薄到界限线以下，则非停闭不可。欧战后 10 年内，世界黄金生产量渐见减少，当时有许多人士顾虑到金产或不免有耗竭之一日，于是发生恐慌。黄金不见了，将来怎么办？这叫做黄金的恐吓(gold scare)。幸而不久我们发见了估计的错误，黄金的生产又逐渐地增加。在 1931 年，英国停止金币兑换以后，伦敦金价不以金镑为准而以纸币为准。纸币价值跌落即是黄金价值上升。黄金的生产受了这个刺激，又大大地增加。到了今日，我们听不到黄金恐吓的呼声了。当此之时，世界人士计算黄金的价值，已不用英金为标准而改用瑞士法郎为标准。到 1933 年美国施行贬值政策，规定纯金 1 翁斯政府买价，自＄20.67 加到＄35。从此以后，黄金的价格已不系于英币而系于美币了。世界人士计算黄金的价值，又改用美金做标准了。

白银的生产情形，与黄金不尽相同。它的产量不完全受成本所支配。一方面，它在欧美各国不是币材，与普通货物一样，另一方面，它不是主要的产物，而是一种附产物(by-product)。开银矿的主要目的不是专门为得银，而多半是为得铜。铜在世界工业界的用途比银大。铜价若不下落而使开采铜矿有利，则银价虽下落，而银之产量还

① 参阅 D. Kinley, Money, pp. 163-165, E. Cannan, Modern Currency, pp. 57-60, The Problem of Gold, The Economist, May 15, 1937, p. 404, The Fifth Report of the Bank for International Settlements, p. 14.

是附带地增加。1873 年以来，银价继续下降，仍不能阻滞银的出产，就是这个理由。①

(2)南非洲采金情形

世界各国金产量最多的地方，首推英领殖民地之南非洲。在欧战前，它的产量差不多占全世界$\frac{1}{2}$。到现在，因为苏俄、美国、加拿大与其他各处产量多增加到 2 倍以上，而南非洲还是原额，所以它的产量比例减少，不过占全世界$\frac{1}{3}$。然而它比任何地方仍维持最高纪录。兹将 1924 年与 1926 年南非洲 14 个金矿开采情形表列如下：②

	矿石吨数	生产成本	采出纯金翁斯	每吨成本	翁斯成本
1924	10 478 800	£ 10 153 426	4 325 284	19/5	46/11
1926	12 037 000	£ 11 057 007	4 919 329	18/5	44/11

纯金 1 翁斯 = £ 4.247916

故 4 325 284 翁斯 = £ 18 373 446

£ 18 373 446 - 10 153 426 = £ 8 220 020

① 世界金银逐年产量的统计，有许多资料可以参考。美国《造币厂年报》(Annual Report of the Mint)自哥伦布发现美洲起至最近一年止，记录最为完全。此外各种刊物，多系引自该年报而不全，例如美国《联邦准备月报》(Federal Reserve Bulletin)只有最近 6 年世界黄金产量。国际联盟《统计年刊》(Statistical Year Book of the League of Nations)只有最近 10 年世界各国金银产量，《国际清算银行年报》(Annual Report of the Bank for International Settlements)只有最近 8 年世界各国黄金产量。计算单位各不相同。《造币厂年报》用纯金纯银 1 翁斯。《联邦准备月报》用美金 1 元。《统计年刊》用公斤 1 斤。《清算银行年报》用纯金 1 翁斯与瑞士法郎两种，现又改为美金 1 元。Layton and Crowther, Introduction to the Study of Prices, 1935 edition，重载自 1493 年至 1929 年世界黄金产量，单位用英镑。

② First Interim Report, Gold Delegation, 1930, pp. 30-31.

即 1924 年的利润 = 80%

又 4 919 329 翁斯 = £ 20 886 899

故£ 20 886 899 − 11 057 007 = £ 9 739 892

即 1926 年的利润 = 88%

以上所用英金系纯金 1 翁斯等于£ 4/4/11 $\frac{1}{2}$。

近年来因开采劣矿的缘故，成本加重，1932 年开矿吨数为 35 000 000至 1937 年增加到了 51 000 000，而平均所得纯金由每吨 6 $\frac{1}{2}$dwt(即 Penny weight，即 24 grains，即$\frac{1}{20}$ounze)降为 4 $\frac{1}{2}$dwt，换一句话说，即 0.00990‰降到 0.00683‰。所得纯金总量虽然未见减少，然伦敦金价由 1932 年之 120 先令涨到 1937 年之 140 先令，并不能使每吨矿砂的开采获得更大的利润。①

(3) 世界产金数量统计

根据国际清算银行历届的年报，将世界各国产金数量统计表列如下：②

GOLD PRODUCTION OF THE WORLD

(in 1 000 fine ounzes)

Year	South Africa	U. S. A.	Canada	Russia	Other Countries	Total
1915	9 096	4 888	918	1 546	6 146	22 594
1923	9 149	2 503	1 233	438	4 463	17 786
1930	10 716	2 286	2 102	1 501	4 318	20 923

① Eighth Annual Report of the Bank for International Settlements, pp. 39-40, 引见 Federal Reserve Bulletin, June, 1938, p. 470.

② 最近一届年报为 Eighth Annual Report, p. 27, 引见 Federal Reserve Bulletin, June, 1938, p. 470.

续表

Year	South Africa	U. S. A.	Canada	Russia	Other Countries	Total
1931	10 878	2 396	2 694	1 656	4 702	22 326
1932	11 559	2 449	3 044	1 938	5 264	24 254
1933	11 014	2 537	2 949	2 700	6 378	25 578
1934	10 480	2 916	2 972	3 858	7 070	27 296
1935	10 774	3 619	3 285	4 784	7 570	30 032
1936	11 336	4 296	3 735	5 173	8 616	33 156
1937	11 733	4 753	4 091	5 000	9 254	34 831

Japan: 1936 678 000 f. o. 2%

1937 717 000 f. o. 2%

又据1938年国际联盟出版的《货币评论》所调查，自1929年至1937年世界黄金生产继续增加如下：

WORLD'S GOLD PRODUCTION

(in $ millions of old gold content, excluding U. S. S. R.)

			(p. c. increase)
1929	384.9	0.6	
1930	400.2	4.2	
1931	426.1	6.2	
1932	461.7	8.4	
1933	468.8	1.5	
1934	481.3	2.6	
1935	514.1	6.8	
1936	568.8	10.6	
1937	608.1	6.9	

1937年产量比1929年增加115%。生产增加的原因为各国货币贬值，黄金对货币的比值大增，而其他货物对于货币的比值则反减少。在1936年除苏俄外，产金23国的货币对于1929年的贬值(weighted according to their gold output in 1936)约43%，即黄金对于货币增值为76%，但16国其他货物1936年批发物价指数比1929年则低15%。在此期间内，黄金的增值(23国)实为73%。①

(4)世界黄金的分配

世界黄金的分配(distributions of the world's gold)有静的状况与动的状况两方面。静的状况，我们可从各种存金(stocks of gold)得到相当的统计。平常各中央银行所发表的金准备(gold reserves)大致可以代表各国的存金数量，但自1932年英国施行汇兑平衡基金(Exchange Equalization Fund)政策以来，各国相率仿效，所以中央银行准备以外，还有一部分政府基金，多不发表，以致比较的完全统计无从知道。这样静的状况即令统计十分正确，不久也会发生变化。世界上的黄金分配，继续地在变动。变动的原因：①生产情形不同，②工业用途有消长，③收藏与反收藏，④各国间的黄金移动(movement of gold between countries)。现在所要讨论的为第四项，因为从国家的立场说，它不仅极端重要，而且在学理与事实两方面，自古就引起人们的注意。在亚丹·斯密以前，重商主义者(mercantilist)如何尊崇黄金，我们读了德浮(Devoe)之English Treasure by Foreign Trade，就可以知道了。到了斯密，想矫正当时的流弊，才劝告人们对于黄金白银不必过于重视。金银之为物，饥不可食，寒不可衣，一国的贫富不在于此，而在于可以形成衣食住的财产。这样的自由学说，经过理嘉图与苏恩统(H. Thornton)等的阐发，变为纯粹的黄金移动学说。然而世界终究要走回头，自由学说在英国开花结实，整整地过了100年，黄金真正渡过它的黄金时代，不得不让重商主义(mercantilism)重新抬头。这样的趋势，我们一看欧战以来各国如何地搜集黄金，就可以知道。

① Monetary Review, 1938, pp. 9-13.

如果有少数国家，对于此事不大十分热心，譬如近年来的德国，听凭现金准备减少到不足齿数的程度，那不是她愿意她黄金抬空起来，而是无法填补的缘故。当代著名学者如凯衍斯(J. M. Keynes)之流，竟主张多开金矿是国家致富的一个好方法。① 从上面所说看来，重商主义(或拜金主义)与自由学说好像轮流执经济学的牛耳，其实，重商主义自始至今就未消沉。通观19世纪，我们并没有发见任何一国贱视黄金的政策。

(5)理嘉图的黄金分配学说

一国现金所以向外流出(drain of gold out of country)多半是由于国际贸易差的不利，故贸易逆差(unfavourable balance of trade)足以引起黄金的外流。贸易逆差是因，黄金外流是果。同时，黄金在国际间，是货物的一种，依据理嘉图的比较成本学说(Theory of Comparative Costs),② 是黄金在国内比其他货物价值较低，所以别的货物不能大量出口，而黄金反得输出的机会。因为黄金占去出口贸易的重要地位，遂使国际贸易转为逆差。由此言之，黄金外流是因，贸易逆差是果。此两种说法，都有充分理由，不能偏废。这叫做双方的学说(Bilateral Doctrine)，人人相传是理嘉图首倡的。其实，这是一种误会，理嘉图所主张的，不过是第二种因果，就是黄金外流为因，贸易逆差为果，是一种单方的学说(Unilateral Doctrine)。③ 兹先将其学说摘要叙述，再附原文于后以资参考。

①各国所能保有的金属通货由于其所需要。

---

① 参阅 General Theory of Unemployment Interest and Money, p. 135.

② 理嘉图说，“在国内，贸易为绝对的成本所支配。成本轻则贸易竞争占优势，否则失败。但在国际，因资本与劳力之不易移转，故绝对的成本差异不能决定交易条件，必须有相对的差异，乃能发生交易。例如两国各产生两种同样的货物，甲国的生产成本均较乙国为低，但其中甲种货物成本较其乙种货物更低，则甲国仍以由乙国输入乙种货物而输出甲种货物为有利。”(Principles of Political Economy and Taxation, Chapter 7, Passism.)

③ J. W. Angell, Theory of International Prices, p. 57.

“The precious metals employed for circulating the commodities of the world . . . have been supposed . . . to have been divided into certain proportions among the different civilized nations of the earth, according to the state of their commerce and wealth, and according to the number and frequency of the payments which they had to perform. ”①

②一国通货之过多，仅为相对的名称。

“. . . that excess of currency is but a relative term, that if the circulation of England were 10 millions, that of France 5 millions, that of Holland 4 millions, etc. , whilst they kept their proportions, though the currency were doubled or trebled, neither country would be conscious of any excess of currency. The prices of commodities would everywhere rise, on account of the increase of currency, but there would be no exportation of money from either. But if these proportions be destroyed by England alone doubling their currency, while that of France, Holland, etc. , continued as before, we should then be conscious of our excess of currency. . . and part of our excess would be exported, till the proportion of ten, five, four, etc. , were again established. ”②

③货币的输出由于其价值的低落。此非贸易逆差的结果，而是其原因。

“The exportation of the coin is caused by the cheapness, and is not the effect, but the cause of an unfavorable balance; we should not export it, if we did not send it to a better market, or if we had any commodity which we could export more profitably. ”③

(6)苏恩统的黄金分配学说

我们一读理嘉图的《经济学》，就知道贸易逆差为因黄金外流为

① High Price of Bullion, in the Ricardo's Works, edited by McCullock, p. 263.

② Works, pp. 265-266.

③ Works, p. 268.

果的学说，不是他的主张。其后穆勒约翰(J. S. Mill)所述双方面的说法，究竟是谁所倡呢？苏恩统在1802年出版的《英国纸币的性质与效果的研究》(An Enquiry into the Nature and Effects of the Paper Credit of Great Britain)，曾有一段涉及本问题，说，“在差额极不利的时候(譬如由于农作物的歉收)，一国需要外国粮食的供给，但是或者不能当时以充分的货物抵偿，或者虽能以货物抵偿，而此种货物即令在试销或能忍受的价格之下，亦不为外国所需要，于是差额甚顺的国家因为想要付款达到相当程度而又不想收受货物以为抵偿，乃愿意收受黄金，因为黄金比其他货物常易变为有用。要想顺差的国家受取货物以相抵偿而不受取黄金，必定要使本国货物不但不贵而且要特别便宜。因此之故，一国银行应该在一时采取使外汇继续维持逆调至于相当的程度，使黄金从其金库内向国外流出的真实政策”。①

(7)世界黄金分配状况

据国际联盟《货币评论》所载，世界各国金准备的增加率如下(除苏俄外)：

End of	$(000 000)old	increase or decrease	p. c.
1929	10 249	+332	+3.3
1930	10 801	+552	+5.1
1931	11 061	+260	+2.4
1932	11 640	+579	+5.0
1933	11 618	−22	−0.2
1934	12 532	+914	+7.3
1935	12 804	+272	+2.1

① 引见 Carl Iversen, Aspects of the Theory of International Capital Movements, p. 211.

续表

End of	$ (000 000) old	increase or decrease	p. c.
1936	12 979[a]	+610[a]	+4.9[a]
1937[b]	13 781[a]	+802[a]	+6.2[a]

a. Excluding Spain

b. Estimate

1929 年至 1937 年平均每年增加率为 3.6%。1934 年至 1937 年则为 5.1%。除苏俄与西班牙外，1937 年总数比 1929 年增 41%。占金准备总数 98% 之 30 国在 1937 年货币贬值(weighted according to gold reserves in 1937)对于 1929 年平均为 41%，即黄金增值为 70%，因此，世界金准备总数 1937 年比 1929 年为 140%，即 2 倍半。若以贬值货币计算，则为 4 倍。①

又据《国际清算银行年报》，1935 年至 1937 年各国发行银行与政府所有的金准备如下：②

GOLD RESERVES OF BANKS OF ISSUE AND GOVERNMENTS

(Excluding U. S. S. R. and Spain)

(in millions of dollars at $ 35 per fine ounze)

Group Ⅰ:	End 1935	End 1936	End 1937
U. S. A.	10 125	11 258	12 760
U. K.	1 648	2 584	2 689
Netherlands	438	490	930
Sweden	185	240	244

① Monetary Review, 1938, pp. 9-13.

② Eighth Annual Report of the Bank for the International Settlements, p. 49, 引见 Federal Reserve Bulletin, June, 1938, p. 476. 本书系从原书摘录其重要国别分别登载，其不重要者均包含在“Other Countries”之内。

续表

Group Ⅰ:	End 1935	End 1936	End 1937
Italy	270	208	210
Germany	63	46	47
China	10	8	16
Other Countries	585	586	642
	13 324	15 422	17 538
Group Ⅱ:	End 1935	End 1936	End 1937
British India	274	274	274
Other Countries	189	191	191
	463	465	465
Group Ⅲ:	End 1935	End 1936	End 1937
Canada	189	188	184
Switzerland	454	655	648
South Africa	212	203	189
Argentina	444	501	469
Belgium	607	632	597
Japan	425	463	261
France	4 396	2 995	2 566
Other Countries	337	361	309
	7 064	5 998	5 223
Grand Total	20 900	21 900	23 050

上表所载1937年底，如将苏俄与西班牙与各国汇兑平衡基金等一并估计在内，则全世界总数约达＄26 500 millions。

1937年底英国存金＄2 689 millions，不包含汇兑平衡基金在内。该基金在9月30日有＄1 395 millions。①

① 本节所述各项问题参考资料甚多。除黄金生产已在第77页注1列举大要以外，兹再总括列举于附录4。

第三篇　货币理论

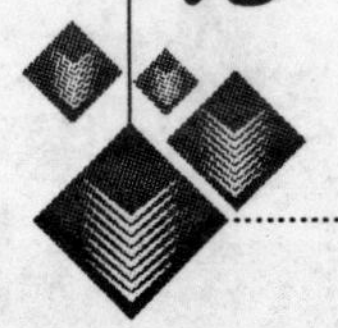

第一章　物价、物价指数及其他指数

第一节　物　　价

(1)物价的意义

孟子的《物价论》，是我国最早有系统的物价论。他说："夫物之不齐，物之情也。或相倍蓰，或相十百，或相千万。子比而同之，是乱天下也。巨屦小屦同贾，人岂为之哉?"这是说货物(goods)各有各的价值，和奥大利学派(Austrian School)所说客观的有用价值(objective use value)相类似。因为客观的有用价值不同，所以客观的交换价值(objective exchange value)不能相等。可惜这样学说，后人未能引申，所以成绩不著。现在谈到物价问题，不能不从欧美书籍中探讨。物价是什么？要解答这个问题，我们应该先把价值(或简称为值 value)和价格(或简称为价 price)的意义分别清楚。孟子所说前段就是指价值；后段就是指价格。价值是各物对于人类的内在效用；价格是用货币反映出来的客观的交换价值。这是货币制度确立以后的时代的说法。若在物物交换时代，我们虽然不能说绝对没有物价，但是那时候的物价是各有表示，不能得到一个公共的比较，因为没有一个公共的尺度(common measure)。现在有了货币做公共尺度，所以在一种货币系统之下，就形成一种价格系统(a pricing system)。价格系统的形成，一方面依据货币的数量(quantity of money)，另一方面依据货物本身的数量和质量(quantity and quality of goods)。货物的数量，多半要用度量衡(weights and measures)来表示。现在世界各国所用的货币与度量衡既各不相同，所以物价系统也不同。这好像是物物交换时代，一国内可有许多系统不同的物价。我们要比较各国的物价，必定要先把各种货币和度量衡换算一致，而后能得到一个整齐划一的物价。现在我们听见有人说，某国的物价高，某国的物价低，并不是这种方法，而是用别的方法。他们所用的方法，不是把各种货物一项一项地来比较，而是采用综合的计算，先求得一个平均数(average)，而后用百分比例(percentage)表示出来。这种比较自然不会十分正确的。

(2)物价的两种标准

物价的表示有两种方法：一是用一个单位的货物为标准，而说它的价格是几元几角几分。一是用一个单位的货币为标准，而说它值某种货物的几个单位。第一法是普通物价的形式，第二法也是人所常用，例如1元钱可买鸡蛋若干个。

(3)个别物价与物价的一般平准

物价大别为个别物价(price of individual goods)与物价的一般平准(general level of prices or price level)。此二大别的物价又可各各分为绝对的(absolute)与相对的(relative)两种。绝对的个别物价(absolute price)是指一物在某时某处所表示的价格。例如民国二十九年一月二十四日四川乐山的菜油每斤价7角5分，这就是绝对的个别物价。我们对于此种物价，脑筋中不能发生感想。究竟此价是贵还是贱，我们不能说。我们要发生感想，至少要有两个绝对的个别物价。比较两个以上的物价时，每个物价对于其他物价之关系叫做相对的物价(relative price)。相对的物价可分为空际、时际和物际三种。例如四川乐山的米价为19元一担，成都为20元一担。这叫做空际相对的物价(interspatial relative price)。又如四川乐山的米在民国二十八年八月十八日为每担10元，民国二十九年一月二十四日为每担19元。这叫做时际相对的物价(intertemporal relative price)。① 再如某日某处的清油

① F. A. Hayek, Prices and Production, 1st edition, 1931, p. 26.

每斤 7 角 5 分，猪油每斤 9 角，这叫做物际相对的物价。

相对的个别物价，在个人的立场，极为重要，然在一般社会，则无法适用，因为社会是许多性质环境不同的个人集合而成，各有主观的交换价值(subjective exchange value)，而物价是客观的交换价值。经济学者在此时，几乎走到了绝境，于是乎想出平均计算的方法，将一群物价与其他一群物价相比较。这叫做物价的一般平准(general level of prices)，简称物价平准(price level)。物价平准也可分为绝对的与相对的两大类。(在欧美经济学书中，所谓 relative prices 是指个别物价言，而对于物价平准，则无所谓绝对与相对之区别。本书所述，是作者自己的意见，不可与之相混。)绝对的物价平准无甚意义。相对的物价平准也可以分为空际、时际与物际 3 种。例如重庆的物价平准与成都的物价平准相比较，叫做空际相对的物价平准。又如某年某月重庆的物价平准与另一年月重庆的物价平准相比较，叫做时际相对的物价平准。再如批发物价平准与零售物价平准相比较，叫做物际相对的物价平准。

依上所述，我们要讨论物价问题，必须具有相对的观念，否则不发生何种意义。关于物价的一般平准，我们应再加以说明。它的计算方法，留待下文再说；此处所要讨论的是它的意义。它的意义是集合的(collective)，目的在研究货币的购买力(purchasing power of money)，而不在研究个人的购买力。荆莱(D. Kinley)在他的《货币学》(Money)中，曾称“货物的组合单位”(composite unit of commodities)。这就是说，假设某一社会只有米、棉花、木板三种货物，一个货币单位所能购买的货物是米若干斤，棉花若干两，木板若干尺，同时计算，而不是各别计算(例如 $ 1 = 米 5 斤 + 棉花 8 两 + 木板 6 尺)。如果物价平准高了，就是一个货币单位的购买力对于三种货物比例降低了(例如 $ 1 = 米 4.5 斤 + 棉花 7.2 两 + 木板 5.4 尺)。如果物价平准低了，就是货币的购买力对于三种货物比例升高了(例如 $ 1 = 米 5.5 斤 + 棉花 8.8 两 + 木板 6.6 尺)。货币对于货物的支配力(commanding power)是普遍的(universal)，均一的(homogeneous)，社会的(social)。

(4)区分的物价平准

物价的一般平准是说某社会内一切货物都包括在计算之内。这种方法，有时觉得范围太小，有时又觉得范围太大。为什么范围太小呢？因为货币的用途不仅限于货物一类的东西，此外还有劳力等。为什么范围太大呢？因为我们调查物价的目的不一样。有时候要明了大宗交易的情形，不得不调查批发物价(wholesale prices)。有时候要明了外货进口的情节，不得不调查进口物价(import prices)。有时候要明了国货出口情况，不得不调查出口物价(export prices)。有时候要明了纯粹的国货销路，不得不调查国货物价(home produce prices)。此外还有农产品物价(agricultural produce prices)，制造品物价(manufactured goods prices)，生产者货物物价(producers' goods prices)，消费者货物物价(consumers' goods prices)等等。调查的目的不同，形成的货物主体各异。此类物价平准叫做区分的物价平准(sectional price level)。

(5)差别的物价

以上所述，各种货物在自由竞争之下，同一时日，同一地方，价格大致相同。如果不同，相差也不会很多。尤其是粮食肉类，不会有很大的差别。依据自由经济学说，物价是客观的交换价值，不论消费人富贵贫贱，卖价是一律的。但欧战后的苏俄，有一个时期，施行差别的物价制度(differential price system, or class price system)，市上有两种商店。①政府商店(government shops)，所售货物多为人民日常生活所必需，价格极廉，但每人购买，要凭"分配"证("ration" ticket)，购买数量有严格限制。此种物价叫做"分配"物价("ration" prices)。②自由商店(free shops)，所售货物，各色均备，购买数量不受限制，但卖价极贵。这叫做自由物价(free prices)。"分配"证的目的，本为要废除货币制度而后采用，但与差别的物价无关。为什么准设自由商店，准售自由货物呢？据伦敦《经济周报》所载，苏俄政府因货物的生产既属于政府，则苟能提高物价，可以增加国库收入，但因此不得不增加工资，否则工人将无力购买。所以在各种限制之上，准工人购得便宜货物，而自由商店亦得以高价出卖货物，取得最大的利润。照此，每年可使国库增收4.5万卢布。此种办法施行不久即告废止。其原因或系货物产量不足，亦未可知。①

(6)空际相对的物价

货物在空际的价格，常发生差异(deviation)，根本原因虽受一般供求律所支配，然仔细分析，却还有极复杂的内容。它们不仅是种类、质料、用途有各种区别，而且同一种类、质料、用途的货物，也因消费的地方所在而有价格的高低，高低的程度也不一样。从前经济学者多只注意国际间的问题，所以他们讨论物价，多只将货物分为国际货物(international goods)和国内货物(national goods)两大类。国际货物，例如小麦、咖啡、棉花等，因为有世界市场竞争的关系，价格的差异常较小，国内货物因为受各国人民使用特殊习惯及各国政治经济特殊情况的影响，差异较大。马夏律(Marshall)说，各国物价之差为国际汇兑的原因，而非其结果。塞乐尔(Senior)说，差异发生的原因，是各该国与贵金属来源地方距离有远近，而其最大原因为进步国家劳力效能高于不进步的国家。穆勒(Mill)说，如一国不甚需要他国货物，而他国需要其国的货物，则其国的物价必高于他国。维克霰(Wicksell)综合3家的意见，加以评语说，理嘉图(Ricardo)的比较成本律(Law of Comparative Costs)虽很正确，但各国物价之差有两方面解释：①差异的方面(direction of deviation)，②差异的大小(magnitude of deviation)。前者只限于某几种货物，后者为运费平准(general level of costs of transport)所决定。此运费平准尤须视两国间的距离和关税的高低而后能定。② 关于本问题，本书前已说过，国际间的差异，有时候还不如国内的差异之大。国际间虽有关税和政治的阻碍，然真正的运费平准即从维克霰的运费平准内减去关税的净数，是物价差异最大的因素。比方暹罗、安南的米运到上海、广东所需的运费要

① Economist, Russian Supplement, Nov. 1, 1930, p. 6.

② Wicksell, Interest and Prices, pp. 158-161

比江西、湖南内地的米运到上海、广东所需的运费还要少些。我们也知道华中米与洋米不能竞争，还有许多别的原因，然运费确是其中最大原因之一。因此，近人讨论贸易与物价，不专注重于国际，而且注重于区域间(interregional)的问题。

(7)时际相对的物价

同种类、质料、用途的货物，因时间的变动，发生价格的差异，是不可免的事。理嘉图说："物价继续变动，欲探究其原因，乃不可能。有许多货物涨价，原因由于租税，或由于所需原料的缺乏，或由于制造上困难的加多。有许多货物跌价，原因由于机器的改良，或由于分工制度的改善，或由于工人技术的进步，或由于原料出产的加多，或由于制造便利的增进。欲从此方面决定货币价值，必须将千万种货物比较之，而考究上述各种原因所及于每种货物的影响。此乃不可能的事。"①理嘉图此处所说，虽未能指示物价平准的真正意义，但已从消极方面启发后人以研究物价平准的途径。他所列举物价涨跌的原因，是工商业在经常状况之下所应有的。至于非常时期，比方战事发生，或大灾之后，物价遭遇突然的变化，理嘉图并未说及。物价的变动与商业循环(trade cycle)有关。商业循环有长期循环(long cycle)与短期循环(short cycle)两种。理嘉图所说，大半属于长期循环的范围。至于短期循环的物价变动则未曾说及。还有季节的变动(seasonal fluctuations)虽然不关重要，但也是时际相对的物价的一种现象。

(8)各种物价涨跌的先后

物价的涨跌并不是一致的。在极短时期之内，有许多物价上涨，也有许多物价下落，也有许多物价维持安定的状态。但在商业循环进展的过程中，每每有一致上涨或一致下跌的趋势之可能。此种趋势，大半是受了货币与信用制度的影响。在物价平准有继续升降的趋势之

① Proposals for an Economic and Secure Currency, in the Works, p. 400.

时，各种物价涨跌虽极不一致，然每个区分的物价平准（sectional price level）内之各种物价常有比较地一致行动之趋势。譬如一个平静无波的水面，忽然倾入一滴水，全部水面会发生波动，但波动圈是由直接感受水滴的一点开始，逐渐向外扩张 。近于此点的水面发生波动的刹那间，较远的外围并不发生波动。等于极远的外围发生波动的时候，那个中心点早已归于平静了。各种区分物价平准涨跌的先后，普通以批发物价为最快，零售物价为较远，经济学家所谓“时延”（time-lag），可以充分地表示物价的动态（dynamic behavior）。批发物价的涨跌所以先于零售物价的原因，是由于零售货物销售甚速之时，必向批发商添进货物，而批发商必向制造厂添进货物，工厂不及制造，乃涨价。① 此种说法，虽然大致不差，然不能概括全部事实。尤其是农产物，并不见得先于农村售价开始。此是应该修正的一点。还有地域的关系，也很重要。同时一样的批发货物，常常在交通便利的地方，价格涨跌极其锐敏，而在偏僻处所，感觉较迟。此种现象，我们可以称为“地延”（place-lag）。时延与地延可以随交通运输与货币信用制度的改良而缩小范围，但不是绝对可以避免的。

（9）国际物价的变动

国际物价（international prices）在批发物价之中，感觉最为锐敏，且其行动较为一致，乃不可掩的事实。此种现象在国际政局正常状况之下，尤其如此。美国经济学者米捷尔（Wesley C. Mitchell）说：“物价的行程，在今日任何国家，不能专就一国国内状况来解释。此虽为一般人所忽视，然而确是事实。大宗交易的国际货物，在某一国的价格，除运费与关税的差别以外，不能长久维持比别国更高的价格。一般说来，各国物价的变动比实际物价更加束缚。进口税则可使两国间的市价发生巨大的差异，然而税则不是时时变更的。运费在本人所讨论的时期（1920～1928 年）之间，又特别低廉，故其对于市场的一致状况更不发生影响。就是施行不兑换纸币的国家，因为国际汇率的关

① Hawtry, Art of Central Banking, p. 97.

系，也要受世界物价系统与其变动的拘束。”①但是1929年世界经济恐慌发生以后，各国群起采用汇兑统制(exchange control)与物价统制(price control)政策，米捷尔的说法，不得不加以相当地修正了。

第二节　物价指数

(1)物价指数的意义与其编制方法

指数(index number)是因为便于比较起见，将各种数目变为百分比例，而以其中一数作为100，叫做基数(base figure)。物价指数②是由调查机关首先决定一个适当时期，叫做基期(base period)，将此基期的一群物价各各作为100，相加，以所选择货物种数除之，仍为100，就是基数。再将基期前后一定的各时期同样货物的价格与基期物价各各相比，求得其百分比例，相加，以货物种数除之，即得物价指数。

编制物价指数时，应注意：①基期的选择应在商业正常时期。②货物的种类应慎加选定，使其能充分代表大多数同类货物而表示其所占消费地位之重要。所选货物应该在基期前后的时期都有同样重要的消费量才好。③货物的度量衡及其等级应该前后一律，否则须加以改算与折合。

(2)算术平均与几何平均

编制物价指数，有三种计算方法：①算术平均(arithmetic

① A. Review, in the Recent Economic Changes in the United States, 1929, Vol. Ⅱ, p. 868.

② 物价指数的译名，是著者在民国初元从伦敦寄交上海《中华新报》发表的通信首先使用的。参阅盛俊先生主编的《中国物价论丛》(财政部上海货价调查处出版)。财政部在上海设立货价调查处(现改为国定税则委员会)，是基于著者的提倡。后来北京政府欲将货价调查处裁撤，著者又曾著论主张继续，卒被当局采纳。至今中国物价指数，有《上海物价月报》与《上海物价年刊》不断刊行，可谓幸事。

average)，②几何平均(geometric average)，③调和平均(harmonic average)。今假设所选货物为A，B，C等，共有n项，则得公式如下：

算术平均为$\frac{1}{n}$(A+B+C+……至n项)

几何平均为(A·B·C·……至n项)$^{\frac{1}{n}}$

调和平均为$1\div\frac{1}{n}\left(\frac{1}{A}+\frac{1}{B}+\frac{1}{C}+\text{……至n项}\right)$

假设A=2，B=4，C=8，n=3，则

算术平均为$\frac{1}{3}(2+4+8)=4\frac{2}{3}$，

几何平均为$(2\times4\times8)^{\frac{1}{3}}=4$，

调和平均为$1\div\left\{\left(\frac{1}{2}+\frac{1}{4}+\frac{1}{8}\right)\times\frac{1}{3}\right\}=3\frac{3}{7}$。

又假设A=5，B=6，C=8，D=9，E=11，n=5，则

算术平均为$\frac{1}{5}(5+6+8+9+11)=7.8$，

几何平均为$(5\times6\times8\times9\times11)^{\frac{1}{5}}=7.5+$，

调和平均为$1\div\left\{\frac{1}{5}\left(\frac{1}{5}+\frac{1}{6}+\frac{1}{8}+\frac{1}{9}+\frac{1}{11}\right)\right\}=7.2+$。

看上面所举的两例，我们很容易知道算术平均所得结果最大，调和平均所得结果最小，而几何平均适居其中。各国编制物价指数，不是采用算术平均法，即是采用几何平均法，少有采用调和平均法的。算术平均在计算上手续较简，伦敦《经济周报》(The Economist)自始至终采用之。① 最初采用几何平均者为耶方斯(W. S. Jevons)，② 现在为编制物价指数的模范。算术平均与几何平均两法在理论上虽有很大的差

① 伦敦《经济周报》批发物价指数最初是统计学者Newmarch在1864年出版的《商业史》(Commercial History)副刊创编。时期起自1862年。基期为1846年—1850年6年平均数。货物种类只有22。至1911年，加倍扩充为44种，而仍以2除之，故还是22种。详见附录5。

② Wicksell, Lectures, Vol. Ⅱ, p. 134.

别，但在实际上并不十分严重。马夏律说，若是所选货物种类过少，而其中各物的重要性相差甚多，则两法所得的结果必大相悬殊，否则不甚关紧要。例如$\frac{1}{2}(2+32)=17$，$(2\times32)^{\frac{1}{2}}=8$。而$\frac{1}{2}(900+1024)=962$，$(900\times1024)^{\frac{1}{2}}=960$。① 兹将算术平均法的物价指数举例如下：

民国二十九年一月十五日，米1担19元，煤百斤2元，棉花1斤1元5角。2月15日，米价20元9角，煤2元1角，棉花1元3角5分。今以1月15日为基期，计算2月15日的物价指数：

货物	单位	1月15日价	百分比	2月15日价	百分比
米	一担	19.00	100	20.90	110
煤	百斤	2.00	100	2.10	105
棉花	一斤	1.50	100	1.35	90
平均			3)300 100		3)305 $101\frac{2}{3}$

据此，我们就可以说，物价平准在一个月中，上涨了1%又2/3。

(3)基期变更与算术平均

算术平均的最大缺点，在乎基期不能变更，而几何平均则无此弊。今假设有面包、啤酒二物，本来是以1900年为基期。至1910年，面包涨价1倍，啤酒跌价一半，则1910年的物价指数，依算术平均法，上涨25%。若改用1910年为基期，而倒推至1900年，则1910年的物价比1900年反跌落20%。列举如下：

① Marshall, Money Credit and Commerce, p. 27, N.

	用1900年为基期		改用1910年为基期	
	1900年	1910年	1900年	1910年
面包	100	200	50	100
啤酒	100	50	200	100
	2)200	2)250	2)250	2)200
	100	125	125	100
	+25%		-20%	

其所以相反，是由于两个时期所包含的货物根本不同。假使在1900年1磅面包售价6便士，1瓶啤酒售价也是6便士，两者合并计算，共售1先令。到了1910年面包涨价为1先令，啤酒跌价3便士，两者合并计算，共售1先令3便士，即增25%。但在1910年，6便士只能购半磅面包，又6便士可购2瓶啤酒，两者合并计算，在1910年虽为1先令，但在1900年，则半磅麦包须用3便士，2瓶啤酒须用1先令，两者合并计算，则为1先令3便士，即跌落20%。①

兹再用几何平均法举例说明之：

	用民国二十六年为基期		用民国二十七年为基期	
	民国二十六年	民国二十七年	民国二十六年	民国二十七年
米	100	100	100	100
煤	100	400	25	100
	$(100\times100)^{\frac{1}{2}}$	$(100\times400)^{\frac{1}{2}}$	$(100\times25)^{\frac{1}{2}}$	$(100\times100)^{\frac{1}{2}}$
	100	200	50	100
	+100%		+100%	

① Robertson, Money, pp. 21-24. 查此种说法，Wicksell早已在其Lectures on Political Economy, Vol. Ⅱ, pp. 134-135述及，又其所著Interest and Prices亦有详细的说明。

(4)加权平均

编制物价指数的目的是测量货币的购买力。但是物价指数的编制是采用平均计算的方法，不问购买的货物是否同等重要。照此办法，所得结果，必定不切事实。例如货物两种，①米的消费占90%，②杂项货物只占10%。在基期，米价19元一担，杂项货物1元1斤，消费量共计20元。到了第二期，米价涨了一半，为28元5角，杂物跌了一半，为5角。依算术平均法，物价指数没有涨跌。依几何平均法，且跌到86%。其实照基期的消费量计算，所需要货币的数量已由20元高到29元，即高45%。米的重要占全部消费19/20。今以19乘之，使它的百分比变为1900分，其他杂物只占100分，总数为2000分，用20除之，仍得100分。这叫做加权法(weighting system)，其所得的平均叫做加权平均(weighted average)。现在就上面例题用不加权法与加权法各各表列如下：

不加权法算术平均：

	基期	第二期
米	100	150
杂物	100	50
	2)200	2)200
	100	100

加权法算术平均：

	基期	第二期
米	100×19＝1900	150×19＝2850
杂物	100×1＝100	50×1＝50
	20)2000	20)2900
	100	145

加权之法有三：①普通所用方法，斟酌货物的消费量，以消费最

少之货物为一，即 100，消费较多之货物照此加权，如上面所例示。②将不重要的货物，并数种为一种，给予一个单位，这叫做综合法(method of grouping)。③将重要货物多列数种，使其分量增加，这叫做调整平均(adjusted mean)。① 后两法现在虽为统计学家所采用，然不能十分严密，只可附带地用之。

(5)横的指数与纵的指数

横的指数即空际指数。纵的指数即时际指数。前者的正确性比后者更不可靠。即在一国以内各都市，也常因地方情形不同与编制者的便利，对于货物种类的选择、基期、加权等问题常不能做到一致。国际间的情形相差更远。在欧战以后数年，英国商业部曾经调查英德两国工人生活状况。结果，如以英国工人所消费的货物为标准，则德国工人生活费比英国工人超过 20%。若是以德国工人所消费的货物为标准，则德国工人生活费只比英国工人高出 10%。② 纵的指数也有许多缺点。有许多货物在基期非常重要，后来变为不重要。有许多货物在基期尚未出现，后来变为极重要。指数的年龄过久，譬如伦敦《经济周报》从 1862 年起至 1914 年，继续 50 余年，似乎只是为指数而编指数。反之，欧战以后，经过 1914 年的开战，1918 年的停战，1924 年的恐慌，以后接二连三，金融界发生扰乱。每次变更都要重定基期，重新比较。③

(6)批发物价指数与零售物价指数

货物从生产到消费，经过几个阶段。第一，制造家须由原料生产者购进原料，加工制造。他们所购原料，每次很多，购价当然很廉，是一种批发物价(wholesale prices)。第二，制造家制成货物以后，有

① Marshall, Money Credit and Commerce, p. 29, N.

② Robertson, Money, p. 27.

③ 关于横的指数与纵的指数之比较上的困难，可参阅 Marshall, Money Credit and Commerce, pp. 21-24.

时候也自设门市柜，向消费者直接发卖，然大多数是卖给纯粹的商人，转卖与消费者。商人向制造家趸进货物，当然较转卖与消费者要廉些。于此，制造家又叫做批发商(wholesalers)。第三，商人对于消费者卖出货物，叫做零售商(retailers)。其卖出价格当然比批发物价要贵些，是一种零售物价(retail prices)。社会组织愈复杂，分工制度更加周密，货物的移转，有时候更由原料生产者经过制造家，再经过批发商与零售商而后转到消费者。除最后一阶段的物价称为零售物价以外，其以前三阶段的物价都可称为批发物价。

一般经济学者编制物价指数，多半是采用第一阶段的物价，称为原始生产物(primary products)。至于零售物价，因为各处情形不同，消费人性情习惯互异，内容颇为复杂，不便于比较，所以批发物价虽与消费人无直接关系，而其变动除少数例外以外，仍可代表零售物价涨跌之趋势，与我们编制物价指数之目的并不相反。①

批发物价与零售物价有密切的连带关系。要涨都涨，要跌都跌，不过时期有先后。批发货物多为国际贸易的货物，其涨跌是受世界市场的影响，容易发生价格的变动，所以最先表现出来。零售物价常追随其后，但需经过多少时期，这就是所谓时延(time-lag)。因此，在一定时期中，批发物价上涨了，零售物价或许未涨；批发物价下跌了，零售物价或许还在上涨。

(7)货币价值的测量

货币是人人要用的支付工具，它的价值若是发生变动，影响于国计民生至为重大。有人说，南北花旗之战，美国人民所受货币紊乱的损失，比战事的直接损害还要大些。就是以现代战争论，空军的轰炸，可以远达后方，然而那种损害毕竟只能及于一部分的人民。若是币制紊乱，那就无论何人，未有不受波及的。币制不仅战时可以发生紊乱状况，即在平时也是如此。经济学者所以注意考查货币的购买力，不是没有原因的。要考查货币购买力的高低，不能从正面下手，

① Money Credit and Commerce, pp. 24-25.

必须从它的对方下手。它的对方就是物价。物价上涨就是币值下落，物价下落就是币值上涨，物价与币值是一件事的正反两面，这是我们研究物价的第一个理由。物价是用货币反映出来的客观的交换价值，无论消费人富贵贫贱如何，它的待遇是一律的。我们研究货币价值，不能从主观的方面着手，因为主观的价值各人不同，无从分别。这种客观的研究方法，自然有很多缺点，不能解决人生大问题，然而截至现在为止，经济学者并未发明何种良法，可以解决每一个人的生活问题。现在从物价方面研究币值的变动，虽然不是终极的解决方法，然在研究进程之中，似乎是不可少的手续。这是我们研究物价的第二个理由。

第三节 其他各种指数

(1)生活费指数

人类的生活在于消费，生产不过一种手段。测量货币的价值，最好是以近乎消费货物或消费者的货物(consumption goods, or consumer's goods)之价格为准，然而货币的用途，不仅限于购物，此外尚有许多事项应当考虑。通常考究货币的购买力，多半只涉及货物与劳役(services)两大宗。此就生产者说，固然不错，而从消费者的立场言之，则不尽然。消费者每天所支出的货币，虽极其琐碎，然大略可分为衣、食、住、行、医药、教育、娱乐、交际等几大类。有一部消费者雇用人力，然女仆的劳力可属于衣，厨司的劳力可属于食，门役的劳力可属于住，消费者的收入不同，消费的货物亦各有多少之差。大抵富人消费于后五类的数目比贫人为多，而消费于前三项的数目比贫人为少。尤其是食一类差不多是贫人独一无二的消费。因此，粮食涨价所及于贫穷阶级的影响特大。我们编制生活费指数(cost of living index number)，因为社会贫穷阶级过多，不易得到正确的概念。现在所通行的办法是编制城市工人的生活费指数。其理由：一则因工人在城市人口中占大多数，二则工人每日收入相差不远，三则工人生活状况是界限的生活状况，所受币值变动的影响特甚。

调查工人生活费指数之法，系由调查机关首先选择工人密集的某地方数百家或数千家，派人分住代为记账，经过相当时期之后，即可将各家账目分类结总，制出基期与以后各期的生活费指数。我国生活费指数，在北方有北平社会调查所的《北平生活费指数》，在南方有上海市社会局的《上海工人生活费指数》，是人所熟知的。

(2)工资指数

调查工资指数(wages index)的目的，好像是研究货币对于劳役的购买力，好像是替制造家解决货币的一个问题，实则不然。在实际社会中，虽然也有用生活费指数规定工资的增减的计划，但是现在我们调查此种指数，多半是研究工人方面的生活状况。工资指数是调查工人的收入，生活费指数是调查工人的支出。两种指数应该由一个机关同时调查。工人所得工资是货币工资(money wages)。它的多少不能决定工人生活的状况，必定与工人货币的购买力相比，而后可得到真实工资(real wages)的消息。譬如工资指数由100变为200，而货币购买力由100变为33，则工人的生活反降低到66%。此处所谓货币购买力，乃指工人消费物价而言，不是说工人生活费指数。生活费指数是工人货币的总支出，而不是每种货物单位所应支付的货币数量。譬如生活费指数上升了，或许也是工人生活状况的改善，或许不然。照例，工资提高是在物价上涨之后，但工资减低，多半也在物价下跌之后，因此真实工资有时上涨，有时下跌。一般工人习惯，是不讲储蓄(savings)的，所以他的支出常常与其收入相进退。我们要知道工人生活到底改善与否，第一，应该将货币工资与工人货币购买力相比较，求得真实工资。第二，应该将真实工资与工人生活费指数相比较，求得真实生活状况(real cost of living)。如果真实工资由100变为150，生活费指数由100变为125，则工人的储蓄增加了。如果生活费指数由100变为200，则工人的储蓄减少了。总结说来，真实工资是工人收入的指数，真实生活状况是工人生活的指数。

一般经济学者研究真实工资的方法，是将货币工资与一般的物价平准相比较。其实一般的物价平准与工人生活无甚关系。我们要知道真实工资，应该用工人货币购买力为准。所谓工人货币购买力是以工人消费货物的物价来测量，而不是以一般的物价平准来测量。这样的工人货币购买力指数，虽然可以用零售物价来代替，然还不免有许多缺点。到现在为止，我们还没有发现工人货币购买力指数的编制。

工资指数就是货币工资指数，调查与编制方法是很简单的。其法是以工人数除工资总数，即得平均工资。① 但是从实际上说，也不见得如此简单。工资制度(wages system)是一个复杂的制度。第一，名义工资(nominal wages)与实得工资(actual wages)不一定相同。比方某工人日工工资1元，每月应得30元，是名义工资，但若是请假10日，则实际工资不过20元。又如名义工资每日1元，若是加开夜班，每晚加给工资5角，则1个月实得为45元。这是专就时工(time wages)而言，若是件工(piece rate)，则每月所得更难一定。工资调查应该以实得工资为准，才有意义。

(3)房租指数

房租(rent)占生产费的一部分，而其性质特殊。它是不易变动的。在物价上涨之时，它也可以跟着上涨，物价下落之时，也可以跟着下落。但它的涨落，多半是随都市人口的增减，而不是跟随物价的变动。研究工人生活状况，房租是一个独立的事项。

(4)消费指数

现代经济学者对于前述各种指数认为无甚意义，因为人类的生活在于消费，而批发物价指数与消费者无关。生活费指数虽与消费有密切的关系，然只能代表社会一部分的生活状况。于是凯衍斯有消费指数(consumption index)的提议。他以为货币价值的涨跌关于全社会的幸福，应该有涉及全社会的测量方法。但此种方法，现在尚无人创造。只有美国联合准备局统计专家史耐德(Carl Snyder)曾经提议，混

① Bowley, Wages in the United Kingdom, p. 22.

合批发物价指数、生活费指数、工资指数与房租指数四种，用加权法，编制一种指数，勉强近似。根据这种理想，他将英美两国消费指数，照上列比例加权：①

	英	美
批发物价指数	2	2
生活费指数	$3\frac{1}{2}$	$3\frac{1}{2}$
工资指数	$3\frac{1}{2}$	$3\frac{1}{2}$
房租指数	$\frac{1}{2}$	1

其实此种办法，并不能彻底解决本问题。四种指数并不能包括货币的一般购买力(general purchasing power of money)。

消费指数何以不包括有价证券指数(index of securities)？英国经济学者何屈理(R. G. Hawtrey)说，此种交易不过是以货币易货币(a payment of money for money)，对于币值的变化不发生关系。②

① Keynes, Treatise on Money, Vol. Ⅰ, p. 57.

② Currency and Credit, pp. 37-38.

第二章　货币价值学说

第一节　学说的分类

(1)分类的困难

货币价值学说(Theories of the Value of Money)在货币学中算是最艰深的一部分。在欧战以前，货币学的文献已经是汗牛充栋，无人能够尽读，然而理论究竟还是简单。间有高深学说，又多半偏于理想，与现在实事不甚相合。欧战以后，各国社会组织愈趋复杂，以前所有的单纯理论，按之事实每格格不入。但是货币问题似乎是全人类都可参加讨论的问题。大家各出心裁，争奇立异，名目之繁多，公式之奇特，使读者头昏眼花。各人自己的主张，只经过极短期间，即发生差异，例如凯衍斯的《货币论》(Keynes, Treatise on Money)，等到他第二卷完成时，即已与第一卷自相冲突了。① 以如此错综复杂的学说，欲强为分类叙述，实为困难。然不为分类，又会使初学者难于探讨。迫不得已，就个人能力所及，勉一为之，并非自命正确。其有一人可分涉两派以上者，就分别隶属，不嫌重复。以后各节所摘录的诸家学说，不过各种名著里面的极小部分，当然不能竭尽其内容。读者想求深造，必须分别阅览原书。

① 见凯衍斯的《货币论》自序。

(2)学说的分类

大约是10年以前的事，伦敦大学经济学教授格雷葛里(Gregory)曾在伦敦政治经济学院(London School of Economics and Political Science)《年刊》(Calendar)声称，拟著一部货币学史，至今未见出版。他继其师勘南(Cannan)主讲货币银行学多年，虽尚未发表惊世的著作，然其后在美国的《社会科学大辞书》(Encyclopaedia of Social Sciences)曾作了一篇货币论文(Money)，把各学派加以简单的分析。照他的意见，货币价值学说可分为五大派：①供求学说(Supply and Demand Theory)，由此演进而成数量学说(Quantity Theory)。②生产成本学说(Cost of Production Theory)，由此演进而成为劳力学说(Labour Theory)，代表著作家有理嘉图与马克斯(Karl Marx)。③界限效用学说(Marginal Utility Theory)，为奥国学派(Austrian School)所提倡，代表著作家有孟额(Karl Menger)、耶方斯(W. S. Jevons)、维塞尔(Wieser)、庞巴威克(Böhm-Bawerk)、密塞斯(Mises)与哈叶克(Hayek)等。④现金余额学说(Cash Balance Theory)，为剑桥学派(Cambridge School)所主张，代表著作家有马夏律(Marshall)、披古(Pigon)、勘南(Cannan)与密塞斯(Mises)等。⑤收入学说(Income Theory)，代表著作家有维塞尔(Wieser)、何屈理(Hawtrey)、阿弗太庸(A. Aftalion)、凯衍斯(Keynes)与嘉塞尔(Cassel)等。此种分类，也是一说。今就本书的便利，依照他的意思，略为更改，分四大派如下：

①供求学说演为数量学说　此派又可分为三小派：(a)现金交易学说(Cash Transaction Theory)，是纯粹静态学说(Static Theory)，代表著作家有费雪(J. Fisher)、甘末尔(E. W. Kemmerer)、嘉塞尔(G. Cassel)等。(b)现金余额学派(Cash Balance Theory)，即剑桥学派，多少带有动态学说(Dynamic Theory)，代表著作家有马夏律(A. Marshall)、披古(A. C. Pigon)、勘南(Z. Cannan)、初期的凯衍斯(J. M. Keynes)等。(c)动态学说(Dynamic Theory)，代表者有何屈理(R. G. Hawtrey)、后期的凯衍斯等。

②界限效用学说 以奥国学派(Austrian School)为最著，例如孟额(K. Menger)、维塞尔(F. von Wieser)、庞巴威克(E. von Böhm-Bawerk)、密塞斯(L. von Mises)、哈叶克(E. A. Hayek)等，都是奥国学者。但英国的耶方斯(W. S. Jevons)和法国的阿弗太庸(A. Aftalion)，德国的向蒲比得(J. A. Schampeter)也属此派。

③生产成本学说演为劳力学说 代表者有理嘉图(D. Ricardo)、马克斯(K. Marx)等。

④国家学说(State Theory, or Anrecht Theory, or Chartal Theory, or Nominalistic Theory) 此派可称为德国学派，从法律的立场开发货币理论，与其他经济学者完全不同。格雷葛里对于此派向来重视，而不列入学派分类之内，或许是后来看到国家学说离开货币学说过远的缘故。本书以为此派学说虽然极为特殊，然而不能不说是一种重要学说，所以一并列入。代表者为克拉普(G. F. Knapp)、边狄克孙(F. Bendixon)、爱尔斯特(K. Elster)等。

第二节 货币数量学说

(1)数量学说的概要

数量学说的产生，是新大陆发现以后的事。从那时候起，美洲的金银大量地向欧洲输送，以致物价腾贵，引起一般经济学者的注意。据拉福林(L. M. Laughlin)说，最初提倡此说的是博丹(Jean Bodin, 1568)。其后有达芳轧蒂(D. Davanzati, 1588)。再100年以后，乃有洛克(John Locke, 1691)、孟德斯鸠(Montesquieu, 1748)、休蒙(David Hume, 1752)等。① 到了休蒙，数量说差不多可以说已经集大成了。达芳轧蒂说，一切货物凡可以满足人类的欲望者，应与货币全体的价值相等。凡原理适用于全体者，必能适用于其一部分。因此，货币单位与货币单位的交换率得以成立。密塞斯批评此学说，谓此种演

① Laughlin, Principles of Money, p. 226.

绎法不合于实际情形，尽人皆知，毋庸多赘。① 孟德斯鸠说："如果自美洲发现以后，欧洲所有金银以1与20之比增加，则物价亦应以1与20之比上涨。但是，从他一方面说，货物的增加若是1与2之比，则物价一面涨到1与20之比，另一面跌到2与1之比，结果，物价只得涨到1与10之比"。② 这是本学说一个极简单的说明，当然与事实不尽相符。

(2)货币与货物

依据货币数量说，货币与货物是两个相对待的东西。货币包括一切支付工具，支票也在内。它的流通速度可以增加货币数量至于若干倍。货物包括一切可以用货币购买的对象，劳役也在内。货物由生产者转移到批发商，再转移而至于零售商，最后到了消费者的手中，都要用货币支付，所以货物也有流通速度(Velocity of circulation of goods)。这两种流通速度在工商业发达的国家都要比不发达的国家来得快些。货币与货物确有相类似的地方，只有劳役一项似乎没有流通速度。货币从一人之手移转到另一人之手，也不一定是流通，例如赠送、遗失，各种货币的兑换(Money changing)，支票与货币的兑换(Cash of cheques)等，都不发生购买货物劳役的影响。货物方面也有同样的情形。它也有赠送、损失、物物交换、货物与劳力交换(payment in kind，凡供给食物之劳役都是此类)。货币有广狭两义；货物也有广狭两义。照以上所述，一般人以为货币与货物的性质完全相同。货币的支付是购买力的供给，货物的供给是购买力的需求。供求平衡，物价稳定。供求不平衡，物价变动。这是一个确切的理论。然而仔细分析起来，货币与货物有许多差别，不能一概而论。①货币(狭义的)的材料，经过数千年的积蓄，数量极大。现在每年生产量，好像是用一滴水加入一满碗的水中，不发生重大影响。

① Davanzati, Legioni delle Monete, 1588, 引见 Mises, Theory of Money and Credit, p. 115, 参考 Laughlin, Principles of Money, p. 226, N. 1.

② Montesquieu, L'Esprit des Loit, Chap. Ⅷ, p. 326.

货物则除一极少部分有耐久性者可以逐年累积以外，其余都是一年一年的浪费了。②货币(广义的)可以由政府自由增发，可以由金融机关自由扩充，而货物的增加不能纯恃人为的力量，而要看天时与人事的自然演变。③货币(广义的)自从存款与支票制度发明以来，人们的储蓄力量可以无限制的扩张，而对于货物究竟有限。④货币的价值是客观的交换价值，而货物对于消费者的价值，多半是主观的有用价值与主观的交换价值混合而成。⑤货币(广义的)的移转极为便利，所以价值的变动有极灵敏之感觉，而货物不然。因此，有许多经济学家，相信调节物价，发展生产，解决国计民生大问题，都可以从货币一方面着手，而货币理论乃不是一种纯粹学理，必要见诸实行。

第三节 现金交易学说

(1)现金交易学说的演进

现金交易学说(Cash Transaction Theory)是数量学说中最简单的静态学说(Static Theory)。这是假定某一时期中货币全体与货物全体成整个的交易形状，而决定货币的价值。此学说到了费雪可说是完成了。费雪用图画表示货币与货物两方面的平衡，并用代数式说明其作用。代数式的应用，他并不掠前人之美。他说，用代数式表示货币数量说的，有纽康(Simon Newcomb)①、爱基华斯(Edgeworth)、哈德里(Hadley)、甘末尔(Kemmerer)等。② 实则纽康以前，有多数学者应用代数式了。例如罗歇(Roscher, Principles of Political Economy, Vol. Ⅰ, p. 369, German edition, 1854)、鲍文(E. Bowen, Political Economy, p. 307 f., 1856)、列伐塞尔(E. Levasseur, La Question de l'or, p. 148, 1858)、洼尔拉斯(Léon Walras, Elements d'Economic Politique

① Principles of Political Economy, 1885, p. 346.

② Purchasing Power of Money, p. 25, N. 2.

pure, 1874)，其中尤以洼尔拉斯演算最为详尽，差不多与费雪没有大多分别。①

(2)费雪的交易方程式

费雪的交易方程式(Equation of exchange)，在各种货币学说的公式中最为简单明了，便于初学者的阅读。他的方程式有二：

$$MV = PT \qquad 即\ P = \frac{MV}{T} \quad \cdots\cdots\cdots\cdots\cdots\cdots \quad (1)$$

$$MV + M'V' = PT \qquad 即\ P = \frac{MV + M'V'}{T} \quad \cdots\cdots\cdots\cdots\cdots\cdots \quad (2)$$

上列 M 是硬币与纸币的数量总数，V 是一年间货币流通速度，P 是各个物价 P，P′，P″，……的平均数，即物价的一般平准，T 是一年间各种货物数量 Q，Q′，Q″，……的总和，即成交的数量(Volume of transactions)。这是第一公式所用符号的解释。此公式是以某一社会只用硬币与纸币为支付工具而未有存款与支票制度。第二公式加入 M′是代表支票存款，V′是一年间存款流通速度。

费雪解释货币(Money)的意义，说是与货物交易时，凡为一般人所能承受的，都叫做货币，故货币等于 M + M′，即我们前节所说广义的货币。

"We define Money as what is generally acceptable in exchange for goods". ②

M 与 M′在通常状况之下，有一定比例的关系，而且 M′是依赖 M 为转移的，在此处，他的货币界说是狭义的。

"As to deposits (M′), this magnitude is always dependent on

---

① A. W. Marget, Léon Walras and the Cash-Balance Approach to the Problem of the Value of Money in the Journal of Political Economy, Vol. 39, No. 5, p. 574. Marget 标题，重在说明洼尔拉斯为现金余额学说的先导者，实则 Marget 全文中只有一句引证是现金余额学说，其余都是现金交易学说，所以与其说洼尔拉斯是余额学说的先导者，不如说他是交易学说的先导者。

② Purchasing Power of Money, p. 8。

M. Deposits are payable on demand in money, and there must be some relation between the amount of money in circulation (M), the amount of reserves(u) and the amount of deposits. Normally we have seen that the three remain in given ratio to each other. "①

在通常状况之下，M与P是成正确的反比例。

"The quantity theory is true in the sense that one of the normal effects of an increase in the quantity of money is an exactly proportional increase in the general level of prices. "②

P是不能独立行动而影响M，M′V，V′或Q，它是被动的。

"So far as I can discover, except to a limited extent during transition periods, or during a passing season(e. g the fall), there is no truth whatever in the idea that the price level in an independent cause of changes in any of the magnitudes M, M′, V, V′, or the Q′s. "③

费雪的结论自然有些勉强，按之事实，不尽相合。上引几段，都有在通常状况之下一句为条件，可见不在此状况之下，就不能如此。他所谓通常状况，实在不是通常，是一般学者所批评的。方程式的构造，是由 $PQ + P'Q' + P''Q'' + \cdots\cdots$ 等于PT，也是极其勉强。反对费雪学说者要推安得孙(Anderson)为第一。④

费雪方程式骤看上去是四项平列，无分轻重，实则他的论点有注重在M居自动的领导地位，P为被动的随M转移。因此，这公式应该改为 $P = M \times \frac{V}{T}$。依费雪的意见，$\frac{V}{T}$ 应该是一个定数，而后M发生变动的时候，P即以正比例而变。究竟T与V一定不变吗？现在姑无论P可以受T的自动变化，先M而变，即令真是M先行领导，P是否以正比例而变，殊为疑问。例如法国在1926年1月至7月之间，

① Purchasing Power of Money, p. 162.

② Ibid, p. 157.

③ Ibid, p. 169.

④ B. Anderson, Value of Money.

纸币增发11%，物价上涨32%，对英汇率增高53%。德国在1922年也是如此。① 由此可见费雪的论据不能随时证明。他说，这不是通常状况，但是这种状况并非不常见的。

(3)伦敦《经济周报》的应用

交易方程式虽有种种缺点，然而已经是一个最具体的方案。伦敦《经济周报》仿照其意，编制1929年至1934年的交易方程式，所采用资料如下：②

M = Total deposits of London clearing banks

MV = An index of metropolitan, country and provincial clearings

$$V = \frac{MV}{M}$$

T = Economist index of business activity

$$P = \frac{2}{5}\text{Cost of living} + \frac{2}{5}\text{wages} + \frac{1}{5}\text{wholesale prices}$$

第四节　购买力平价学说

(1)购买力平价学说的由来

欧战时，各国币制紊乱。除极少数国家，例如中国，未受战事深切的影响以外，世界各国，无论是中立国或交战国，都有一个共通的紊乱现象，就是①纸币因滥发而不能兑现，②国内物价上涨，③国外汇率高低不定，与法定平价相差很多。1918年停战以后不久，瑞典经济学者嘉塞尔(G. Cassel)即在英国《经济季刊》发表一文，首倡购

① D. T. Jack, Currency and Banking, p. 158.

② 详情参阅 Economist, June 30, 1934, p. 1429, 与其 Trade Supplement, June 29, 1935.

买力平价学说（Purchasing Power Parity Theory 省称为 P. P. P. Theory）。① 1920 年比京开国际金融会议时，嘉塞尔又提出一篇论文，题为《世界货币问题》，重申其说。② 其后，他著有《1914 年以后的货币与国外汇兑》一书，又说到此事。③ 由此流行到各国经济学界，成为欧战后一个有名的货币学说，实则此说的最初倡导者并非嘉塞尔，而为德国学者休列静格（Schlesinger）。④

（2）嘉塞尔购买力平价方程式

嘉塞尔说，两国的汇率，为两国货币对于各该国内货物的购买力相除之商所决定，是为两国间真正汇兑平价。他提议叫做购买力平价。

"According to the theory of international exchanges, which I have tried to develop during the course of war, the rate of exchange between two countries is primarily determined by the quotient between the internal purchasing power against goods of the money of each country... At every moment the real parity between two countries is represented by this quotient between the purchasing power of the money in the one country and the other. I propose to call this parity 'the purchasing power parity'."⑤

如果两国中的一国或两国，采取货币膨胀政策，而其程度不同，

---

① Abnormal Deviations in the International Exchanges 原文载 Economic Journal, Dec. 1918.

② World's Monetary Problems, published by the International Financial Conference, Brussels, 1920, Paper No. XIII.

③ Money and Foreign Exchanges after 1914, p. 140.

④ Karl Schlesinger 在其 1914 年出版的 Theorie des Geldes und Kreditwirtschaft, p. 147, 曾说，"If we ignore the deviations which take place within narrow limits around parity, the exchange rate equals the relation between the purchasing powers of the Monetary Units."引见 K. R. Bopp 评 Ellis, German Monetary Theory, 原文载 American Economic Review, Sept. 1935, p. 512, N.

⑤ Economic Journal, Dec. 1918, p. 413.

例如甲国为320%，乙国为240%，则两国间的新的正常汇率应为旧汇率的3/4(正如那时的英美两国)。因此，得一规则，如两国货币膨胀，新汇率应为旧汇率乘两国膨胀系数之积。

"But as soon as an inflation takes place in the money of A, and the purchasing power of this money is, therefore, diminished, the value of A-money in B must necessarily be reduced in the same proportion. And if the B-money is inflated and its purchasing power is lowered, the valuation of A-money in B will clearly increase in the same proportion. If, e. g. the inflation in A has been in the proportion of 320 to 100 and the inflation in B has been in the proportion of 240 to 100, the new rate of exchange will be three-fourth of the old rate (approximately the case of England and the United States). Hence the following rule: when two currencies have been inflated, the new normal rate of exchange will be equal to the old rate multiplied by the quotient between the degrees of inflation of both countries". ①

依此规则，我们得到$£1 = 4.8665 \times \frac{240}{320} = \$3.65$，即所谓新的正常英美汇率，亦即所谓英美购买力平价。又如某一时期，英国货币膨胀为200%，法国为600%，则新的正常英法汇率应为$£1 = 25 \times \frac{600}{200} = 75$fcs. ② 如果实际汇率(Actual rate)发生差异(Deviation)，则其原因应加以研究。

应用此学说时，应该注意两点：①两国物价指数基期应同为一年份，②两国物价指数的内容与其性质应约略相同，例如均用国际货物的批发物价指数。

嘉塞尔的学说也是数量说的一派，但是推广到国际金融上去，他的学说也受到许多人的批评。兹将贾克(Jack)的评语列下：①两国物

① Money and Foreign Exchanges after 1914, p. 140.

② Jack, Currency and Banking, p. 154.

价指数内容不易相同，所以比较不易正确。②两国中的一国所采保护贸易政策或许比对方国的政策不同，例如甲国对于乙国的货物输入限制较严，则乙国之物价必降落到购买力平价以下。此在欧战期间，美国货物输入瑞典大受限制，瑞货输美则不受限制，以至瑞币克乐拉(Krona)对美汇率远高于战前之汇兑平价(即 Kr. 3.75 = $1)。在1917年，竟跌到 Kr. 2.55。③甲国采膨胀政策时，若乙国不如是，则甲国的外汇率必急速地上升。其上升程度必较其国内物价上升之程度更为迅速。例如 1926 年 7 月法国纸币流通增加 11%，物价上升 32%，而对英汇率平均上升 53%。这是政治的不安定影响于各国之程度不同。④当汇价上升之时，人民易流于投机，争购外汇，以牟厚利，使外汇率之升降愈加剧烈。⑤资金的逃避亦于此时发生，更使外汇率发生动摇。以上三项都是心理作用，非购买力平价学说所能范围。此学说本由弊值不安定而生，但到真正安定之时所得购买力平价不足以为训。①

(3)中外购买力平价

金银两本位国之间无所谓汇兑平价(Par of exchange)，但购买力平价是基于物价指数的百分比例，可以应用到中外汇兑的问题。著者根据民国二十四年三月份《上海物价月报》与民国二十四年一月至三月份《中外商业金融汇报》编制中外货币购买力平价。② 兹将中国与英美日三国的进口货与出口货略为比较如下：

进口货	上海输入物价指数(国定税则委员会)	英国批发指数(Statist)	美国批发指数(Board of Labor)	日本批发指数(Bank of Japan)
1926	100	100(原148)	100	100(原188.2)
1934	132.1	65.13 (原96.4)	75	75.08(141.3)

① Jack, Currency and Banking, pp. 156-159.

② 参阅武汉大学《社会科学季刊》第5卷第4期。

		英国批发指数	美国批发指数	日本批发指数
P. P. P. of 1934		$49.3\left(\frac{65.13}{131.1}\right)$	$56.77\left(\frac{75}{132.1}\right)$	$56.83\left(\frac{75.08}{132.1}\right)$
出口货	上海输出物货指数	英国批发指数	美国批发指数	日本批发指数
1926	100	100	100	100
1934	80.7	65.13	75	75.08
P. P. P. of 1934		$80.71\left(\frac{65.13}{80.7}\right)$	$92.93\left(\frac{75}{80.7}\right)$	$93.03\left(\frac{75.08}{80.7}\right)$
上海汇率				
1926		100	100	100
1934		62.94	67.05	108.40

由上表我们可以知道，1934 年的中英购买力平价为 49.3，而实际汇率为62.94，中美购买力平价为56.77，而实际汇率为67.05，中日购买力平价为56.83，而实际汇率为108.4，相差都是很多，尤其是日本汇率比购买力平价高到 2 倍，可见，外货倾销中国市场，无法阻止，尤其是日本货在中国市场的畅销远在英美各国之上。

第五节　现金余额学说

(1)现金余额学说的由来

现金余额学说(Cash Balance Theory)是英国剑桥学派所提倡，大家都以为是马夏律所首创，而披古继之创立公式，实则在 1767 年英国经济学者史秋华(Stuart)即已首开其端。他说，货币的用途有二，一是还债，一是购物。两者共通形成现金的需求。工商业的情况，生活的方式，人民用钱的习惯，合并起来，决定现金的要求。为使支付的数量发生效力，需要一定百分比例的货币。

"Money is used, he says, for two principal purposes: for the payment of debts and for the purchase of what one needs; the two together form 'ready money demands'. The state of trade and industry, the mode of living, the customary expenditures of the people taken all together regulate and determine the volume of 'ready money demands', i. e., the number of 'alienations.' In order to effect this magnitude of payments, a certain proportion of money is required. This proportion may increase or decrease according to circumstances, even while the number of alienations remains the same."①

洼尔拉斯(L. Walras)在其第1版的《纯理经济学初步》(Eléments d'Economic Politique pure, 1st. edition, 1874)已用代数式表示现金交易学说，而在其《货币学说》(Théorie de la Monnaie, 1886)与第2版《纯理经济学初步》，则由交易学说变为剩余学说。②

(2)马夏律的学说

马夏律(A. Marshall)为近代英国经济学界的权威，其所著《货币信用与商业》出版甚晚，然其在剑桥大学(Cambridge University)主讲经济学多年，其学说早已深入人心。所以剑桥学派的现金剩余学说，当推马夏律为首领。他说，货币的用途，以最方便的形式给人以随时取得一般的购买力。但是货币保留在手中，不能生息，所以人们权衡利害，多留货币，或是购物，或投资。由此，一国所有货币总值得以维持，不至于十分超过或不足人民保留的随时购买力。

"A money is not desired for its own sake, but because its possession gives a ready command of general purchasing power, in a convenient form... So currency is valued in accordance with the amount of ready pur-

① James Stuart, An Inquiry into the Principles of Political Economy, being an Essay on the Science of Domestic Policy in Free Nations, appeared first in London in 1767, Dublin edition, 1770, 引见 Karl Marx, Critique of Political Economy, 1859, pp. 228-229.

② A. W. Marget, Léon Walras and the Cash-Balance Approach, 详见本书第105页注2。

chasing power over which it gives command. If an extensive of the advantage thus gained could be acquired without cost, every one would keep a large command of ready purchasing power on hand in the form of currency. But currency held in the hand yields no income; therefore every one balances (more or less automatically and instinctively) the benefits, which he could get by enlarging his stock of currency in the hand, against those which he could get by investing some of it either in a commodity—say a coat or a piano—from which he would derive a direct benefit, or in some business plant or stock exchange security, which would yield him a money income. Thus the total value of the currency which a nation holds is kept from falling considerably below, or rising considerably above, the ready purchasing power, which the members care to hold in hand."①

"To give definition of this notion, let us suppose that the habitants of a country ... find it just worth while to keep by them on the average ready purchasing power to the extent of tenth part of their annual income, together with a fiftieth part of their property; then the aggregate value of the currency of the country will tend to be equal to the sum of these amounts. Let us suppose that their incomes aggregate in value to five million quarters of wheat and their property to twenty-five millions. Then the total value of the currency will be a million quarters of wheat. ... If then the currency contains a million units, each will be worth a quarter of wheat; if it contains two million, each will be worth half a quarter."②

(3)披古的公式

披古(A. C. Pigon)继承马夏律主讲剑桥大学，把他老师的学说演

① Money Credit and Commerce, pp. 38-39.

② Ibid, pp. 44-45.

出两个公式(Formula)如下:①

$$P=\frac{kR}{M} \qquad (1)$$

$$P=\frac{kR}{M}\left\{c+h(1-c)\right\} \qquad (2)$$

R = total resourses expressed in terms of wheat.

k = the proportion of these resources that the community chooses to keep in the form of money and bank balances subject to cheque.

M = the number of units of money and bank balance.

P = the value, or price, per unit of these money and bank balances in terms of wheat.

C = the part of money held by individuals.

h = the proportion of money held by banks as reserve.

由第一公式,假使k与R不变,则P与M成反比例。由第二公式,假设k,R,c,h均不变,则P与M亦成反比例。披古根据其师的学说,以小麦测量货币单位的价值,所用方法恰与费雪所用方法相反,所以披古公式的P是费雪方程式的P之反数,不可不注意。

(4)凯衍斯的公式

凯衍斯(J. M. Keynes)的货币学说,分为3个时期:第一时期为纯粹的余额学说,第二时期为复杂的动态学说,第三时期为第二时期的学说的补充,特别注重资本与利息方面。现在先将第一时期的学说,即其所著《货币改革论》(A Tract on Monetary Reform)的公式列下:②

$$n=pk \qquad (1)$$

$$n=p(k+rk') \qquad (2)$$

① The Exchange Value of Legal Tender Money,登在 Quarterly Journal of Economics, Nov. 1917。重载 Essays in Applied Economies, Chap. XVI, 1930.

② A Tract on Monetary Reform, Chap. Ⅳ 1923.

n = cash in circulation with the public.

p = price of each consumption unit, that is the index number of cost of living.

k = proportion of consumption unit which the public require to purchase.

r = proportion of cash held by banks as reserve.

k′ = bank deposits subject to cheque.

假设 k 不变，则 P 与 n 成正比例，又假设 k，k′，r 均不变，则 P 与 n 还是成正比例。

第六节 动态学说

(1)静态与动态

在申述货币的动态学说以前，应该先把静态与动态加以解释。我们读了经典学派(Classical School)的经济学书，常常看见所谓平衡(Equilibrium)字样，就是一种静态的假定。这种假定是说明某种理论的一个步骤，不是事实一定如此。静态是停止的状态(Stationary state, or static state)，是最后的结果。自然界的现象，如水、电、温度等，每每从不平的状态趋向于平衡。经济的现象也是如此。关于此点，耐特(F. H. Knight)说得最为明了：

"The reference to *final* results calls for a further word. The concept of *equilibrium* is closely related to that of static method. It is the nature of every change in the universe known to science to have 'final' results under any given conditions, and the description of the change is complete if it stops short of the statement of these ultimate tendencies. Every movement in the world is and can be clearly seen to be a progress toward an equilibrium. Water seeks its level, air moves towards an equality of *pressure*, electricity toward a uniform potential, radiation toward a uniform *temporature*, etc. Every change is an equalization of the forces which produce that change, and tends to bring about a condition in which the change will no longer take place. The water continues to flow, the wind to blow, etc., only because the sun's heat—itself a similar but more long-drawn-out redistribution of energy—constantly restores the inequalities which these movements themselves constantly destroy."

"So also in economic phenomena. Goods more from the point of lower to one of the higher demand or *price*, and every such movement abliterates the price difference which causes it. The circulation of goods continues because the life activities of man (the production of wealth) keep new supplies forthcoming. The same applies to shifts in productive energy from one use to another... It is arbitrary but convenient to speak of *the* static state in relation to given conditions of the supply and demand (production and consumption) of consumption goods."①

耐特并引克拉克(J. B. Clark),将经济理论分为3种状态:①自然现象,②静态的社会现象,③进步的社会现象。经济学派所谓静态,即所谓"天然"状况,必须排除5种变化而后可以实现。

"The dynamic theory is a correlate of Professor J. B. Clark's theory of distribution in the profitless 'Static State'. Professor Clark outlines a systematic structure of theoretical economics in three main divisions.

The first treats of universal phenomena, and the second of static social phenomena. Starting with those laws of economics which act whether humanity is organized or not, we next study the forces that depend on organization but do not depend on progress. Finally it is necessary to study the forces of progress. To influences that act if society were in a stationary state, we must add those which act only as society is thrown into a condition of movement and disturbance. This will give us a science of Social Economic Dynamics."—Distribution of Wealth, pp. 30-31.

"The static state is the state of 'natural' adjustments of Ricardo and

① F. H. Knight, Risk Uncertainty and Profit, p. 17.

early classical writers.

'What are called "natural" standards of values or "natural" or normal rates of wages, interest, and profits are in reality, static rates. They are identical with those which would be realized if a society were perfectly organized, but were free from the disturbances that progress causes... Reduce society to a stationary state, let industry go on with entire freedom, make labour and capital absolutely mobile... and you will have a régime of natural values.' "—Distribution of Wealth, p. 29.

"To realize the static state, we should have to eliminate five kinds of change which are constantly in progress:

Five generic changes are going on, every one of which reacts on the structure of society, by changing the arrangements of that group system which it is the work of catallactics to study:

1. Population is increasing.

2. Capital is increasing.

3. Methods of production are improving.

4. The forms of industrial establishments are changing, the less efficient shops, etc., are passing from the field, and the more efficient are surviving.

5. The wants of consumers are multiplying."—Distribution of Wealth, p.56. ①

向蒲彼得(J. A. Schampeter)解释静态与动态，意见稍有不同。他说，经济变动的原因有二：一是经济制度以外的变动，一是制度本身的变动。后者尤为重要。制度发生变动，即可产生新的平衡。旧的制度无论如何延长决难达到此新平衡。

"In the first edition of this book, I called it 'dynamics'. But it is preferable to avoid this expression here, since it so easily leads us astray because of the associations which attach themselves to its various

① F. H. Knight, Risk Uncertainty and Profit, pp. 32-33.

meanings. Better, then, to say simply what we mean: economic life change; it changes partly because of changes in the data, to which it tends to adapt itself. But this is not the only kind of economic change; there is another which is not accounted for by influence on the data from without, but which arises from within the system, and this kind of change is the cause of so many important economic phenomena that it seems worth while to build a theory for it, and in order to do so, to isolate it from the other factors of change. The author begs to add another exact definition which he is in the habit of using: what we are about to consider is that kind of change arising from within the system which displaces its equilibrium point that the new one cannot be reached from the old by infinitesimal steps. Add successively as many coaches as you please, you will never get a railway theory."①

向蒲彼得说，静态不是停止状况(Stationary state)，与克拉克的意见不同。他说，理论与事实不是一样。在历史的演进中，经济衰落虽然是停止状况，但理论上所假定的静态不是如此。两者常相混淆。

"Static theory does not assume a stationary economy; it also treats of the effects of changes in data. In itself, therefore, there is no connection between static theory and stationary reality. Only in so far as one can exhibit the fundamental form of the economic course of events with the maximum simplicity in an unchanging economy does this assumption recommend itself to theory. The stationary economy is uncounted for thousands of years, and also in historical times in many places for countries, an incontrovertible fact, apart from the fact, moreover, which Lombart emphasised, that there is a tendency towards a stationary state in every period of depression. Hence, it is readily understood how this historical fact and that theoritical construction have allied themselves in a way which led to some confusion."②

① J. A. Schampeter, Theory of Economic Development, p. 64. N.

② Ibid, p. 82, N. 1.

(2)何屈理的消费者收入与消费者支出说

何屈理(R. G. Hawtry)说，银行放款影响物价平准，但物价平准的高低不关乎消费者手中的剩余现款(balances)或"尚未用去的界限"(Unspent margin),① 而关乎消费者的支出(Consumers' outlay)。银行放款以后，其中大部分扩充消费者支出，小部分流入尚未用去的界限，则可使物价上涨。因此尚未用去的界限比例愈小，银行扩张信用的效力愈大。银行扩张信用先增加消费者收入(Consumers' income),② 因而增加消费者支出，但这几种事件不是以同比例进行的。其间若是发生差异，就可以影响于物价。物价的决定不在于尚未用去的界限，而在于消费者支出。马夏律的现金剩余学说在此得了一个补充。

"The greater the proportion of additional credit that goes to swell the consumers' outlay, and the less the proportion that is added to the balances, the greater will these effects be. A superficial interpretation of the quantity theory would led us to lay all the stress on balances, and to say that prices ought to increase in proportion to the unspent margin, i. e., to the quantity of credit and money in the hands of the people. But we now see that the more *slowly* this quantity increases, the greater will be the rise of prices, so long as the acceleration of the creation of credit continues. When the process completed, when the bank no longer seek to encourage borrowers, and the credit created no longer exceeds the credit extinguished, then the unspent margin will again become the measure of prices."③

"The consumers' income rises and falls with the amount of credit crea-

① Unspent Margin 是指 Aggregate of money and bank credits held by traders and consumers，参阅 Currency and Credit, p. 34.

② Consumers' income 是指 what a man has available to spent on his own needs. Consumers' outlay 是指 what a man so spends. 参阅原书 p. 46. 何屈理并有极复杂的公式，亦请参阅原书。

③ Currency and Credit, p. 50.

ted, the consumers' outlay with the consumers' income; the credit extinguished with the consumers' outlay. But the changes in these several quantities do not *exactly* keep pace. The difference between any two of them represents a change of balances. The change in the unspent margin is the resultant of the changes in consumers' balances and in traders' balances."①

"It is not the unspent margin but the consumers' outlay which is the proximate cause in the determination of prices."②

"The price level is proportional to the consumers' outlay and inversely proportional to the quantity of goods bought by consumers per unit of time."③

(3)凯衍斯的交易基本方程式

凯衍斯的《货币论》(A Treatise on Money)出世以后，轰动一时。崇拜他的人至誉为亚丹·斯密《原富》(Adam Smith, Wealth of Nations)以后稀有的名著，然其书艰涩难读，即有名的经济学者师丹普(Josia Stamp)也说，有时候要费半小时才能看懂一面。理论的高深和复杂可以想见。他所用的名词和寻常的意义很多不同。第一，他把存款先分为收入存款(Income deposits)与商业存款(Business deposits)两种，前者为个人留存备用的银行存款与手存现金，后者为工商业界暂存备用的银行存款与库存现金。两者并称为现金存款(Cash deposits)。此外为储蓄存款(Saving deposits)，为留存投资的银行存款。第二，货币的购买力是人们为消费起见用其货币收入(Money income)购买货物和劳役的货币之力量。④ 第三，收入(Income)是社会的货币收入，或生产要素的所得(Earnings of factors of production)，或生产成本(Cost of production)。第四，利润(profit)是生产成本与实际卖价(Actual

① Currency and Credit, p. 52.

② Ibid, p. 59.

③ Ibid, p. 59.

④ A Treatise on Money, Vol. Ⅰ, p. 54.

sale-proceeds)之差，不在收入之内。第五，储蓄(Savings)是个人的货币收入与当时消费者的货币支出(Money-expenditure on current consumption)之差。第六，投资(Investment)是储蓄与利润之和。

全书最精彩的地方在交易的基本方程式(Fundamental Equations of Exchanges)一章。那里有10个公式，现在列举最初两个如下：

$$P=\frac{E}{O}+\frac{I'-S}{R} \cdots\cdots (1)$$

$$P=W_1+\frac{I'-S}{R} \cdots\cdots (2)$$

P = price level of liquid-consumption goods.

O = total output of goods per same cost of production.

E = total money-income or earnings of the community in a unit of time.

I′ = the part of income earned by the production of investment goods.

S = the amount of savings.

R = the volume of liquid consumption-goods and savings flowing on to the market and purchased by consumers.

W = the rate of earnings per unit of output.

10个公式之中，有一个共通的因素，就是 I′-S。这个因素是凯衍斯学说的中心。① 他批评诸家学说，如马夏律、披古、陶昔格(Taussig)、费雪、嘉塞尔、何屈理，说是都不曾贯彻到底，只有维克霰(Kunt Wicksell)的利息与物价(Geldzins und Güterpreise, 1898)应受一般人更大之注意，和他的《货币论》极相近。②

他把物价平准分为两部分：一是消费物的物价平准，二是资本物的物价平准。在平衡状况中，都要受生产成本所决定。但问题的中心是：消费物的物价平准实际上是否与其生产成本相等，纯视乎用在消费的收入是否与其消费物的生产量成正比例，换一句话说，纯视乎收

---

① A Treatise on Money, Vol. Ⅰ, p. 138.

② Ibid, Vol. Ⅰ, p. 186.

入划分为储蓄和消费两部分是否与生产成本划分为资本物成本和消费物成本两部分相等。

“The price-level of output as a whole during any period is made up of two components—the price-level of the goods coming forward for consumption and the price-level of the goods added to the stock of capital.”

“In conditions of equilibrium, both these price-levels are determined by the money cost of production, or, in other words, by the money-rate of efficiency-earnings of the factors of production.”

“The question whether the price-level of the goods which are consumed is in fact equal or unequal to their cost of production, depends on whether the proportion of income of the community which is spent on consumption is or is not the same as the proportion of the output of the community which takes the form of the goods so consumed; in other words, on whether the division of income between savings and expenditure on consumption is or is not the same as the division of the cost of production of output between the cost of goods which are added to capital and the cost of goods which are consumed.”①

如此，消费物的物价平准(即货币购买力的倒数)超过或不及其生产成本，在乎储蓄数量不及或超过新投资的生产成本(即加在资本的货物)。因此，如果储蓄数量超过投资成本，则消费物生产者必受损；如果投资成本超过储蓄数量，则消费物生产者必获利。

“Thus the price-level of the goods which are consumed (i. e., the inverse of the purchasing power of money) exceeds or falls short of their cost of production, according as the volume of savings falls short or exceeds the cost of production of new investment (i. e., of the goods which are added to the stock of capital). Hence, if the volume of savings exceeds the cost of investment, the producers of the goods which are being consumed make a loss; and if the cost of investment exceeds the volume of savings, they

① A Treatise on Money, Vol. Ⅰ, pp. 179-180.

make a profit". ①

他的结论是I′－S要为正数，物价才能上涨，工商业才能繁荣，否则物价下落，工商业必定萧条。其余8个公式也是如此。

第七节 界限效用学说

(1)奥大利学派的价值论

奥大利学派(Austrian School)的价值论，② 将有用价值(Use value)与交换价值(Exchange value)各各分为主观的(Subjective)与客观的(Objective)两种。价值由于效用(Utility)。一物的效用不但因人而异，而且因时因地而各不同。效用有限度；到了限度，那效用就是界限的效用(Marginal utility)。人的享受，每次从开始到界限的效用，经过相当的过程。如果把全部享受分为若干等分，而命最初一部分为第一部分，则第一部分的效用最大，第二部分较小，第三部分更小，以至于最后一部分接近界限的效用，效用就等于零。全部享受的效用叫做总效用(Total utility)。总效用等于各部分效用之总和，然各部效用彼此不相等。这是一般的价值论。货币价值理论是价值理论的一部分，似乎应该受一般理论的支配。澳国学派的货币理论基于这样的出发点，根本就不能与数量学说相容。数量学说的方法是将总数等分，求得一个平均数，而认为全部的代表。澳国学派则认为平均数与界限效用理论不合，不能作为货币理论的中心。实则货币与货物性质不尽相同，前已详述。现在若要说数量学说绝对不能适用，自然不免武断，然而澳国学派个人主义(Individualism)的理论也可以帮助我们解除全社会主义(Socialism)所引起的许多缺点。他们指示我们，社会问题是多么的复杂，不是那样直截了当的方法所能解决，必须从各种阶

① A Treatise on Money, Vol. Ⅰ, p. 180.

② W. Smart, Introduction to the Theory of Value 叙述澳大利学派的价值论极为简单，可资参考。

段分别加以考虑。

(2)密塞斯的货币价值论

密塞斯(Ludwig von Mises)在他的《货币与信用论》(Theory of Money and Credit),① 把货币的价值归纳在客观的交换价值一角内,但纯粹的客观的交换价值不是奥国学派立论的基础,所以他很巧妙地把主观的价值归纳到客观的范围以内。

"Subjective use value of money coincides with subjective exchange value of money."

"Subjective use value of money is simply the anticipated use value of the things that are to be bought with it."

"Subjective value of money must be measured by the marginal utility of the goods which the money can be exchanged". ②

货币的主观评价自然以现在的客观交换价值为前提,然而前提中的价值不是未来的价值,而是昨日的交换价值,笼罩今日市上的货币客观交换价值,是由昨日各个人在市上的主观评价的影响所造成,而昨日的货币客观交换价值又是由前日各个人主观评价所造成。由此上推,直至货币不曾含有客观交换价值,即货币尚未成为货币的一天为止。在那时候,货币的价值不过是一种普通货物的价值而已。

"It is true that the subjective valuation of money presupposes an existing objective exchange-value, but the value that has to be presupposed is not the same as the value that has to be explained; what has to be presupposed is *yesterday's* exchange-value, and it is quite legitimate to use it in an explanation of that of to-day. The objective exchange-value of money which rules in the market to-day is derived from yesterday's under the influence of subjective valuations of individuals frequenting the market, just as

① 原文 Theorie des Geldes und der Umlanfsmittel 第1版在1912年发行,第2版在1924年发行。英译本在1934年出版,是根据德文第2版。

② 以上3段均见原书 pp. 108-109.

yesterday's in its turn was derived under the influence of subjective valuations from the objective exchange-value possessed by the money the day before yesterday."

"If in this way we continually go farther and farther back we must eventually arrive at a point where we no longer find any component in the objective exchange-value of money that arrives from valuations based on the function of money as a common medium of exchange; where the value of money is nothing other than the value of an object that is useful in some other way than as money."①

密塞斯以为货币全体的界限效用与其总效用相同，因为货币全体在此时是不可分的整体。

"When a stock is valued as a whole, its marginal utility, that is to say, the utility of last available unit of it, coincides with total utility, since the total supply is one indivisible quantity".②

(3)哈叶克的生产程序学说

货物的生产经过许多程序。澳国学派的先进孟额(Karl Menger)的《经济学原理》(Grundsätze)及庞巴威克(Böhm-Bawerk)的《资本的积极理论》(Positive Theorie des Kapitals)已发其端。哈叶克(F. A. Hayek)继之，大加阐述，成为今日经济学界之一个权威学说。向蒲彼得解释生产程序如下：

"It is usual to classify goods in 'orders', according to their distance from the final act of consumption. Consumption goods are of the first order goods from combination of which consumption goods immediately originate are of the second order, and so on, in continually higher or remote orders. It must not be forgotten that only goods ready for consumption in the hands of consumers fall in the first order and that bread at the baker's for

---

① Ludwig von Mises, Theory of Money and Credit, pp. 120-121.

② Ibid, p. 47.

example, is strictly speaking only bought in the first by combining it with the labour of errant-boy. Goods of lower order, if not immediately the gifts of nature, always originate in a combination of goods of higher order. Although the scheme constructed otherwise, it is best for our purposes to rank a good in highest of the orders in which it ever appears. Accordingly labour is, for example, a good of the highest order, because it enters at the very beginning of all production, although it is also to be found at all other stages."①

在叙述哈叶克学说以前，让我先把他们几个名词加以解释。①生产的原始手段(Original means of production)包括土地(Land)与劳力(Labour)。②生产要素(Factors of production)包括原始手段与资本(Capital)。③生产者货物(Producers' goods)即直接间接用在消费者货物之一切货物。④中间出品(Intermediate products)非原始手段的生产者货物，即在原始手段与消费者货物中间的货物。⑤生产阶段(Stages of production)分为高等阶段(High stages)与低等阶段(Lower stages)。高等阶段距消费者货物的制造程序较远，低等阶段则较近。

他说，近世货币学说集中在一点，就是货币增加对于人生的影响，是自然的趋势。然而好几十年已经过去了，直到最近，大家才觉得货币的价值与货币数量的变更对于界限效用学说的基本观念应该有严密地研究。

"It was inevitable that modern theory should be sympathetic towards a point of view which traces the effects of an increase of money to its influence on individual decisions. But a generation passed before serious attempts were made to base the explanation of the value of money and the effects of changes in the amount of money upon the fundamental concepts of marginal utility theory". ②

我们现靠着个人本位的方法，才能明了经济现象。近世的主观学

① J. A. Schampeter, Theory of Economic Development, 1934, p. 16.

② T. A. Hayek, Prices and Production, 1931, p. 10.

说较之经典学派高超得多了。

"It is to this 'individualistic' method that we owe whatever understanding of economic phenomena; that the modern 'subject' theory has advanced beyond the classical school in its consistent use is probably its main advantage over their teaching."①

货币增加时，要看它注射的方向(货币减少时，要看它先从何处开始)。增加的货币先流到工商业者手内，或是直接流到公务人员手中，其结果或相反。

"... everything depends on the point where the additional money is injected into circulation (or where money is withdrawn from circulation), and the effects may be quite opposite according as the additional money comes first into the hands of traders and manufacturers or directly into the hands of salaried people employed by the state."②

货币用在生产者货物之上，比用在消费者货物上要大得多。在美国，前者比后者约为12倍。

"... the amount of money spent on producers' goods during any period of time may be far greater than the amount spent for consumers' goods during the same period. It has been computed, indeed, that in the United States, payments for consumers' goods amount only to about one-twelfth of the payments made for producers' goods of all kinds."③

哈叶克把生产程序理论用许多图表一层一层地表示出来，乃进入最有精彩的一段文字。他说，假设消费者决定把他的收入多储蓄一些而用在投资，则投资增加首先增加生产者货物的需求，而减少消费者货物的需求，结果，生产者货物价格必定比较地上涨，而消费者货物必定比较地下落。但是生产者货物价格不必同等上涨，也不必毫无例外。接近消费者货物的前一阶段的生产者货物价格因为受到消费者货

① T. A. Hayek, Prices and Production, 1931, p. 4.

② Ibid, p. 11.

③ Ibid, pp. 42-43.

物跌价的影响，应该比增加的货币可用在全部生产者货物的结果要相对地跌落，此一阶段的生产者货物价格虽然较为跌落，但是要比消费者货物价格跌得少些。这使最后的两个阶段中间的价格界限（Price margin）缩小了。价格界限缩小，可以使得用在低等阶段的钱比较地不合算而移到高等阶段上去。

"I begin... with the supposition that consumers decide to save and invest a larger proportion of their income. The immediate effect of increase in the demand for producers' goods and the decrease in the demand for consumers' goods will be that there will be a relative rise in the prices of the former and relative fall in the prices of the latter. But the prices of producers' goods will not rise equally, nor will they rise without exception. In the stages of production immediately preceeding that in which the final touches are given to consumers' goods, the effect of the fall in the prices of consumers' goods will be felt more strongly than the effect of the increase of the funds available for the purchase of the producers' goods of all kinds. The price of the product of this stage will, therefore, fall, but it will fall less than the prices of consumers' goods. This means a narrowing of the price margin between the last two stages. But this narrowing of the price margin will make the employment of the funds in the last stage less profitable relatively to the higher stages, and therefore some of the funds which had been used there will tend to be shifted to the higher stages."①

他说明生产程序如此复杂，货币数量增减所及的影响如此不平均以后，作一结论，说，人为的刺激归于无用，不如听其自然调节。这与货币数量说者所持的见解完全不同。

"The only way permanently to mobilise all available resources is, therefore, not to use artificial stimulants—whether during a crisis or thereafter—but to leave it to time to effect a permanent cure by the slow process of adapting the structure of production to the means available for capital

① T. A. Hayek, Prices and Production, 1931, pp. 70-71.

purposes. "①

(4)向蒲彼得的个人主观学说

向蒲彼得(J. A. Schampeter)也是赞成奥国学派的一人。他在其《经济发展史论》(Theory of Economic Development),② 反对货币的一般购买力学说，而主张个人的主观界限效用学说。他说，物价对于家庭与消费品之界限效用成正比例，而生产者货物的价格对于厂家与其界限生产力成正比例。

"In an exchange economy we may express it by saying that for all households prices must be proportional to marginal utilities of consumers' goods and that for all firms prices of producers' goods must be proportional to their marginal productivities. But a new phenomenon presents itself in the fact that products will be estimated by their producers no longer according to any 'value-in-use' which they might have for them, but according to the utility of those commodities which producers ultimately acquire for them". ③

物价对于任何人，无论贫富，都是一样，但是每种货物的价格与其他一切货物的价格发生联系。

"But the relation of the quantities in which any two goods are changed in the market, or of their reciprocals, the price of each goods, is the same for all individuals, —rich or poor—as we said before. That the price of every goods is connected with the prices of all other goods will only become clear if we reduce them all to a common denominator. "④

货币的价值由于个人的估计，其在市场上发生各种一定之"价

① T. A. Hayek, Prices and Production, 1931, p. 87.

② J. A. Schampeter, Theory of Economic Development. An Inquiry into profits, Capital, Interest and the Business Cycle, translated by R. Opie in 1934 from the second German edition, 1926, Theorie der Wirtschaftlichen Entwicklung.

③ English edition, p. 41.

④ Ibid, p. 47.

格”，与其他货物相同。

“Experience shows that every individual values his stock of money. As in the market all these individual value-estimates lead to the establishment of a definite exchange relation between the unit of money and quantities of all other goods, in principle, just as we ascerted earlier of other goods. From the competition between individuals and between possibilities of employment there issue, under given conditions, as many definite ‘prices’ of money as there are other goods. These prices of money . . . are, therefore, like any other price, founded upon individual value-estimates. But upon what do these rest? . . . We answer the question after Wieser: the use value of the material commodity of course provides the historical foundation upon which money acquires a definite exchange relation to other goods, but its value for every individual and its price on the market may and actually do more from this basis.”①

“Every individual . . . will value this medium of exchange according to the value of the goods which he can obtain with it. Every individual will therefore value his money differently, and even if each expresses his value estimates of other goods in money, these estimates will have a different significance from individual to individual even if they are numerically equivalent. In the market, it is true, every goods will have only one price in money, and also there can be only one price of money in the market at any moment. . . But only superficially, for while equal for all, the prices have a different implication for each; they signify for each different limits to the acquisition of goods.”②

所谓货币之一般的购买力不切实际。

“At first sight money appears as a general order upon different quantities of goods, or as we may say, as ‘general purchasing power’. Every in-

① English edition, p. 48.

② Ibid, pp. 49-50.

dividual regards money first of all as a means of obtaining goods in general; if he sells his services of labor or land, he sells them not for definite goods, but, as it were, for goods in general. If one looks more closely, however, things take on a different aspect. For every individual values, his income money really according to the goods which actually obtains with it and not according to the goods in general."①

第八节　货币与利息

(1)投资与利息

人民用其所储蓄的资产投之于有利的方向，以冀得利息(Interest)。利息对于所投资本的百分比叫做利率(Rate of interest)。利息与资本的关系可分为4种：①本与息均不发生变化，例如定期存款与定期放款，除非中途改变办法，到期时照原定利率连同原本一并归还。②本不变而息随时可以变更，例如活期存款与活期放款。外国的活期存放，随时变更利率。我国银行钱庄拆息即是此类，至于银行活期储蓄存款息率差不多有一定的，应该归入第一类。③本变而息不变，例如公债，公司债与优先股，利息有一定(Fixed interest)，与第一类定期存放相仿佛，然而本金则时时可以发生变化。这是因为定期存放的资本不能任意移转，而公债等则可以在市场上买卖。买卖的结果，原来的利率虽不变，而实际所得(yield)就不同了。现在设一例以说明：某公债原定利率为6厘，100元票每年给息6元，如果此公债照额面价格发行，则在发行之时，利率当然是6厘，但是经过若干时期以后，公债市况发生变化，百元票可卖120元。第一公债持有人除原有本金百元外，多得20元。此20元也可以说是投资所得，也是一种利息。因此，第二公债持有人用120元买入此公债票，如果他不再卖出，则到期只领得利息6元，实际所得已不是6厘而是5厘了。④本

① English edition, pp. 51-52.

变而息亦变，例如公司普通股票(Equity shares)，股息(Dividend)随时有多少，而本金也因市场利率发生变化而变化。真正的利率随时高低，不能一定。

票据贴现是银行活期放款的一种，而其情形较为复杂。例如某日贴现率为年息4厘，银行收买3个月到期额面1000元票据，除去贴现10元外，净放款990元。到1个月后，市场利率变为年息3厘，银行可将此票再贴现，则除贴现5元外，净收回995元，比放款多出5元。此5元就是990元1个月的利息。结果，照年息计算，实得6厘而强。如果一个月后市场利率不是变为3厘而是变为6厘，银行非将其再贴现不可，则应扣除贴现10元，净收回乃为990元，适符原来放款之数。结果，银行此笔放款并未得到丝毫利息，就是上海金融市场所谓“白借”了。如果1个月后市场利率不是变为3厘或6厘，而是变为9厘，银行还是非将其再贴现不可，则须扣除贴现15元，净收回985元，不仅没有利息，反要亏本5元。如此，则票据似属于第四类了，然银行因再贴现而至于亏本是不会有的，所以还是归入第二类为妥。

以上4种投资与利率的关系，正和物价一样，有许多错综复杂的原因。此种原因大别亦可分为两类：①个别的原因(Special causes)，如普通股息，大半是由于各个公司的成功与失败，小半是由于工商业的一般的趋势。②一般的原因(General causes)，如活期存放与公债等，十有八九是由于市场利率(Market rate of interest)时有高下，此一般的市场利率之所以有高下，也可以说是货币价值发生变化的影响。就第四种投资而言，币值上涨，物价下落，工商业逐渐萧条，股息不得不减低，股票价格也不得不随而降下。就第三种投资来说，物价下落，有固定收入之公债票比较获利，一般人争相购买，以致公债票市价上升，结果，实际所得也会减少。我们就一般的原因，综合货币与利息的关系，似可得一结论，即币值上涨，利率不得不下落。反之，币值下落，利率不得不上涨。换一句话说，物价与利率是以正比例变动的。但自第二种投资看来，货币充斥，物价上涨，放款转松，贴现率随之下落。第二类活期存放利率亦然。此种现象恰与上述者相反。

这是什么缘故呢？此还是从理论方面来说，若是从实际上看，利率与物价两种统计有时与理论相合，有时又与理论相反，弄得许多学者与实务家各主一说，莫衷一是。① 大致说来，理论既不会错误，事实也不至于矛盾，其所以有时发生冲突的缘故，是时间上的关系，就是所谓时延(Time-lag)。时延使现象不能同时发生，而只能表示一种趋势(Trend)。时延急速的投资与时延缓慢的投资在某一短时期内呈现两种相反的现象也是有的。因此，我们研究本问题，第一，要明了投资与利率有许多不同的种类，第二，要明了实际状况和经济趋势。下述维克霰的学说，是解释本问题的一种方法。我们还要知道，经济学者所注意的利息问题，是第二种，即活期放款，尤其是票据贴现。维克霰所谓利率就是指这一种而言。

(2)维克霰的利息与物价

维克霰(Knut Wicksell)在他的名著《利息与物价》(Interest and Prices)，把这两个因素的关系说得十分明白。他首先想象有一种天然利率(natural rate, or normal rate, or capital rate, of interest)对于物价是中性的(neutral)，不发生何种影响。它的作用，好像没有货币一样。

"There is a certain rate of interest on loans which is neutral in respect to commodity prices, and tends neither to raise nor to lower them. This is necessarily the same as the rate of interest which would be determined by supply and demand if no use were made of money and all lending were effected in the form of real capital goods. It comes to much the same thing to describe it as the current value of the natural rate of interest on capital."②

他申述货币利率(Money rate, or contractual rate of interest)即实际市场利率，不一定与理想的天然利率相同。如果偶然相同，则借贷之间虽然少不了货币，但其实是与不用货币一样。在此种状况之下，经

① E. Cannan, Modern Currency, pp. 75-81 说得很明白。

② K. Wicksell, Interest and Prices, p. 102.

济平衡既不会发生变动，物价平准即无由发生动摇。

“Now if money is loaned at this same rate of interest, it serves as nothing more than a cloak to cover a procedure which, from a purely formal point of view, could have been carried on equally well without it. The conditions of economic equilibrium are fulfilled in precisely the same manner. In such a case, there is no occasion for any alteration in the level of prices.”①

如果两种利率不一致，譬如货币利率高于或低于天然利率，则其对于物价之影响为何如？维克霰的意见，不是货币的绝对利率的高低，而是货币利率与天然利率相对的高低，发生作用。货币利率比天然利率低，则物价上升；货币利率比天然利率高，则物价下降。一般地说来，天然利率是继续变动的，货币利率是趋向天然利率的，但动作不见得十分敏捷，以致引起物价的涨落。

“An exact coincidence of the two rates of interest is therefore unlikely. For changes in the (average) natural rate may be presumed to be continuous, while the money rate of interest is usually raised or lowered only in discontinuous jumps of one-half or one per cent, at any rate in so far as it is regulated by the large monetary institutions. But the money rate of interest can lie sometimes above and sometimes below the natural rate, and there is no reason not for expecting a sufficient degree of coincidence to prevent substantial fluctuations in prices. Our problem is, therefore, to show that in these periods when upward movements of prices have been observed, the contractual rate of interest—the money rate—was low relatively to the neutral rate, and that at times of falling prices it was relatively high. It is only in this relative sense that the money rate of interest is of significance in regard to movements of prices. It can at once be seen that it is quite useless to try to demonstrate the existence of any direct relation between absolute movements of the rate of interest or of the discount rate and

① K. Wicksell, Interest and Prices, p. 104.

movements of prices.". ①

"It is thus confidently to be expected that the bank rate, or generally the money rate of interest, will always coincide eventually with natural rate, or rather that it is always tending to coincide with an ever-changing natural rate. But whether the result is achieved with sufficient rapidity to prevent a continual rise in prices at times when the capital rate is rising (so that the money rate is left below the natural rate), or to obviate a gradual fall in prices when the capital rate is falling (and consequently the money rate is left higher than the natural rate), seems a *priori* very doubtful. "②

货币利率为什么不能与天然利率一致行动，维克霰归之于各国银行不能单独变动其政策，必须与其他各国维持协调，结果，不免行动迟缓。公开市场利率虽然比较活动，然决不能追随天然利率之后。所以有时候物价与利率同时涨落，在表面上看去，似乎与理论不合，实则完全相符。

"As regards bank-rate policy, there is a far stronger reason for the maintenance of fixed rules of conduct. For neither an individual bank nor the banks of an individual country can on their own initiative embark on any change without keeping in accord with the procedure adopted by other banks. The open market may perhaps seem to present a more lively picture, but it is practically certain that the lending rate of interest never follows directly on movements of natural rate, and usually follows them only very slowly and with considerable hesitation. During the period of transition, the deviation between the two rates has full play, resulting in that phenomenon, often referred to above, which on a superficial view appears to contradict our theory but in reality is in complete accordance with: prices rise when the rate of interest (the capital rate and consequently the money rate)

① K. Wicksell, Interest, pp. 106-107.

② Ibid, p. 117.

is high and rising, and in the contrary case they fall."①

最后他提出一个办法：如物价不变，银行利率可不变；如物价上涨，则应提高利率；如物价下落，则应降低利率。

"This does not mean the banks ought actually to ascertain the natural rate before fixing their own rates of interest. That would, of course, be impracticable and would also be quite unnecessary. For the current level of commodity prices provides a reliable test of the agreement or deviation of the two rates. The procedure should rather be simple as follows: So long as prices remain unaltered, the banks' rate is to remain unaltered. If prices rise, the rate of interest is to be raised; and if prices fall, the rate of interest is to be lowered; and the rate of interest is henceforth to be maintained at the new level until a further movement of prices calls for a further change in one direction or the other."②

(3)凯衍斯的"概论"

凯衍斯(J. M. Keynes)的《雇用利息与货币的概论》(General Theory of Employment, Interest and Money)是继续他的《货币论》而作的。在那个时代，欧美各国都闹着失业(Unemployment)的严重问题。凯衍斯的理论是想从货币去设法解决这个难题。大致地说，他是主张把货币价值逐渐减低，以期达到增加利润因而增加生产因而增加劳力的需要之目的。要减低货币价值，必定要使借款利率比较地低于企业所得的利润(profit)。他认为利率减低是可以刺激生产的。全书理论很深，且所用符号与公式也与《货币论》不一样。现在只能将其梗概略为陈述之。

在叙述他的学说以前，让我们先介绍他的几个定义：

利率的定义 "利率是对于在某一定时期捐除资金活动之报酬。利率从它的本身说来，不过是因为在那个时期内要把货币的支配权和

① K. Wicksell, Interest and Prices, p. 119.

② Ibid, p. 189.

一个债权相交换而产生出来的现在货币数额与将来所得之反比例。”

“... the rate of interest is the reward for parting with liquidity for a specified period. For the rate of interest is, in itself, nothing more than the inverse proportion between a sum of money and what can be obtained for parting with control over the money in exchange for a debt for a stated period of time.”①

资本的界限效率 “资本的界限效率等于一种折旧率。此折旧率可使资本的资产在它的适用年龄内预期的收获用年金法计算出来的现值与其将来重购价格恰能相等。”

“I define the marginal efficiency of capital as being equal to that rate of discount which would make the present value of series of anunities given by the returns expected from the capital-asset during its life just equal to its supply price”, which is sometimes called the replacement cost. ②

消费的倾向与储蓄的倾向 消费的倾向(propensity to consume)与储蓄的倾向(propensity to save)是相反的，是说消费人的心理受着客观的与主观的两种影响随时改变其消费态度。他列举客观的影响6项与主观的影响8项。所谓客观的条件(objective factors)，①工资单位的变更，②所得与净所得之差的变更，③不在净所得内计算之资本价值的意外的变更，④现在货物与未来货物相交换的比例之变更，⑤国家财政政策之变更，⑥对于现在收入平准与将来收入平准之关系发生期望上之变更。所谓主观的条件(subjective factors)，①对于不可预料的事变设立准备，即是所谓预防(precaution)，②对于日后的所得与其自己或家属的需要预为之计，譬如养老、子女教育、亲属抚养等，即是所谓远虑(Foresight)，③享受利息与资本增加，宁愿现在少用以便将来多用，即所谓计算(Calculation)，④希望生活标准逐渐提高，即是所谓改良(Improvement)，⑤希望经济独立，可以有作为，即是

① J. M. Keynes, General Theory of Employment Interest and Money, p. 107.

② Ibid, p. 135.

所谓独立(Independence),⑥有投机或商业的计划,即是所谓企业(Enterprice),⑦愿遗留财产,即是所谓光荣(Pride),⑧满足受贫的志愿,对于一切用款都表反对,即是所谓悭吝(Avarice)。

凯衍斯继续他的《货币论》,讨论储蓄与投资的关系,在简括地叙述马夏律、嘉塞尔、嘉福尔(Carver),福拉克斯(Flux),陶昔格(Taussig),洼尔拉斯诸家的利率学说以后,予以整个的批评。他自命为新经典学派(Neoclassical School),与旧经典学派不同。旧派认为利率能将需要投资与愿意储蓄两方面牵引到一个平准上去,而新派则相信储蓄与投资实际上不必相等。其所以不必相等的原因,是由于收入(Income)发生变化。如其不然,则新派与旧派原无不同。这就是说,如果所得平准是一定的,现行利率必在两个曲线交叉之一点,即适应各种利率之需要资本曲线与适应各种利率之一定所得中的储蓄数量曲线相截之一点。

The Classical Theory of the Rate of Interest "regarded the rate of interest as the factor which brings the demand for investment and the willingness to save into equilibrium with one another. Investment represents the demand for investible resources and saving represents the supply, whilst the rate of interest is the price of investible resources at which the two are equated."①

"Unlike the neo-classical school, who believe that saving and investment can be actually unequal, the classical school proper has accepted the view that they are equal. Marshall, for example, surely believed, although he did not expressly say so, that aggregate saving and aggregate investment are necessarily equal. Indeed, most members of classical school carried this belief much too far; since they held that every act of increased saving by an individual necessarily brings into existence a corresponding act of increased investment... When we come to the propensity to consume and its corollary the propensity to save, we are nearer to a difference of opinion, owing to

① J. M. Keynes, General Theory of Employment Interest and Money, pp. 175-177.

the emphasis which they have placed on the influence of the rate of interest on the propensity to save. But they would presumably, not wish to deny that the level of income also has an important influence on the amount saved; while I, for my part, would not deny that the rate of interest may perhaps have an influence (though perhaps not of this kind which they suppose) on the amount saved *out of a given income*. All these points of agreement can be summed up in a proposition which the classical school accept and I would not dispute; namely, that, if the level of income is assumed to be given, we can infer that the current rate of interest must lie at the point where the demand curve for capital corresponding to different rates of interest cuts the curve of amounts saved out of the given income corresponding to different rates of interest."①

投资超过储蓄，利润才可加多，是《货币论》的学说，前已说过。现在他还是如此主张，投资率的扩充不能超过一个界限。此界限即是资本的界限效率不再高于当时的利率。换一句话说，投资所能扩充到的一点，即是投资需要曲线的一点；在这点上，一般资本的界限效率恰等于市场利率。

"Now it is obvious that the actual rate of current investment will be pushed to the point where there is no longer any class of capital-asset of which the marginal efficiency exceeds the current rate of interest. In other words, the rate of investment will be pushed to the point on the investment demand-schedule where the marginal efficiency of capital in general is equal to the market rate of interest."②

物价上涨的希望本足以刺激生产，但如利率与资本的界限效率同样加高，则不能发生何种刺激作用。要刺激生产，必要使资本的界限效率比较地高过于利率才行。

"If the rate of interest were to rise *pari passu* with the marginal effi-

① J. M. Keynes, General Theory of Employment Interest and Money, pp. 177-178.

② Ibid, pp. 136-137.

ciency of capital, there would be *no* stimulating effect from the expectation of rising prices. For the stimulus to output depends on the marginal efficiency of a given stock of capital rising *relatively* to the rate of interest."①

第九节　生产成本学说与劳力学说

(1)学说的演进

劳力(Labour)为一切价值(Value)的根源，无人能加以否认。此种学说，亚丹斯密已开其端。理嘉图继承其说，极力发挥，成为生产成本学说(Cost of Production Theory)。马克斯(Karl Marx)更进而演为纯粹的劳力学说(Labour Theory of Value)，似乎和理嘉图合辙。其实马克斯对于理嘉图虽然比对于其他经济学者要崇拜些，然而也不尽以为然。究其实，两人的意见并不完全相同。理嘉图虽然重视劳力，而不曾抹煞劳力以外的许多事项，例如土地、房屋、机器、工具等。这是对于资本(Capital)也承认有价值的。马克斯则用纯粹的社会理想，把劳力变为抽象的(Abstract)、社会的(Social)与普遍的(Universal)意义，所以只有劳力是交换价值的惟一来源。共产主义不承认个人有自主权，就是如此。此种学说业已渐渐离开货币理论，而进入纯粹的一般经济理论，然而货币是经济理论的中枢，要解决一般的经济问题，现在还离不开货币问题。我们一看理嘉图与马克斯的议论，就可以知道了。

(2)理嘉图的生产成本学说

理嘉图(D. Ricardo)在他的《经济与租税原理》(Principles of Political Economy and Taxation)，讨论劳力与价值的关系，有几个要点：①劳力的数量决定交换价值的高低。②价值的决定不在乎劳力所能交换货物之比较地数量，而在乎其所产生货物之比较地数量。这就是生

① J. M. Keynes, General Theory of Emplogment Interest and Money, p. 143.

产成本学说的由来。③除直接劳力以外，其他关于土地、房屋、运输、贩卖之劳力对于所关货物之价值亦有影响。他在此处并不将土地与资本排除在价值系统之外。④劳力价值之升降固可影响货物之价值，但过于重视，亦属错误。⑤地租是国富增加的结果而非其原因，所以不是组成物价的一部分。在此处，他又似乎将土地排除在价值之外。以上是他的第一章《价值论》(On Value)与第二章《地租论》(On Rent)的几个要点。⑥在第二十七章《货币论》(On Currency)中，说到硬币价值因征收铸费的缘故，超过其所含金属之价值，其原因即在于铸币需要更多之劳力。这是将生产成本学说适用到货币上去。

"If the quantity of labour realized in commodities regulate their exchangable value, every increase of the quantity of labour must augment the value of that commodity on which it is exercised, as every diminution must lower it."①

"It is the comparative quantity of commodities which labour will produce, that determines their present or past relative value, and not the comparative quantities of commodities, which are given to the labourer in exchange for his labour."②

"... in estimating the exchangable value of stockings, for example, we should find that their value, comparatively with other things, depends on the total quantity of labour necessary to manufacture them, and brings them to market. Firstly, there is the labour necessary to cultivate the land on which the raw cotton is grown; secondly, the labour of conveying the cotton to the country where the stockings are to be manufactured, which includes a portion of the labour bestowed in building the ship in which it is conveyed, and which is charged in the freight of goods; thirdly, the labour of the spinner and weaver; fourthly, a portion of the labour of the engi-

① D. Ricardo, Principles of Political Economy and Taxation, Chap. Ⅰ, Sept. 1, Gonner's edition, p. 8.

② Ibid, p. 11.

neer, smith, and carpenter, who erected the buildings and machinery, by the helps of which they are made, fifthly, the labour of the retail dealer, and of many others, whom it is necessary to particularize."①

"Every improvement in machinery, in tools, in building, in raising the raw material, saves labour, and enables us to produce the commodity to which the improvement is applied with more facility, and consequently its value alters. In estimating, then, the causes of variations in the value of commodities, although it would be wrong wholly to omit the considerations of the effect produced by a rise or fall of labour (Gonner's note: by a rise or fall in the value of labour), it would be equally incorrect to attach much importance to it . . . . "②

"The rise of rent is always the effect of the increasing wealth of the country, and of the difficulty of providing food for its augmented population. It is a symptom, but it is never a cause of wealth; for wealth often increases most rapidly, while rent is either stationary or even falling."③

"If the price of corn were the effect, and the cause of rent, price would be proportionally influenced as rents were high or low, and rent would be a component part of price. But that corn which is produced by the greatest quantity of labour is the regulator of the price of corn; and rent does not and cannot enter in the least degree as a component part of its price."④

"While the state coins money, and charges no seignorage, money will be of the same value as any other price of the same metal of equal weight and fineness; but if the state charges a seignorage for coinage, the coined piece of money will generally exceed the value of the uncoined piece of

① D. Ricardo, Principles of Political Economy and Taxation, Chap. Ⅰ, Sept. 1, Gonner's edition, pp. 18-19.

② Ibid, p. 30.

③ Ibid, Chap. Ⅱ, p. 54.

④ Ibid, p. 55.

metal by the whole seignorage charged, because it will require a greater quantity of labour, or, which is the same things, the value of the produce of a greater quantity of labour, to produce it."①

(3)马克斯的劳力价值学说

马克斯(K. Marx)的名著《资本论》(Das Kapital)所以为人崇拜的，在于剩余价值(Surplus value)学说。其实，在《资本论》出版以前，他有一部《经济学评论》(Critique of Political Economy)，就是专门讨论货币问题。后来扩充为《资本论》，把前书收在首三章内，但有一部分已被删节。兹就两书略为摘录几点如下：

劳力从有用价值来说，虽然具有种种特殊的个性，但从交换价值来说，则失去其个性而成为抽象的一般的劳力。

"... The different use-values are the products of the work of the different individuals, consequently the result of various kinds of labour differing individually from one to another. But as exchange values they represent the homogeneous labor, i. e., labor from which the individuality of the workers is eliminated. Labor creating exchange value is, therefore, *abstract general labor.*"②

劳力可以测量，其测量基础为粗工。

"It is unskilled labor to which the average individual can be put and which he has to perform in one way or another. The character of this average labor varies in different countries and at different stages of civilization, but appears fixed in a particular society. Unskilled labor constitutes the bulk of all labour performed in capitalist society, as may be seen from all

① D. Ricardo, Principles of Political Economy and Taxation, Chap. Ⅰ, Sept. 1, Gonner's edition, Chap. XXVⅡ, p. 341.

② Karl Marx, A Contribution to the Critique of Political Economy, Preface, 1859, pp. 22-23.

statistics."①

劳力是交换价值的惟一来源。

"Since the exchange value of commodities is, in fact, nothing but a mutual relation of the labors of individuals—labors which are similar and universal—nothing but a material expression of a specific social form of labor, it is a tautology to say that labor is the *only* source of exchange value and consequently of wealth, in so far as the latter consists of exchange values."②

"It is wrong to speak of labor in so far as it is applied to the production of use-values as of the *only* source of wealth, namely, the material wealth produced by it. Being an activity intended to adopt materials to this or that purpose, it requires matter as a prerequisite... On the contrary, labor producing exchange value is a specifically social form of labor."③

关于机械，马克斯轻巧地把它摒出劳力之外，这是理嘉图所未说的。马克斯不承认资本是价值的一部分，其理由，机械虽可节省相当劳力，但一物之职能在乎其效用，而此效用从交换价值说来在乎其所得之结果。机械价值之决定不是它能节省劳力，而是它自己生产时所费之劳力。

"A machine saves labor to a certain extent. This function of a commodity by virtue of which it serves only as use-value, as an article of consumption, may be called its service, the service it renders as use-value. But as exchange value, a commodity is always regarded as a result; the question in this case is not as to the service which it renders, but as to the service which, it has been rendered in its production. Thus, the exchange value of a machine is determined not by the quantity of labor-time which it saves, but by the quantity of labor-time which has been expended on its

① Karl Marx, A Contribution to the Critique of Political Economy, Preface, 1859, p. 25.

② Ibid, pp. 31-32.

③ Ibid, p. 33.

own production, and which is, therefore, required to produce a new machine of the same kind. "①

金银的价值与寻常货物相同，也是劳力所产生。马克斯对于金银并不把它们看做机械一样而说是无价值。

"...that every single commodity is measured in gold, in proportion to the labor-time contained in both, that the actual common measure of the commodity and of gold is labor; or that commodity and gold are passed for each other in direct barter as equal exchange values. ... in countries producing gold and silver, certain commodities of labor-time are directly embodied in definite quantities of gold and silver, while in countries which do not produce gold and silver the same result is reached in a round-about way, by direct or indirect exchange of the commodities of those countries; i. e., a definite portion of average national labor is given for a definite quantity of labor-time, embodied in the gold and silver of the mine-owning countries.... Since labor-time is the common measure of gold and commodities, and since gold figures as the measure of value only in so far as all commodities are measured by it, the idea that money makes commodities commensurable, is therefore a mere fiction of the process of circulation. It is rather the con-measurability of commodities as incorporated labor-time, that turns gold into money."②

---

① Karl Marx, A Contribution to the Critique of Political Economy, Preface, 1859, pp. 34-35. 在《资本论》，则说，"It is thus strikingly clear that means of production never transfer more value to the product than they themselves lose during the labour-process by the destruction of their own use-value. If such an instrument has no value to lose, if, in other words, it is not the product of human labour, it transfers no value to the product. It helps to create use-value without Contributing to the formation of exchange value. In this olass are included all means of production supplied by Nature withont human assistance, such as land, water, metal in situs, and timber in virgin forests". (Capital, Vol. Ⅰ, p. 227.)

② Critique of Political Economy, pp. 77-79.

黄金为价值的尺度，并为价格的标准。黄金因为自己的价格变为不定，所以能为价值的尺度，又因为它的分量是不变的，所以能为价格的标准。

"Gold as measure of value and as standard of price has entirely different forms of manifestation and the confusing of the two has resulted in the widest of theories. Gold is a measure of value as incorporated labor-time; it is the standard of price as a certain weight of metal.... Gold is the measure of value, because its value is variable; it is the standard of price, because it is fixed as a constant unit of weight. ... No matter how the value of gold may vary, the ratios between the values of different quantities of gold remain constant. Let the fall in the value of gold amount to 1, 000 per cent., still twelve ounzes of gold will have a twelve times greater value than one ounze of gold; and in prices the only thing considered is the ratio between different quantities of gold. Since, on the other hand, no rise or fall in the value of one ounze of gold can alter its weight, no alteration can take place in the weight of its aliquot parts. Thus gold always renders the same service as an invariable standard of price, no matter how much its value may vary."①

马克斯把货物与货币的交换分为两类。第一类是先将货物出卖取得货币，再买进其他货物。用符号表之，为 C—M—C。这是农民的经济行为。在此形式之中，货币不过是交易进展中的过渡手段。C 与 C 价值相等同，性质不同(Qualitative difference)。两极端都是有用价值。第二类是先有货币，用以买进货物，再把它卖出，收回货币。用符号表之，则为 M—C—M。这是工商的经济行为。在此形式之中，货物不过是一种过渡办法，目的在将某种数量的货币变为更大数量的货币。M 与 M 是交换价值，性质相同而数量有别(Quantitative difference)。其正确形式为 M—C—M′。在此，M′ = M + △M。此多余的△M，叫做剩余价值。

① Critique of Political Economy, pp. 83-84.

"The character and tendency of the process, M-C-M, is therefore not due to any qualitative difference between its extremes, both being money, but solely to their quantitative difference. More money is withdrawn from circulation at the finish than was thrown into it at the start. The cotton that was bought for £ 100 is perhaps resold for £ 100 + £ 10 or £ 110. The exact form of this process is therefore M-C-M′ where M′ = M + △M = the original sum advanced, plus an increment. This increment or excess over the original value I call 'surplus value'... It is this movement that converts it into capital."①

马克斯不承认资本，并不是绝对不承认资本，而是不承认资本有利息。他对于买卖货物以外的投资，也适用这公式，但其形式简括为M—M′而已。②

第十节 国家学说

(1)克那普的法律观念

克那普(G. F. Knapp)在19世纪初，发表他的名著《货币的国家学说》(Staatliche Theorie des Geldes)，在货币学界中独树一帜，与一般的货币学说完全不同。从此以后，他的信徒，如边狄克孙(Bendixon)、爱尔斯特(Elster)等更加推波助澜，一时风声所播，在经济学界放一异彩。克那普的治学方法，是免不了德国历史学派的色彩。他从各国货币史中，看出货币是国家的问题，其行政权绝对地属于国家，所以国家可用法律手续，要如何，就可以制定货币法令，要如何，就如何自由变更货币法令。他的全书，毫未谈到货币的价值(Value)，只说是效能(Geltung，英译为Validity)。这种说法已超出普通经济学范围之外，而是纯粹的法律观念。自然，货币如一般经济问

① Capital, Vol. I, p. 168. 此书德文第1版在1867，英译本在1886年。

② Ibid, p. 173.

题，离不了国家的统制；尤其是欧战以后，全能国家的统制更加严厉；就是素来崇拜自由民主政治的英法各国，到了非常时期，也不能不扩充国家的权力而放弃极端的自由主义。克那普的学说，似乎不可厚非，然充其量，则将不免走入盲目统制之一途。路易十四世(Louis XIV)所谓"朕即国家"(I am the state)，或将再现于20世纪。有人说，欧战后，马克的价值跌到一文不值，是受了他的学说的影响，这虽不尽然，然而蛛丝马迹，也有可疑。此种极端的法律观念，若是盲目见诸实施，能否不发生问题，实难逆料。

(2)国家学说的概要

克那普货币的国家学说①不独立论与普通货币学书不同，即所用名词也完全另是一套。例如所谓金属货币(Autometalism)是 Simplest form of the means of payment which consists of a metal。相对价值(Lytric value)是 value of an object which results from a comparison with the universally recognized means of exchange. 法定支付工具是 chartal means of payment. 其余类似的名称极多，我们一翻英译本的索引，就可以说是全书名词的索引。他在开宗明义第一段，就说货币是法律的产物；货币学说必须根据法律史。从此以后，他的论调就偏向国家专制上去了。

"Money is a creature of law. A theory of money must deal with legal history."②

"A means of payment is a movable thing which has the legal property of being the bearer of units of value."③

"...the value is a fact which cannot be determined by observation, but rests on an agreement."④

---

① G. F. Knapp, Staatliche Theorie des Geldes, 在1905年出第1版，1923年第4版。1924年英译本 State Theory of Money 是根据德文第4版，而将其关于历史的一部分在原书列在附录的删去未译。

② State Theory of Money, p. 1.

③ Ibid, p. 7.

④ Ibid, p. 9.

"Even in the case of autometalism, as soon as another metal is chosen, the concept of the unit of value becomes independent of the former metal.... For the unit of value is always a historical concept."①

"The state always maintains only the relative amount of debts which it alters the means of payment from time to time."②

"...in actual fact, the state says nothing, but acts."③

"The nominality of the unit of value, and therefore of lytric debts is not a new, but a very old phenomenon which still exists to-day and which will continue for every."④

"As soon as the state introduces a new means of payment in the place of the old, the law (1) should so describe the new means of payment that it should be immediately recognizable, (2) the law should settle a name for the new unit of value and call the new means of payment by it. By this means the validity (Geltung) of the new means of payment is established in units of value, (3) the unit of value which is to come into use is defined by its relation to the previous unit."⑤

"We should not apply the concept of 'value' to this means of payment, and not to this money itself, but only to things which are not means of payment, for in the case of 'value' we always use the current means of payment as a standard of comparison."⑥

"Money always signifies a chartal means of payment. Every chartal means of payment we call money. The definition of money is therefore 'a chartal means of payment.'."⑦

---

① G. F. Knapp, Staatliche Theorie des Geldes, p. 11.

② Ibid, p. 13.

③ Ibid, p. 14.

④ Ibid, p. 19.

⑤ Ibid, p. 21.

⑥ Ibid, pp. 30-31.

⑦ Ibid, p. 38.

第四篇　货币银行政策

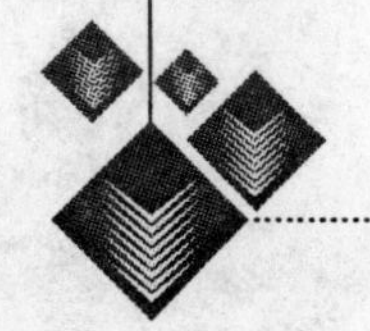

第一章　货币价值的安定与变动

第一节　货币价值的安定

(1)安定的意义

货币价值的安定(Stability of the value of money)，随人类社会历史的演进而有不同的意义。欧战以前，所谓安定，系指本位币所含金属合乎法定的重量与成分。此种金属主义的价值论(Metalist theory of value)在今日已成为历史上的名词，无人再加考虑了。19世纪末至20世纪前30年，各国所认为安定的要素，乃在外汇的维持。所谓金汇兑本位，即在此时期风起云涌，争相仿效。中间虽经过4年的世界大战，直到1931年，各国都努力安定对外汇率。所谓货币的对外价值(External value of money)，大家都看得很重要。最近10年，观念又一变。各国都放弃其货币的对外价值，而专注重其对内价值(Internal value of money)。这就是物价平准问题。他们认为货币在国内的购买力(Purchasing power of money)若不能维持，则外汇的安定无甚意义。他们以为对内价值与对外价值不能同时安定，二者只能取其一，与其安外，不如安内。其实，此种观念不必十分正确。其所以二者不可得兼，乃是经济的国家主义(Economic nationalism)所造成。若在自由经济制度之下，安内与安外实可同时并行。现在各国以人为的力量，勉强在国界上划一鸿沟，以致货币的对内价值与其对外价值绝缘。循此以往，对外既不能安，对内也不会定。真正的安定不知何时才能实现。① 究竟物价安定即使做得到，就可以解决一般的国民经济问题吗？最近《联邦准备月报》说，生产与职业的安定，更为重要。因此，币值安定问题，已经进入第四阶段了。

"In earlier statements the Board has pointed out that there are many phases of economic life that are not susceptible of control through monetary means alone; it has taken the position that stability in production and employment is a more satisfactory objective of public policy than price stability alone, and that concerted action by money agencies within and outside the Government, which have an influence on economic activity, is essential for the achievement of recovery and an adequate national income."②

(2)安定物价的一个方法

如果安定物价是必要的话，费雪建议用调剂金元(Compensated dollar)是一个理想的方法。他说，现在所用的货币是含有一定重量一定成分的金属。这固定的金属虽可测量各种货物的价值，但不能适应各种价值的变动而加以调节。如果政府不铸货币而只发行纸币，则可按照物价指数的升降，随时变更其兑换金块的重量。例如物价指数为100时，每元纸币所兑换的金属为一个单位，若是物价指数降到90，

① 关于安定的意义，可参阅 J. Fisher, Stabilized Money, pp. 1-2. 第一种安定意义虽然是说本位币所含金属是否合法，但寻常亦多就纸币的兑现而言。此种安定，即是指纸币与本位币相互兑换，不发生差异。在一般情形之下，纸币1单位兑不到金币1单位，那就是纸币价值不安定。但在特殊情况之下，纸币价值亦有超过金币的。1916年2月8日瑞典中央银行(Riksbank)请求政府停止该银行条例第十条所规定对于人民提交造币局纯金1公斤(Kilogram)兑换2480克乐那(Kronor 铸币费为$\frac{1}{4}$%)之办法。自此以后，瑞典纸币遂高于现金价值。参阅 Cassle, Money and Foreign Exchanges after 1914, pp. 79-80.

② Board of Governors of Federal Reserve System, recommending Congressional Study of Money Measures and Objectives, published its statements in the Federal Reserve Bulletin, May, 1939, p. 363.

则所兑金属应为一个单位的9成。办法极为简单，只要国内不流通金币。在目下金币已绝迹于市面的时候，此法似乎更易施行。然仔细考虑，此法不独在理论上有许多缺点，即在事实上也不免有滞碍难行之处。譬如主持兑换之人如果稍涉偏私，则难免不引起无谓之纠纷。此层费雪亦曾虑及。至于物价指数编制不能得到正确之标准，各地方指数不尽相符，与指数编制之后时，都是技术上难于克服的问题。①

第二节　货币价值的变动

(1)币值变动的现象

如果以一般物价平准为准则去测量币值的变动(Fluctuation of the value of money)，则可以分为3类。第一，长期商业循环(Long trade Cycle)，约20余年至30年为一期。在19世纪中，此种循环约可分为4期。第二，短期商业循环(short trade cycle)，约7年至10年为一期，在19世纪中，每期必有一次经济恐慌发生。第三，季节循环(seasonal trend)，差不多每年有一次，或极短时期内发生一次。商业循环的特色，在于有一定的节奏，若是以商业极端萧条之时为起点，顺序推测，则商业萧条(trade depression)之时为物价最低之时，亦即币值最高之时，从此以后，商业逐渐恢复(Recovery)，经过相当时期，变为繁盛(Boom)，物价高涨，币值下落。结果，发生商业大恐慌(Crisis)，而呈现萧条景象。至于季节循环，则变动轻微(Oscillation)，一般人常不觉得。

物价何以发生变动，其原因至为复杂。有的由于货物本身的供求关系，有的由于交通运输的便否，有的由于人事之不善，有的由于心理作用，然而货币问题总不失为其中重要因素之一。上述季节循环的

① 参阅 Purchasing Power of Money, revised edition, Appendix.

发生，大致与货币无甚关系，其他商业循环则不能说与货币无干。①

(2)货币膨胀与货币紧缩

货币膨胀(Inflation)通常亦称为通货膨胀，与币值安定一样，有许多不同的意义。从前所谓货币膨胀，多半是指纸币发行过多，以致不能兑现，然而严格地说，即使纸币兑现，如果货币的供给越过市面的需要，至于物价上涨，也可以说是货币膨胀。货币的供过于求，不一定由于绝对数量特多，譬如货币的供给并未增加，而因种种原因，例如人口减少，货币的数量未能随之而减少，则货币的相对数量相形见多，也可形成货币膨胀的现象。不过以近世工商业之发展，此种现象已不常见。普通所谓货币膨胀，多半是由于货币的绝对数量超过它的需要，其最大的原因是由于纸币的滥发。货币膨胀必然的结果是物价高涨。如果物价上涨的程度并不十分激烈，而其经过的时期很长，大家也不觉得，现在所引为忧虑的货币膨胀，大概是由于上涨的程度较高，而其经过的时期很短。反转来说，货币的求过于供，就称为货币紧缩(Deflation)。其结果为物价骤落。此外有所谓货币重涨(Reflation)，含有两种意义。一是紧缩之后，再趋于膨胀，一是一国货币膨胀之后，延及第二国的货币也趋向膨胀，此第二国的货币膨胀就叫做重涨。

(3)货币贬值与货币增值

上述货币膨胀与紧缩，是由物价反映而生的现象。此处所谓货币贬值(Depreciation)与增值(Appreciation)是货币本身价值发生变动的说法。货币贬值在欧战以前多半出于被动的；各国政府并不愿意其货币发生此种现象，而因为财政金融机构不健全或运用不灵的缘故，被

① 关于商业循环问题，可参阅 Mitchell, Trade Cycle: the Problem and its Setting; Bellerby, Monetary Stability, pp. 6-7; Jack, Currency and Banking, p. 179. 关于19世纪以来物价变动情形，可参阅 Layton, Introduction to the Study of Prices.

迫而出此下策。欧战以后，货币理论大变，各国政府不独不以此为国家的耻辱，且从而推波助澜，以此为得意之作，以致货币贬值成为一种政策。此种政策有两个方式：一是自由放任，听其随时升降，如1931 年以后之英国。这叫做自由贬值政策(Depreciation policy)。一是将货币所含金属成分一次减低，造成一个新的货币价值，而货币名称仍旧不变，如 1933 年以来之美国。这叫做固定贬值政策(Devaluation policy)。详细情形请参阅第三章第一节货币贬值政策，兹不赘述。固定贬值政策的货币，在贬值之后，价值业已贬低(Depreciated)，而自由贬值政策的货币，在开始贬值以后，价值总在下降(Depreciating)，不知何时为止。货币增值的现象恰与此相反。增值政策在欧战结束后10 年之间各国都采用过。如 1925 年的英国，1928 年的法国，是最显著的例子。各国因欧战期间，币制破坏，故在战争停止以后，急欲恢复旧制(Restoration)或恢复到金本位(Back to gold)。结果，造成 1929年世界经济大恐慌。至今谈货币政策者都相引以为戒，再不敢采用增值政策了。

(4)被动的货币贬值之发生及其进展

1931 年以来，各国多采用自动的贬值政策，已如上述，然而我们不能说从此以后，世界就不会有被动的贬值了。尤其是战事发生的时候，有许多国家，无论愿意也好，不愿意也好，恐怕都要走到那一条路上去。根本的原因是在战时财政想不出十分完全的办法。当战事发生以后，国内许多壮丁被征入伍，生产界突然感觉劳力的缺乏，货物的生产数量当然减少。同时有一大部分生产事业向来可以供给人民日用必需品的，现在不得不转移方向，从事军需品的制造。因此，生产事业感到双重的损失。此仅就货物一方面而言，已经可使物价不得不趋于上涨。在此时，要想免除物价上涨，除直接参加战争的兵士而外，后方人民应该有两件事，要同时努力去做：第一是增加生产，使增加数量足以供给前方将士而无不足。此事当然不易做到。如果做不到相当的程度，第二就是节约消费，使其所节约下来的物资足以移供前方将士之用。如果积极的增产与消极的节约同时并进，合并起来，足以达到相当的程度，则物价也可不涨。不过在事实上还是不容易办到。

再就货币一方面说。政府筹措战费，大致不出下列三法：第一、加税，第二、募债，第三、发钞。加税是使人民直接负担战费，募债如将公债推销到人民手中，也可使人民将现在的消费延到将来，在此时不得不减少日常消费以供政府之用，结果也是间接的负担战费。所谓强迫储蓄(Forced saving)就是此意。① 但在事实上，近代战争，规模宏大，战费浩繁，加税绝对不足弥补。募债虽然是寅支卯粮的一个不得已的办法，然而要看国家财政与国民经济的组织及人民的习惯如何。如果组织与习惯不适宜于战争，则战债的发行每每不能达到圆满的期望。政府是不是有力量可使人民接受战债？是不是有公允的办法使有钱者真能出钱？如其不然，则战债将无从募集。政府迫于不得已，必定将大批战债强迫向银行，尤其是政府银行，抵押借款。有发行权的银行收到大批战债以后，一笔记入政府存款账上，政府从此可以开发支票付给军饷或购买军需。此项支票流入军队或军需商人(Army contractors)手中，有一天必须向银行支取纸币。一转移间，到头来还是变成纸币。政府不一定要用此种周转手续达到筹措战费的目的，它仅可不发公债向银行抵借，仅可设立发钞机关，自己发行钞票，例如 1914 年欧战开始以后英国发行国库券(Treasury notes，或称 currency notes，或称 Emergency notes)，或是利用原有的政府银行，加发不兑换纸币，结果是一样的。总而言之，战费膨胀，纸币增加，是不可免的事实。

纸币增发以后，物价逐渐上涨，一般人民感觉将来的货币的购买力之缩小，自然拼命地购储货物以免日后的损失。在货币膨胀进行当

① 关于强迫储蓄问题，经济学家的解释各有不同。他们多半以膨胀通货或扩张信用，使消费者不得不节约消费而达到投资增加的目的，为强迫储蓄。实际上，在个人并无所谓储蓄。参阅 Hayek，An Note on the Development of the Doctrine of Forced Saving in the Qnarterly Journal of Economics. Nov. 1932.

中，人民购储货物之风盛行，反使物价上涨之程度超过货币增加之程度。在此时，人民手中不肯存钱，即向来有钱存在银行的也急速地支出。纸币都流到市场上，不入银行，故银行觉得筹码不足。另一方面，物价上涨的程度在超过货币膨胀的程度的进行当中，市面上也觉得筹码不敷。于是不明经济原理的人常常发出叫声，说货币缺少了，非加发不可。在事实上，政府继续抗战，因为物价的高度上涨，战费益觉不够，于是再大量地加发纸币，以期弥缝于一时。结果，货币膨胀——物价腾贵——货币再膨胀——物价再腾贵——互为因果，变成恶性循环(Vicious circle)。拿破仑战争时代，英国有一部分人说物价腾贵是货币增发的原因而非其结果，就是陷入此环，不知解脱。后来经理嘉图力加辨明,① 真理才大明于世。

(5)币值变动的影响

货币膨胀是政府筹措战费一个最容易实行的方法。无论何人，少不了要用货币。政府这个方法，可以使任何人都在不自觉的负担一部分战费。如果膨胀程度不是很急促地进行而是慢慢地发展，则人民可以从容地得到一个比较公允的负担。如果说是不能十分公允的话，那只有两种情况：一是负担的比例无论贫富是一样的。这与公平课税的原则不符。二是人民用钱的态度或许彼此不一样。譬如习于节约的人负担必较习于不节约的为多。② 于是发生财富重分配(Redistribution of wealth)的问题。财富重分配如果是人类社会不可避免而且是好的办法的话，货币膨胀应该是我们所欢迎的。为什么富的应该总是富，贫的总是贫呢？不过，货币膨胀的结果，并不能像社会学者的预期，使富者变贫，贫者变富，常常是适得其反。本

① 参阅 High Price of Bullion in the Ricardo's Economics Essays 与 Bullion Report.

② 欧战后，德国有兄弟二人。兄素嗜饮酒，不治生产，弟则勤俭治家，所有积蓄都存在银行，积资百万。后来马克跌价，兄家尚有空酒瓶可以出卖，而弟则已一文莫名。

问题的内容很复杂，不是机械的说明可以了事。从大体上言之，我们可以分为资本与收入(Capital and Income)两方面来解释。资本的重分配，在平时虽然也免不了要发生，而在战时则更显然。有钱的人往往可以凭藉他的地位与势力达到通货逃避(Flight from currency)的目的。他也可设法将存款汇到外国去，换取外币存款，等到国币跌价以后，他可以拥有绝对丰富的财富。他可以设法购买不动产，使他的财富在国内也可得到相当的保障。他如果有时间与毅力的话，还可以经营商业，趁此发一笔大财。无产阶级原来就无所谓资本，用不着忧虑。只有中资阶级，既不能强，又不能弱，每每听他的仅有财产一天一天地消失，而莫可如何。至于收入情形，各人也不尽相同。有的恃年金债息为生活，有的恃固定薪俸工资为生活，有的收入可以随时变更，各自由营业的商人或劳力者。物价高涨之时，商人可以抬高卖价，自由劳力者可以多索工资，惟有固定收入之人，除非他能改变职业，另谋出路以外，不得不忍痛牺牲，眼见得一天一天地入不敷出。中下级的公务员、教员、订有年限工资的劳工阶级是最可同情的。在有组织的国家，工会(Labour Union)势力很强，劳工还可以同盟罢工，要求加薪，得到一部分的解决，公务员与教员既无组织，又难减低生活程度，货币膨胀乃是最苦不过的事。

通常讨论本问题的人，往往列举许多对立的阶级，例如债权者与债务者，资本家与劳工，商业与农业，国家与人民，而论定其孰为有利孰为有害。但事情并不是那样简单。无论两方之中，还有许多不同的小类，不能一律，就是一方中的一部分人，也常常兼跨两方，利害有时相抵，有时本有利而反变为有害，有时本有害而反变为有利。譬如以国家而论，近世国家对于人民总是居于债务者地位。如果货币膨胀是有利于债务的话，则国家所发公债可以随货币贬值而无形中减少负担，然而事情并不见得如此。货币膨胀的结果，首先感觉困难的是预算无法编制。财政制度极端紊乱，直至国民经济崩溃，抗战不能维持。国家不能维持生存，还有何利可言？1918 年的德国实在是前车之鉴。无如人类进化终究有限，此中原理，少有明白之人，深可浩叹。①

(6)货币对内价值与对外价值

币值发生变动时，可以从对内与对外两方面来观察。对内是以国内物价为准，叫做对内价值(Internal value)，即货币对于国内货物的购买力(Internal purchasing power)。对外是以国外汇率为准，叫做对外价值(External value)，即货币对于国外货物之购买力(External purchasing power)。如果货币膨胀，内值与外值可以同时降低，但其降低之时期不必相同，降低之程度也不必相等。内值是货币的直接表现。外值是间接的表现，必须经过外币汇换而后发生对于外货的购买力。外汇的购买力是一种金融行为，比国货购买的商业行为较为敏捷，所以当货币膨胀之时，内值常较外值为高，然而并不一定如此。比方最近几个月(民国二十八年冬季至二十九年春季)，我国的对英汇率，在自由汇市上约略保持4便士有奇(每元)的价值，而国内物价则突然加倍，是一好例。对外价值不止一种，例如这几个月的自由汇市，对英虽然维持4便士有奇的汇率，对美则已由8金元(每百元)跌至6金元。这其中原因固然是由于英币对美币业已降落，若是以美金为国币对外价值的轨范，则国币对外价值比几个月前实在跌落了25%。但无论如何，这个时期内国币的内值要比其外值更加跌落，是无疑义。于是发生两个问题：第一，如果币值跌落以后，要设法安定，究竟应以安内为最要，还是以安外为最要？在国际贸易与金融能自由发展的时代，安内似不如安外之尤为紧要。在目下，各国都采闭关自给政策，则安外不如安内。证以最近欧洲各国的经过情形，这是事实。② 第二，如果安外是好的政策，究应以何国外汇为基础，又是

① 关于币值变动的影响，可参阅 Keynes, Monetary Reform.

② 关于安内与安外之问题，可参阅 D. T. Jack, Currency and Banking, Chap XIV, Monetary Reconstruction. 又赵兰坪先生《论汇价与购买力平价》，载在中央银行经济研究处民国二十九年二月十六日《经济汇报》第1卷第8期。

一个问题。民国二十四年十一月三日财政部公布法币令的时候，是以1元值英金1先令2便士半为目标，对于美、日等国不过连带地规定而已。后来英美间相互汇率(English American cross rate)发生动摇，法币即不能同时与两国保持一定的联系。中央银行为顾全两方面的关系，乃有放大汇率之挂牌方法。此种临时变通的办法，在外汇变动剧烈之时，仍不免滞碍难行。①

(7)币值变动与黄金生产率的关系

依货币数量学说，货币应与货物以同等数量供给才能维持物价的平衡。因此，有人调查，世界货物的每年生产速率与黄金的每年生产速率是否约略相同。关于货物生产率，嘉塞尔估计为3%。② 史耐德估计，美国最近50年为年率4%，全世界为3%，都是用复利息计算的。吉清(Joseph Kitchen)估计全世界的生产率与史耐德相同。国际联盟出版的《生产与贸易》(League of Nations, Memorandam on Production and Trade)估计1923年至1927年全世界的生产率也是一样。③ 依第(Edie)估计为2.7%。关于世界黄金的产量，嘉塞尔估计1850年至1910年为年率2.8%。吉清估计同期间为3.1%。④ 根据以上各专家的估计，我们知道，货物与黄金的生产率大致相同。如果其他关系

① 民国自二十四年十一月三日施行法币政策以来，对英汇率定为1先令2便士半，对美定为美金30元，对日定为103元。至民国二十五年九月九日，因为英美汇率升至£ 1 = G \$ 5.05 $\frac{2}{32}$，中央银行为维持对美与对英两方面之平衡起见，不变更挂牌行市，惟将外汇买卖价格之差额扩大，即英汇卖1先令2便士1/4，买1先令2便士3/4，美汇卖29元1/2，买30元1/2，且汇卖101元，买105元。此种临时变通办法，实与压低英汇提高美汇无异，但如英美汇率相差更远，则此法将不免发生麻烦。(民国二十五年十月七日《银行周报》总968号汇兑率)

② G. Cassel, Post-war Monetary Stabilization, p. 46.

③ Sir Henry Strakosch, Economic Conseqnences of Changes in the Value of Gold, in the Selected Documents, by Gold Delegation, p. 22.

④ Royal Institute of International Affairs, The Future of Monetary Policy, pp. 195-197.

不变，则世界物价应该保持平衡。此种估计，究竟确实与否，纵令相当正确，究能保持物价平衡与否，殊属疑问。第一，黄金虽是货币的基础，但此项基础与建在此基础上之信用机构(Credit structure)是否始终维持一定不变的比例？第二，黄金的产量只有一部分作币材，其余一部分则供工业之用，每年币材黄金与工业用黄金之分配不必一样。第三，币材黄金是每年储积的，货物多半是逐年消耗的，产量即令相同，全部供给则不相同。

第三节 币值安定与变动的理论

(1)物价涨跌是资本主义经济制度所不能免的现象

伍德华(D. B. Woodward)与罗斯(M. A. Rose)说，“商业景气与不景气虽然是痛苦的事，然而资本主义如欲生存，则盛衰迭来乃为必要。这叫做必要学说。有人说，假使物价能长久安定，则商家利润的增殖将不至中断，财产将集于少数人之手。劳工阶级的购买力只能限于其所得之工资。如果事业还有利润留给资本家，则全部工资不能与生产品之卖价相等。因此，他们不能购买全部生产品。当销售不出之货物堆积起来的时候，商业自然要萧条了。结果是财产的重新分配，所有权从一个阶级移到另一个阶级。另外一种办法是税去其利润。这不能完全解释此学说。有志研究本问题之人可以自己从韦布伦(Thorstein Veblen)的艰深著述中寻出门径。他是最大经济学家与经济哲学家之一”。

“The theory of necessity is that painful as booms and depressions are, they are necessary if capitalism is to service at all. It is argued that if prices remained stable over long periods, accumulations of profits by business men would never be interrupted, that wealth would become concentrated in the hands of relatively small class. Wage earners can buy only to the total amount of their wages. If they are to be any profits, the total amount of wages paid them cannot be made as great as the selling price of the goods they produce. Therefore they never can buy all the goods produced. When unsold goods pile up, a depression results. Its effect is to redistribute the wealth, shift its possession from class to class. An alternative would be to tax away profits. This is an inadequate presentation of the theory; those who are sufficiently interested can dig it out of the tough pages of the works of Thorstein Veblen, one of the greatest of economists and economic philosophers. "①

(2)币值应逐渐降低的理由

凯衍斯当欧战结束以后，目击许多国家正准备恢复他们的币值，就感觉那种政策不甚妥当。当他著《货币改革论》的时候，他还只比较货币膨胀与货币紧缩两种政策孰为最劣，而未曾提议一个具体办法。他说，"膨胀的结果是不公允，紧缩的结果是不方便。两者之中，除像德国的过度膨胀以外，紧缩比膨胀还要坏。为什么呢？因为在这贫穷了的世界，与其使一般人失业，不如使有固定收入者失望"。

"Thus Inflation is unjust and Deflation is inexpedient Of the two perhaps Deflation is, if we rule out exaggerated inflations such as that of Germany, the worse; because it is worse, in an impoverished world, to provide unemployment than disappoint the rentier. "②

后来，他著《货币论》到第二册末尾，就提出了一个具体的主义，是货币逐渐地贬值。这有两个理由：第一，他说，"依本书第二篇所述，一般的物价，常随技术发明的进展，多半比劳役的价格跌落得快些，而批发物价本位比零售物价本位跌落得更快，因为后者包含成分较大的劳役，而此种劳役非技术改良所能影响的。因此，依表本位而得的币值安定必使消费本位趋于上升，并且所得本位的上升必较消费本位的上升为尤甚。这就是说，货币收入必

① Woodward and Rose, The Primer of Money, pp. 159-160.

② Keynes, Monetary Reform, p. 40.

然增加，而生活费亦必有上涨的趋势，但其上涨不如货币收入之甚”。

“As we have seen in Book Ⅱ, the prices of commodities are likely with the progress of technical discovery, to fall relatively to the price of service, and the wholesale standard is likely to fall relatively to the retail standard, because the latter includes a larger proportion of services of a kind not likely to be much affected by technical improvements. Consequently, stability of the Tabular standard will mean a tendency of the Consumption standard to rise, and, besides, the Earning standard will rise more than the Consumption standard; i. e., money-incomes will increase and the cost of living will tend upward, but not so much as money-incomes.”①

“第二个理由，使我(凯衍斯自称)赞成货币的购买力与货物的劳动力向下而不要向上，而在他人比较重视过去的利益或不甚感觉到。由过去借款而来的债务，国债是最重要的。此种债务，我以为应随时代的迁移，逐渐减少其支配人类之努力与人类努力之结果；人类进步应该从死人手中解除其束缚；过去改良的结果，虽然曾经活人种其因，但那些活人早已过去，现在不应该让死人再为把持不放手。”

“The second reason for favouring a downward, rather than an upward, tendency of the Purchasing Power of Money and of Labour Power of Money appeals to me, but not so much, possibly, to those who value more highly than I do the vested interest of the past. I think it desirable that obligations arising out of past borrowing, of which National Debts are the most important, should, as time goes on, gradually command less and less of human effort and of the results of human effort; that progress should loosen the grip of the dead hand; that the dead hand should not be allowed to grasp the fruits of improvements made long after the live body which once directed it

① Keynes, Treatise on Money, Vol. Ⅱ, p. 303.

has passed away. "①

(3)逐渐贬值政策无甚意义

凯衍斯的逐渐贬值论脱不了数量学说的色彩，在界限效用学说者看来，是不能见诸实行的。密塞斯说，机械式的逐渐贬值不会发生效力，因为一般人民若是预先知道政府采一定步骤的贬值政策，必能预为之备。人虽至愚，不难知所趋避。若是逐年贬值有一定百分比例，比方每年1%，则第一年之末币值减低1%，以后逐年递减乃成为几何的级数，到了n年之末，币值会为$100 \times 0.99^{n-1}$，是等于不减了。

"Of course, the real difficulty does not lie in the fact that a progressive diminution of the value of money must soon reach amounts so small that they would no longer meet the requirements of commerce. Since the decimal system of calculation is customary in the majority of the present-day monetary systems, even the more stupid sections of the public would find no difficulty in the new reckoning when a system of higher units was adopted. We could quite easily imagine a monetary system in which the value of money was constantly falling at the same proportionate rate. Let us assume that the purchasing power of this money, …sinks in the course of a year by one hundredth of its amount at the beginning of the year. The levels of the value of the money at each New Year then constitute a diminishing geometrical series. If we put the value of the money at the beginning of the first year as equivalent to 100, then the ratio of diminution is equivalent to 0. 99, and the value of money at the end of the year is equivalent to $100 \times 0.99^{n-1}$ …"②

密塞斯的意见，早已为维克霰所叙述，③ 兹不多赘。逐渐贬值政

① Keynes, Treatise on Money, Vol. Ⅱ, p. 393-394.

② Mises, Theory of Money and Credit, p. 225.

③ Wicksell, Interest and Prices, p. 3.

策，不仅在理论上有缺点，即在事实上亦从未见诸实行。英国自1931年以来，采取自由贬值政策，在表面上似乎是依据此项理论，但在1931年9月21日，停止纸币兑现，一次降低币值甚多。至于其他各国贬值，大概都是急促的办法，而不是逐渐贬值政策，更属显然。逐渐贬值可使利益流入民间，而一次贬值则利益全归政府，此所以逐渐贬值不能实行的最大理由。

第二章　欧战前的各国货币银行政策

第一节　贴现政策

（1）货币银行政策的演变

欧战以前，各国除英国以外，本无所谓货币银行政策。而英国所行的政策，只限于维持英伦银行的现金准备，此外亦无所谓政策。英伦银行受1844年银行条例的限制，银行部要向发行部取得金镑，必须用金块一镑对一镑去兑换。如果银行部觉得现金准备率减低了，可以危及存款的兑现，于是要设法增加现金。如果觉得现金准备率太高了，也可以设法减低。这种增减现金的办法，第一是贴现政策，第二是公开买卖证券政策。除此以外，再无其他政策可言。在其他各国，因为国货不及英国，不能运用自由金市场的机构，乃有许多别的方法企图阻碍现金的外流，并且从种种方面企图收集黄金。① 欧战以后，因为事情愈趋复杂，仅仅贴现与公开市场两种政策尚不够用，于是有其他各种政策同时并用。我们要注意的是：战前的政策并不是不适用于战后，不过战后政策更多而已。

（2）贴现政策的起源

贴现政策（Discount policy）为1836年～1837年英国金融恐慌与1837年废除高利法（Usury Law）的产物。以前无所谓贴现政策。理嘉

① 参阅附录6.

图各种论文并未讨论过。1746年5月1日至1822年6月22日英伦银行贴现率始终站在5%的地位。1822年至1839年之间仅仅动摇于4%与5%之间。直到1839年6月20日才改为5.5%。①

贴现政策是都克(Thomas Tooke)所发明。他在1837年出版的《物价史》(History of Prices)已发其端。1840年，他答复调查委员会的询问，指出中央银行提高贴现率可以引诱外国现金入口。②

(3)贴现的意义与其运用

贴现政策是中央银行运用贴现率(Rate of discount)以便统制信用的办法。贴现率在伦敦为两种：①英伦银行贴现率(Bank rate)，②市场贴现率(Market rate)。英伦银行贴现率简称为银行率，是该银行对于商家以票据请求贴现时所索取的公开最低利率。③ 如该银行能照挂牌利率或在挂牌价格之上贴现票据，则银行率称为有效。④ 然而此项利率仅在总行施行，而且有时可以通融。该银行对于熟识顾客，往往按照市场率办理。⑤

银行率在理论上是最低利率，英伦银行用以贴现票据或短期抵押放款。至1878年为止，可以说挂牌率即是最低率，但自此以后，该行对于素有往来的顾客按照市场率计算，使他们能与普通商业银行的顾客站在同等的地位。⑥

市场率是票据经纪人索取之票据贴现率，其高低影响于一国的现金出入口很大。⑦ 贴现业务到后来不独票据经纪人为之，即商业银行于贴现行(Discount house)也同样经营。⑧

---

① Keynes, Treatise on Money, Ⅰ, pp. 186-187.

② Hawtry, Art of Central Banking, p. 140 and Note.

③ A. Withers, Meaning of Money, p. 223.

④ Ibid, p. 223.

⑤ Ibid, p. 224.

⑥ G. Clare, A Money Market Primer, 1914 ed., p. 8.

⑦ Meaning of Money, p. 230.

⑧ Jack, Currency and Banking, p. 107.

银行率的运用如欲求其发生效力，必须市场率紧紧追随，譬如银行率由5%提高至6%，市场率必须由百分之三四提高至百分之四五。如银行率提高以后，市场率不动，则不能阻止外国票据之继续送来伦敦请求贴现。两率应该维持密切的合作行动，而后英伦银行倡之于前，金融市场随之于后，一国的信用才能统制。照例，两率的关系并不是直接的而是间接的，是经由商业银行存款利率(Deposit rate)居中才能实现。银行率提高以后，首先继之者为存款率，而后市场率随之。存款率通常比银行率低百分之一或二，但如银行率降低至百分之一二时，存款率只得再低百分之点五或一。商业银行既依据银行率而提高存款率，自不得不提高放款率，贴现即放款之一种。①

银行率提高以后，即时发生效力的是外汇转有利于英国，因为伦敦利率比外国市场高些，外国资本当然乘机投入伦敦，而不要把汇票出卖(即贴现)以后，取得现金，送往各该国去。② 但贴现政策欲求有效，必须伦敦利率比外国市场为高，而且要继续提高，否则银行率一复原，则外国资本必又开始提取。在此过渡期中，国际贸易差或利于英国，而不必更行设法阻止黄金的外流。③

(4)各国商业银行贴现习惯的不同

中央银行施用贴现政策，系督促全国商业银行跟从其后。当银行率提高的时候，商业银行若欲向中央银行请求贴现，必须受到比较高利息的损失，所以它们也不得不提高利率。这是说，商业银行必须仰赖中央银行的资金，才不得不被迫采取同样的步调。否则，中央银行与商业银行或将不发生密切关系而各自独立行动，全国金融市场会有运转不灵的感觉。考商业银行与中央银行的关系，各国不同。欧陆各国多半系由中行直接放款。美国除短期借贷外，商业银行常不愿向他行借款。英国在战时或尚有此必要，至于平时，则从未有向英伦银行

① Jack, Currency and Banking, pp. 107-108.

② Goschen, Theory of Foreign Exchanges, pp. 134-135.

③ Wicksell, Lectures on Political Economy, Ⅱ, pp. 112-113.

请求贴现者。① 故英伦银行施行贴现政策，不能用直接方法。当现金准备减少时，英伦银行可对票据经纪人提高贴现率，间接影响商业银行的放款率。

(5)各国贴现政策不如英国之易生效力

如上所述，各国商业银行常常仰赖中央银行通融资金，似乎各国中央银行的贴现政策应该比英伦银行为有效。但实际上又不然。英伦银行提高贴现率，每次并不很多。自表面上看来，百分之一二，甚至百分之点五，不会有多大影响的，然而英伦银行只须如此即足。这样有效的控制，只有金融组织高度发达的英国才能做到。在英国，因为商业竞争非常激烈，少许利率之差就可以影响资金的移转。这样的竞争市场逐渐发展，到了19世纪末年，已经达到最完全的高度。其他各国市场，譬如巴黎，究竟发达到如何程度，殊为疑问。②

(6)提高贴现率的影响

提高贴现率的结果，一般人都注重在阻止现金的外流，吸收国外的资金，以达到维持国内现金准备，恢复国际贸易差的目的，却很少有人注意到别的方面的影响。维克骸独说，高利率可以奖励储蓄(Saving)，增加储蓄一方面可以减少现在的消费，他一方面可以阻碍新企业与旧企业的发展。

"A high discount rate, however, especially if it has persisted for some time, so that it has begun to affect interests on long term loans, has also other effects of a more serious nature, though they are more difficult to establish and therefore very controversial. A high rate of interest encourages saving, and saving is, be it remembered, equivalent to diminished present consumption. On the other hand, a high rate of interest discourages new enterprises and the expansion of old ones requiring new capital, so that the

① Dunbar and Sprague, Theory and History of Banking, 1929 ed., p. 98.

② H. P. Willis, Theory and Practice of Central Banking, p. 147.

productive forces in the country are employed to a greater extent than before in the production of commodities for immediate consumption."①

第二节 公开市场政策

(1)英国所采的政策

英伦银行贴现政策如果失却效用，则在战前可以采取第二种步骤，即所谓公开市场政策，或称为公开市场营业(Open market policy or open market operation)。当英伦银行感觉现金不足，而贴现政策不能发生效用时，则向公开市场出卖整理公债(consols)，取得现款。购买公债之人必开具其银行支票交与英伦银行，结果，该银行所存于英伦银行之存款即相当地减少，而此项存款即是该银行的现金准备，亦即因此而减低，故不得不提高其贴现率以维持之。② 但如将公债毕竟卖去，则英伦银行到了现金充足之时，或不易将该项公债购回，而受资产上之损失。如果像贴现行一样，以大批公债向市场抵押借款，则可以使金融市场感受很大的不便。因此，英伦银行一面售出现货公债，一面即购进期货公债。结果，不啻向证券交易所以与展期交割同等的息金，借得两星期或两星期以内的资金。

"In the nineteenth century the Bank of England adopted… what was called 'borrowing on Consols'. If it simply sold consols, it might suffer a capital loss. If it borrowed in the market like a discount house, its operation might attract attention to an inconvenient extent among those dealing in the money market. The Bank therefore adopted the plan of selling consols for cash and at the same time buying an equal amount forward for the next account. The net result was that the Bank borrowed from the Stock Exchange

① Wicksell, Lectures, Vol. Ⅱ, p. 113.

② Jack, Currency and Banking, pp. 108-109.

for a fortnight or less at a rate of interest equal to the contango rate."①

(2)应与贴现政策同时并行

中央银行当然可用买卖证券方法变更其所有资产，但因为它是最后放款者(Lender of last resort)，或有使此政策与贴现政策相抵消之可能。以收买证券而论，只要将证券种类的范围极力扩大，则在再贴现已减至零时，仍能尽量收买证券。反之，出售证券并不一定能减少中央银行所有之证券，因为像1839年一样，票据再贴现较证券出售抵消而尤有余。因此，欲收缩信用，仅仅出售证券还不够，必须与提高贴现率同时并行。

"The central bank can vary its assets directly by buying or selling securities in the open market, but so long as it accepts the functions of the lender of last resort, it may find that these operations are offset by equal decreases or increases of rediscounts. Provided it is given sufficient scope in regard to the classes of securities it may purchase, the central bank can rely on increasing its securities to any desired extent, for it can go on buying them after its rediscounts have been reduced to nothing. But it cannot necessarily *reduce* its securities, for it may find, as in 1839, that the demand for rediscounts more than replaces the securities sold. To effect a contraction of credit the sales of securities must be supported by a high Bank rate as a deterrent upon rediscounting".②

(3)英美法三国的比较

英伦银行与美国联邦准备银行均可自由收买证券，虽在1932年2月美国通过《格拉斯与斯迭加尔条例》以前，联银不能以证券为发行

① Hawtry, Art of Central Banking, p. 151.

② Ibid, pp. 150-151. 此处所讲，是说证券可无限地收买，因为市场所有证券数量极多。若出售证券，则因中央银行所有证券数量不能无限，故实际上不能增加现金准备。

钞票之准备金。法兰西银行则不然，它除能将一部分证券永久地保有以外，不许收买任何证券。它只能准许将国防公债来再贴现而已。

"The Bank of England and the American Federal Reserve Banks are quite free to buy government securities (though till the passage of the Glass-Steagall Act in February, 1932, the latter could not use them as backing for their note issue). The Bank of France on the other hand is precluded from acquiring any (apart from its permanent holdings) except when National Defence Notes are offered to it for rediscount."①

(4)美国的公开市场交易

英国的公开市场政策是指英伦银行向公开市场买卖政府证券而言，但美国所谓公开市场交易，不仅限于政府证券，而且包括汇票、承兑票等贴现在内。现在将《联邦准备条例》第十四条原文列下：

FEDERAL RESERVE ACT

"Section 14. Any Federal reserve bank may, under rules and regulations prescribed by the Federal Reserve Board, purchase and sell in the open market at home and abroad, either from or to domestic or foreign banks, firms, corporations, or individuals, cable transfers and bankers' acceptances and bills of exchange of the kinds and maturities by this act made eligible for rediscount, with or without the indorsement of a member bank.

Every Federal reserve bank shall have power:

(a) to deal in gold coin and bullion…

(b) to buy and sell … bonds and notes of the United States … of not exceeding six months …

(c) to purchase from member banks and sell … bills of exchange arising out of commercial transactions …"

---

① Hawtry, Art of Certral Banking, p. 131.

(5)公开市场政策几为全世界所采用

此项政策自从英国在19世纪提倡以后，各国虽也有跟从的，然并不甚多。到了欧战以后，世界各国乃争相仿效，直到今日，除法国与瑞士外，各国中央银行条例都有此项政策的规定了。

"The power to undertake open-market operations… is now possessed by the majority of central banks, the notable exceptions being the Bank of France and the National Bank of Switzerland. The newly created central banks of New Zealand, Canada, India and Argentine were given such powers at the outset. Several established central banks were authorised to undertake transactions substantially similar to open-market operations in recent years—the National Bank of Yugoslavia in May, 1931, the Reichsbank in October, 1933, the Bank of Poland in February, 1935, the Norges Bank in June, 1936, the Netherlands Bank in February, 1937, the Riksbank in March, 1937 and the National Bank of Belgium in July, 1937."①

(6)公开市场政策与贴现政策对于物价之影响

贴现是银行放款之一种，是以商业票据为对象。票据持有人大都是商家。他们得到资金的通融，就可再从事于新的货物的买卖，故贴现是奖励货物购买的一个有效办法。收买证券后所放出的资金不一定增加市场的购买力，因为证券持有人得到资金以后，或许即以之存于银行，作为存款，而此存款不一定用以购物，此不同者一。又买卖证券政策可由银行发动，而贴现政策须由商家发动，此不同者二。

"Money issued by way of loan is pretty certain to enter the stream of effective purchasing power, while money issued by way of purchase of securities may in certain circumstances lie idle, since all that has happened is that the public has been tempted to part with a holding of securities to a

① League of Nations, Monetary Review, 1938, p. 86.

bank in exchange for a bank balance. It does not in the least follow that this credit balance will be used by its owners to purchase goods and services. On the other hand, it is likely that bank advances will be used to buy goods and services of one kind or another.

"The significant difference between these two types of operation is that the purchase and sell of securities can be performed on the initiative of the banking system, while borrowing calls for the initiative of the borrower."①

(7)英伦银行与伦敦金融市场的关系

中央银行管理信用机构，最重要的手段是能统制全国银行，使其跟随自己的政策。在19世纪下半期，白芝浩(Walter Bagehot)著《隆巴德街》(Lombard Street)的时候，英伦银行对于商业银行所施的权力很大。他曾经说过，在平时，银行街如得不到英伦银行的帮助，不能做贴现业务。换一句话说，那时的银行率总是有效，除非是在特殊时期。

"In Bagehot's time the power of the Bank of England was evidently much more easily exercised, and we find him stating ... that in normal times Lombard Street count not discount its bills without the help of money provided by the Bank. In other words, when he wrote, Bank rate was always effective, save on exceptional occassions."②

现在情形变了。英伦银行的地位，即在战前，业已发生变化。商业银行的资本与营业既日益雄厚，英伦银行的威望即日形堕落。从前，该银行的态度是坐待人家来求，不加理会，现在此种态度可不成了。

"It is now needless to consider the factors which seem to have altered this old view(被动的政策) of the relationship of the central bank to the

① Royal Institute of International Affairs, The Future of Monetary Policy, p. 72.
② Withers, Meaning of Money, p. 228.

market. The Bank of England was already undergoing important changes of position before the war. On the whole its prestige was declining because of the fact that the joint stock banks were increasing relatively in size and importance. This rendered the Bank of England a less influential factor in the general group of English banks than had previously been the case. It could no longer assume the attitude of indifference toward what was done by others because of the fact that those others would eventually have to apply to it, that it had for long years developed."①

① Willis, Theory and Practice of Central Banking, p. 181.

第三章 欧战后的各国货币银行政策

第一节 货币贬值政策

(1)中央银行安定币值的责任

在叙述贬值政策以前，我们应该先将中央银行对于币值安定与否所负的责任，说明一下。现在各国所采贬值政策，都是以中央银行为执行机关，所以我们对于本问题的经过，不得不略为陈述。

前章所述两种政策，其目的在于维持现金准备，而不在于维持币值。在欧战以前，中央银行对于国外物价的涨落，并无何等责任。直到 1922 年热内亚会议(Genoa Conference)议决许多条文，其中才有中央银行应负此项责任之一条。

“Till recent years the responsibility of the central banks for fluctuations in the value of gold was hardly recognised. The regulation of the value of gold in terms of other forms of wealth was not included in the art of central banking, because gold was believed to supply an independent standard of value. The Genoa Resolutions of 1922 mark an epoch in the evolution of the art, in that for the first time they establish the responsibility of the central banks for the value of gold.”①

① Hawtry, Art of Central Banking, p. 207.

(2)纽约联邦准备银行创始安定政策

欧战结束以后，因战事增加生产之货物，尤其是政府管理工厂的出品，存储很多，忽然失去销场，不得不大量地向市场倾销，以致物价一时骤然下落。到1921年，世界商业突呈不景气的现象。自1922年起，到1928年止，各国相继整理币制。苏俄首先施行新经济政策。1924年，德国改用金马克。1925年，英国恢复金块本位制。1928年法国安定金法郎价值。其他各国，大都改革币制。一般国家所采的政策，都是向紧缩方面走。照此情形，不到1929年，世界早已应该遭逢商业大恐慌的来临，而还能继续维持7年之久，不得不归功于纽约联邦准备银行总裁师屈隆(Benjamin Strong)。当各国从事紧缩政策的时候，师屈隆即采松放政策，以为调剂。何屈理以为师屈隆不幸在1928年去世，而1925年以后之英国紧缩政策又在加紧进行，结果酿成1929年之世界商业萧条。

"Under the wise guidance of Governor Benjamin Strong of the New York Bank, they pursued a policy of stabilisation, which prevented any serious fluctuations of the price level from 1922 to 1929. More than once prices did begin to fall, and symptons of depression appeared. But measures of credit relaxation quickly dispelled them. From 1925 onwards, the situation was complicated by the return of Great Britain and other countries to the gold standard. It was a disaster for the world that Governor Strong died in the Autumn of 1928, and the experiment came to an end."①

(3)货币贬值的两种步骤

1929年欧洲商业开始萧条以后，各国无法改善。到1931年，奥国信用银行(Credit Anstaldt)开始动摇，延及德国、法国，最后到了英国，不得不出于停止金币兑现之一途。9月19日(即东三省事件发生之第二日)，英内阁决议停止1925年金本位条例第一条第二

---

① Hawtry, Art of Central Banking, p. 209.

项之条文实施。该条文系规定英伦银行应以金块照定价(即1翁斯标准金等于3镑17先令10便士半)收兑纸币，但每次至少须400翁斯。9月21日巴力门(parliament)通过决议案，停止该项条文6个月，但受权政府得酌量情形，采取适当办法，并得延长施行期限。从此以后，英国贬值政策，听凭政府临机处置，议会不加硬性的规定。这叫做自由贬值政策。兹将内阁与巴力门决议原文录下以供参考。

1931年9月19日内阁决议：

"His Majesty's Government have decided, after consultation with the Bank of England, that it has become necessary to suspend for the time being the operation of Subsection (2) of Section 7 of the Gold Standard Act of 1925, which requires the Bank to sell gold at a fixed price. ..."

1931年9月21日巴力门决议：

"It shall be lawful for the Treasury to make, and from time to time vary, orders authorising the taking of such measures in relation to the exchanges and otherwise as they may consider expedient for meeting difficulties arising in connection with the suspension of the Gold Standard."①

1933年美国所采的贬值政策与英国不同。康格雷(Congress)在5月12日通过《农业救济条例》(Farm Relief Act)时，授权总统，准其减低美金成分至50%为度。1934年1月20日《金准备条例》(Gold Reserve Act)规定1翁斯纯金可铸金币35元，新币重$15\frac{5}{21}$格林，成色仍为900，即含纯金13.71格林。因此，新币所含纯金等于旧币的59.06%。② 依照原来法律，总统固然是有权再贬币值9.06%，然自1934年以来，此项贬值一直维持至今，未曾改变。这是一个硬性的固定贬值政策。兹将《农业救济条例》摘录于下：

1933年5月12日 Farm Relief Act, Title Ⅲ,

① 两决议见 Economist, Sept. 26, 1931.

② Fisher, Stabilized Money, p. 370.

"The President is authorized—

"By proclamation to fix the weight of the gold dollar in grains nine-tenth fine and also to fix the weight of the silver dollar in grains nine-tenth fine at a definite fixed ratio in relation to the gold dollar…and such gold dollar, the weight of which is so fixed, shall be the standard unit of value, and all forms of money issued or coined by the United States shall be maintained at a parity with this standard and it shall be the duty of the Secretary of the Treasury to maintain such parity, but in no event shall the weight of the gold dollar be fixed so as to reduce its present weight by more than 50 per centum."①

第二节　节省黄金政策

(1)热内亚会议的提案

1914年，欧战开始以后，直到1931年，世界黄金产额才逐渐恢复战前的状况(参观第二篇第二章第八节世界产金数量统计)。在战争进行之中，大家无暇考虑此项问题。到了和平协约，经济学家一翻历年的统计，觉得黄金储量殆尽，于是黄金的恐慌(Gold scare)发生。节省黄金用途的呼声乃到处听到。国际联盟财政金融组织在1922年召集各国专家，在热内亚开会，讨论结果，作成议决案，报告大会。决议内容，首先承认欧洲各国货币应有一个共通的本位，而此本位非黄金莫属。欲安定黄金价值，必须使各国竞求黄金的政策有所改变。他们建议，劝各国仿照支票清算制度，使国际间金融往来用差额结算办法，可以节省黄金用途。例如金汇兑本位制度，就是此中方法之一。

REPORT OF THE SECOND COMMISSION (FINANCE)

Resolution 4.

① Garis, Principles of Money and Credit, p. 51.

"It is desirable that all European currencies should based upon a common standard."

Resolution 5.

"Gold is the only common standard which all European countries could at present agree to adopt."

Resolution 9.

"... The purpose of the Convention would be to centralise and coördinate the demand for gold, and so to avoid those wide fluctuations in the purchasing power of gold, which might otherwise result from the simultaneous and competitive efforts of a number of countries to secure metallic reserves. The Convention should embody some means of economising the use of gold by maintaining reserves in the form of balances, for example, as the gold exchange standard, or an international clearing system."

上项提议，有许多政府依据实行，不幸世界经济恐慌发生，各国为自卫起见，相率收回国外存款，以致金汇兑本位遭受严重的打击。据国际清算银行调查报告，欧洲各国与美国间国际短期债务，由1930年的700万万瑞士法郎减到1934年的300万万瑞士法郎，可见国际信用破坏的程度了。在1933年320万万法郎之中，有115万万还是由于货币的封锁，延期付款协定，及其他办法所保留，否则此项短期债务更将减至200万万了。①

International Short Term Indebtedness

At the end of 1930	70 000 million Sw. frcs.
At the end of 1931	45 000 million Sw. frcs.
At the end of 1932	39 000 million Sw. frcs.
At the end of 1933	32 000 million Sw. frcs.
At the end of 1934	29 000—30 000 million Sw. frcs.

① Bank for International Settlements, Fourth Annual Report, May 14, 1934, p. 27 and Sixth Annual Report, May 11, 1936, p. 35.

(2)黄金委员会的提议

到了1932年，金汇兑本位制虽经过艰苦的普遍试用时期而归于失败，然还有许多专家认为是最经济而最有效力的货币制度。然而事实胜于雄辩，采用汇兑本位的国家受不了资金的损失而终于不敢再尝试。例如荷兰中央银行总裁卫士林(G. Wissering 曾于前清末年充当中国币制顾问，主张中国应采金汇兑本位制)即因主持采用汇兑本位制，致遭1931年英国银币贬值，使荷兰大受损失，卒至不得不引咎辞职。而在当时，有许多经济专家还认为英国贬值不过是偶然发生的事件，他们并不相信国际信用从此就根本会要破坏。黄金委员会(Gold Delegation)所以提议两国补救办法：第一，采用汇兑本位制的国家，应注意选举将来币值最有稳定希望的世界金融中心。第二，应利用国际清算银行这一类的国际机关，使它转存出去，使损失的危险可以分散。

"We regard the gold exchange standard in this form as a useful system for many countries, for whom it still remains the most economical and efficient monetary mechanism available.

"... it is inevitable that those countries which choose, or are forced by circumstances, to retain, or readopt a gold exchange standard for the regulation of their currency will endeavour as to organize as to minimise the possibility of once again being faced with heavy losses.

"Two possibilities have been suggested. The first is that such countries will choose carefully among the principal financial centres those which offer the greatest promise of future stability. The other is that an endeavour should be made to spread the risks of losses by utilising such an international institution as the Bank for International Settlements as the agency through which the system shall be administered. In the latter case, the reserve assets of the gold exchange standard country would be deposited with the International Bank which would in turn spread its deposits among its constituent Central Banks."①

第三节 公共工程政策

(1)失业问题

人生在世，有权生存(Right to live)，即有权工作(Right to work)，是19世纪以来社会学者所倡导。但有谁负给予工作的责任呢？在从前，政府对于失业者(Unemployed)并不负何种责任，地方机关虽然有救贫(Poor relief)设施，然其范围狭小，且只限于事后之弥缝，并不是事前之防止。近数十年来，失业问题(Unemployment question)更趋严重。人数之多，时期之久，为从前所不能梦想。各国政府虽有失业保险(Unemployment insurance)与职业介绍(Employment exchange)的办法，但似觉杯水车薪，无济于事。考失业问题所由起，情形也很复杂。有自甘失业的(Voluntary unemployment)，有不自甘失业的(Involuntary unemployment)，有临时失业的(Frictional unemployment)。② 自甘失业与临时失业的人，或无法救济，或不必救济，问题并不十分严重，但不自甘失业而因种种原因不得不被迫而至于失业，且人数众多，远过其他两种，政府有维护人民的责任，应该设法解决。18世纪英国工业革命(Industrial revolution)，19世纪美国实施科学管理法(Scientific management)，欧战以后，德国推进合理化政策(Rationalisation)，使机械逐渐代替人力，并且使人力的效能扩大到若干倍。生产力增加，消费力不能随之发展，结果只有失业之一途。此是资本主义所造成的局势，而经济学者想在维持现状之下，用货币政策来补苴罅漏，自然是很困难的一件事。现在所恃为最大救济途径，似乎是战争、饥荒、贫困。这些都是自然的解决，与人为力量无关。美国既不参与战争，又不愿忍受饥荒贫困，于是有所谓公共工程政策

---

① Final Report of the Gold Delegation, 1932, p. 55.

② 参阅 Keynes, General Theory of Employment Interest and Money, p. 8.

(Public Works Policy)。此政策施行未久，还未能充分发挥力量，又遇着第二次欧战发生，不能说是完全成功，然比较其他政策，似乎有利无害。下面所述，不过各种理论，至于实行方面，也并非毫无困难。

(2)自动的调节计划

所谓自动的调节计划(Automatic Compensation scheme)是国家先设立公共工程基金，按照工商业盛衰情形与物价涨落状况，随时动用基金，兴办公共工程之意。此种计划，原来不是纯粹的货币政策，然与货币政策有关，就是物价上涨之时，政策采取紧缩政策，使物价上涨不至于过激；物价下落之时，政策采取松放政策，使物价下落不至于急卒。同时，此种计划，在国家可以积极建设，资金不至虚掷，且将来生产可以增加，即令国家举债，筹措此项基金，将来也不患毫无着落。

"The scheme proposed is as follow: the total cost of probable state expenditure on public works over a period of, say, five years, would be estimated. Each year the appropriation from revenue for public works would be the same, i. e., one-fifth of the estimated expenditure for the period. Each year the amount appropriated would be paid into the Public Works Fund and would be left there until required. … The amount expended would at all times depend upon the state of trade and the movement of prices. When trade and prices were in the decline new works would be opened up and those in hand would be accelerated. When trade and prices were recovering, expenditure would be reduced."①

"… there remains the practical problem of deciding by what precise creteria the Public Works Committee is to judge when to increase or when to decrease of the amount of work done. The employment index has some-

① J. R. Bellerby, Monetary Stability, p. 50.

times been suggested for this purpose. "①

"The significant thing about capital works is that while expenditure upon their construction can be spread over a short period, their cost can be met over a period of years. They are useful forms of monetary expansion because they have positive merits in addition to the purely negative merit of being expenditure; they add to a nation's assets and perhaps to some extent its taxable capacity, while an ordinary income deficit does not. "②

(3)与纯粹救济政策的比较

公共工程费用比纯粹救贫费用当然要多数倍，在财政不甚充裕的国家不易做到，然假使能够做到，则其利益很大。凯衎斯估计英国情形，说，由一人得到职业，可以引起第二人得到一部分职业，第二人可以引起第三人得到更小一部分的职业。如此辗转相引，可使两人养活一人。政府因借债200镑维持工程人员一人一年的生活，不啻维持一个半人的生活，结果，每人的维持费不过133镑。为稳妥起见，不妨估计为150镑。若是纯粹救济，每人须用50镑。现在假使借债300万镑，直接间接雇用2万人，即可节省100万镑的救济费，是可省去1/3了。而此300万镑支出之后，约可收所得税50万镑，连同节省的救济费，共可节省150万镑，是所费不过一半而已。

"Mr. Keynes now resumes the original line of argument. "... The newly employed who supply the increased purchases of those employed on the new capital works will, in their turn, spend more, thus adding to the employment of others; and so on. " "... that two men employed by loan-expenditure lead indirectly to the employment...of one further man... Additional loan-expenditure of £ 200 ... puts, not one man to work for a year, but...one and a half man. This gives us a figure of £ 133 as the amount of additional loan-expenditure required today to stimulate a man-year of em-

① J. R. Bellerby, Monetary Stability, p. 52.

② Royal Institute of International Affairs, Future of Monetary Policy, p. 83.

ployment. But let us, in order to give us ourselves a further margin of safety, base our argument on the figure of £ 150.... For purposes of broad calculation the average cost of a man on the dole is usually taken, I think, at £ 50 a year. Since, on the basis of the above calculation, a loanexpenditure of £ 3, 000, 000 will employ at least 20, 000 men for a year directly or indirectly, it follows that it will save the dole £ 1, 000, 000. Here is one-third of the expenditure already accounted for. " "Thus the total benefit of the exchanger of an additional loan-expenditure of £ 3, 000, 000 is at least £ 1, 000, 000 plus £ 450, 000 or in round figures, £ 1, 500, 000 i. e. , a half of the loan-expenditure". ①

照凯衍斯的意见，公共工程所费不过是纯粹救济费之3倍，并不算很多，但英国国际问题皇家学会(Royal Institute of International Affairs)加以批评，说他有4要点未曾考虑：(1)新被雇之人得到收入以后，究竟有多少是用在进口货的购买，不得而知。(2)国家新增开支是否引出新的事业或是流入旧的事业而仅仅加紧它的工作，很难断定。(3)究竟还有多少未用的资源足供利用，也是疑问。如其不然，难免不促原料价格的上涨。(4)究竟有多少钱会用在购买土地上，无从估计。这一项最为重要，因为购买土地的款项不是直接用在工资，即不必引起货物的购买。

"While the general line of Mr. Keynes's argument would appear to be correct, it must be remembered that he is making assumptions in the absence of evidence on certain important points. First, it is not known what proportion of their additional expenditure the newly employed devoted to imported goods. Second, it is uncertain how far the new expenditure will—directly and indirectly—lead to new employment and not to more intensive work for those already employed. Third, it is doubtful how far there are unemployed resources available in all industries to such an extent that there will be no rise in the price of materials. Fourth, there is no estimate of the

① Royal Institude of International Affairs, Future of Monetary Policy, p. 88.

proportion of the money spent on public works which would be directed to the purchase of land. This last is especially important. Money spent on sites is not spent directly on wages and need not necessarily appear in the stream of active purchasing power. "①

(4)中国在抗战期间的救济与工赈

我国在抗战期间，救济难民的费用为数极少。据赈济委员会报告，民国二十七年十月六日至民国二十八年一月三十一日8个救济区内，除第三区未及进行外，其余7区共计配用救济费2 121 994.25元，救济难民共计3 753 682人，平均每人所费不过0.565元。又关于难民运送事项，各处设总站38，分站210，招待所215。每60里设一分站，每30里设一招待所，每10里设一饮茶所，共计运配费485 580元，运配难民430 950人，平均每人所费不过1.1元。

工赈方面，赈济委员会与经济部都有关系。据赈济委员会报告，四川简易手工业赈济工厂由该会拨款10万元，四川省政府拨款5万元，预定可容纳3 000人，平均每人所费为50元。江西各处简易手工业由该会拨款7万元，预计可收容1 000人，平均每人70元。上海难民习艺所每月由该会拨款500元，可收容160人，每人每年平均37元5角。又据经济部报告，河南邓县垦区由该部拨款10万元，连同振委会22万元，共计32万元，可移送灾难民5 000人，从事垦殖，平均每人64元。湖南芷江、沅陵两县由该部补助6万8 000元，可移垦难民1 000人，平均每人68元。四川平武、北川由该部补助9万8 000元，可移垦2 000人，平均每人49元。②

以上两种估计，都不能作为救济与工赈费用的比较。一则国军撤退时，救济难民工作，纯系临时性质，并非长年救济工作。二则工赈费用不过是一种估计，并非确实开支，究竟每人需要几何，不得而

① Royal Intitude of International Affairs, Future of Monetary Policy, p. 89.

② 以上是根据民国二十八年二月间国民参政会第三次大会振委会与经济部提出的工作报告。

知。三则所谓工赈，只限于简易手工业与垦殖业，若是设置机器，举办大工程，则其所费当然不可同日而语。从实际上情形说，此所谓工赈，也不过是一种比较长期的救济事业，若要以工赈达到救济失业与建设事业两个目的，似乎是不可能。建设与救济在我国现状之下，是截然两件事。但有一部分工程，如修筑公路，又当别论。

第四节　消灭黄金政策

(1)货币数量过多的因果

本章第一二两节所述，是各国政府恐怕货币数量过少的时候所采取的政策。但是我们不能说，货币数量总是过少。如果是过多的时候，应该怎样办呢？我们是不是可以反其道而行之，把货币单位所包含的金属成分提高以减少单位的数目？这在货币史上是不易见到的事。说到这里，我们应该先了解货币数量过多是什么意义。它或许是黄金过多，就是货币与信用制度的整个基础太厚了，或许是黄金并不过多，而是纸币的现金准备率太低了，或许纸币的现金准备率并不过低而是一般银行的存款准备率太小了。实则世界黄金的产量近年来虽续有增进，然以工商业的发展情形论，是不会十分过多的。其所以感觉过多的缘故，大概是由于分配不均。现在货币黄金(Monetary gold)60%以上集中于美国，① 白银也多流到那里去了，使美国感觉一种保管的困难。此种金属并非将来可以永久地留在美国。它们的流入是世界政局不安，贵金属所有人为安全计，一时委托美国保管，一遇政局安定，或许要大批提回。来去的数量既多，影响于美国国民经济很大。

① 1933年世界货币黄金共计125万万元，美国占40万万元(以每翁斯20.67元计)，即约1/4。1939年，各为285万万元与176万万元(以每翁斯35元计)，即约62%(Federal Reserve Bulletin，Jan，1940，p. 12.)。

(2)美国所采的政策

消灭黄金政策(Gold Sterilization Policy),据国际联盟《货币评论》所载,有几种,第一,是使一般人民窖藏黄金,使黄金不致全部流到货币用途上去,在人民负担利息上的损失。但此事不能由政府执行,不得谓之一种政策。第二,是政府发行公债,向市场收买黄金,增加汇兑平衡基金的数量,或增加中央银行的现金准备率。在美国,联邦准备局并且提高会员银行的存款准备率,造成高额的过度准备(Excessive reserve)。在1936年8月至1937年5月之间,联邦准备制度的会员银行存款准备率提高1倍。1937年第四季,准备额平均为70万万元,其中60万万元为法定准备(Required reserve)。若不是提高准备率,则过度准备将达40万万元。①

"In view of the expansion of the physical quantity of current gold supplies and of the increase which has accurred in the value of gold per physical unit in terms of national currencies, the 'sterilization' of gold with the object of preventing an 'excessive' expansion of the volume of money has come to receive considerable attention in recent years. It may be of interest briefly to review the various methods of sterilization which have been practised."

"In the first place, it should be observed that the boarding of gold on the part of the public represents an effective form of sterilization. The interest cost associated with sterilization is in this case borne by the private individuals concerned, who voluntarily forgo any return on part of their assets which is held in gold. Monetary policy cannot, of course, rely on this form of sterilization..."

"The rise in the proportion of gold reserves to total assets of central banks which has taken place in great number of countries may be regarded

① 1939年11月,会员银行现金准备共计116万8 800万元,过度准备占52万5 900万元(Federal Reserve Bulletin, Jan., 1940, p. 21)

as another form of sterilization. It is not suggested that central banks, when increasing their holdings of gold, have deliberately reduced their other assets. The decline in the other assets which has in many cases occurred has often been a reflection of the increased liquidity of the market, which has made possible a reduction in its indebtedness to the central bank... minimum reserve ratios are prescribed by law in most countries, but maximum ratios have nowhere been applied, and sterilization can, theoretically, proceed until the ratio rises to 100%..."

"In certain countries—the United Kingdom, the United States, the Netherlands, the Argentine—gold imports have been sterilized by special methods, under which Governments or Government funds take up gold with the proceeds of loans issued in the market. In the United Kingdom, the borrowing powers of the Exchange Equalisation Fund, by which this policy is carried out, were increased by £ 200 million—from £ 375 to £ 575 million—at the beginning of July, 1937."

"In the United States, the increase in the reserve requirements of the member banks of the Federal Reserve System may be regarded as another form of sterilization. The enormous inflow of gold which occurred after 1933 raised the reserve balances of the member banks to exceptionally high levels. In order to prevent this increase from unduly affecting the domestic supply of credit, the legal minimum reserve ratios were doubled from August, 1936 to May, 1937. In the last quarter of 1937, member-bank reserve balances amounted, on the average, to about $ 7,000 million, of this amount, about $ 6,000 million were required reserves. If the original ratios were regarded as normal, this means that half the latter figure, or about $ 3,000 million, was "blocked for the purpose of sterilising a corresponding amount of gold, the interest cost of this sterilization sterilizing being borne by the member banks...."①

① League of Nations, Monetary Review, 1938, pp. 17-19.

第五节　美国联邦准备局对于货币政策之声明

货币理论本极抽象。凡抽象的理论终不免议论纷纷莫衷一是。各人都觉得自己的主张是对的，别人的主张是不对的。其实货币问题是社会问题之一，社会现象非常复杂，谁也不能窥得全豹。各人只能窥见一斑，而强说是全豹，征之事实，自然不相符合。货币问题不过是社会问题之一斑而已。欧战以前，大家虽然知道货币问题的复杂，然而并未有人主张以货币政策解决一般的社会问题。现在因为物质科学方面进步太快了，精神方面赶不上，以致社会人类感觉极端尖锐的压迫，于是经济学者想从货币方面求得一个完善的方法，一举而廓清之。此在事实上当然做不到。美国联邦准备局在1939年4月出版的《联邦准备月报》上曾发表一篇重要的声明书，说明这种观念的错误。现在把它的要点摘译如下：

(1)物价的变动非货币一项所能统制。全国支付工具90%以上系用支票，不受货币统制。货物的供给因天时人事的变更而不能定。此类天时人事之影响物价，较之货币之影响为大。

(2)联邦准备局不能完全统制货币数量，准备局如采公开市场政策，用钞票购回政策债券，但若遇人民不需要货币，则此项流动资金仍将返回准备银行，会员银行并不能利用之以增加放款。

(3)物价安定不能保证工商业的永久繁荣。当物价正在安定之时，难免不有破坏的势力暗中捣乱，以引起恐慌。1921年至1929年，美国物价较为安定，但卒不免有1929年投机事业之发生。

(4)相对的物价较物价一般的平准尤为重要。一般人所最关心的不是物价的平均数，而是他购进货物与售出货物之价格。农家售出农产品，购进衣服、农具。工业家购进原料与付给工资，售出制成品。薪工所得之人，最注意其收入与其生活费。①

① Proposals to Maintain Prices at Fixed Levels through Monetary Action，见 Federal Reserve Bulletin, April 1939, pp. 255-259.

第四章　外汇管理问题

第一节　汇兑平衡基金

(1)英国创办汇兑平衡账

汇兑平衡基金创始于1932年6月16日的英国。英国政府在1931年9月21日决定货币贬值以后，以其所得利益(profit)专款存储英伦银行，使之调节外汇，如有损益，由政府负担。在该银行帐上称为汇兑平衡账(exchange equalisation account)。此项基金当时为£ 150 000 000。此外另拨一笔基金，专为调节对美汇兑之用，称为美金汇兑账(dollar exchange account)，其数为 £ 25 000 000，共计£ 175 000 000。至1933年5月4日增加£ 200 000 000，连同旧有基金，为£ 375 000 000。后来又增加到£ 575 000 000。基金的雄厚，除美国外，无与伦比。基金虽如此雄厚，有时仍感觉不足，必须有继续不断的来源，才能运用到最大限度。此基金的来源，可自“借款权”(“borrowing power”)取得之，即以国库债券(treasury bills)向市场出卖。如黄金入口过多，基金认为应加干涉，即售出国库债券而以资金购买法郎。在此两重营业之下(售出债券与购进外汇)，不独外汇可以稳定，即国内信用市场亦得加以统制。①

英政府设立此项基金，本为调节外汇，然基金行动若为一般人所

① Eighth Annual Report of the Bank for International Settlements. 见 Federal Reserve Bulletin, June 1938, p. 483.

能知悉或预测，则将助长投机之风。当然基金设立之初，政府秘不将内容发表。后来改订办法，每逢 3 月底与 9 月底各发表营业报告一次。

基金与英伦银行现金准备原无关系，但政府每每暗中加以调剂。譬如银行现金准备减少时，政府即自基金内拨出一部分补充之。银行现金增多时，又自银行拨还一部分与基金。因此，自从设立基金之后，英伦银行现金准备的真相已受汇兑基金的蒙蔽。

(2)美国的汇兑安定基金

1934 年 6 月 29 日美国议会通过《准备条例》(Gold Reserve Act)之时，规定设立汇兑安定基金(exchange stabilization fund)。当时从美元贬值所得之利益为 $ 2 000 000 000，都归入基金。期限定为 3 年，但其后继续延长，至今未废。美国基金与英国不同之处，即在不能发售债券，故遇黄金过多之时，只能(1)由财政部自己售出债券，(2)使准备制度下的会员银行增加现金准备率，即所谓过度准备(excess reserve)。由第一法所得现金，不能归基金运用，通称为不活动基金(“inactive fund”)。美国基金虽多，但不如英国之重要，因为美金贬值系固定在旧币的 59.06%，即无需乎此项基金。

(3)其他各国汇兑平衡基金

1936 年 9 月瑞士仿美国办法，设立汇兑平衡基金。当时所得货币贬值利益为 599 000 000 法郎。基金可将现金变为外汇，或将外汇变为现金，但不能出售证券。

同年 10 月荷兰亦设立此项基金，总数为 300 000 000 盾。采用英美两制。基金 1/3 为现金，2/3 可售出证券购取现金或外汇。

其他世界各国殆无不采用此制。我国在民国二十六年七月战事发生以前，也有汇兑平衡基金之设立。民国二十四年十一月三日财政部公布法币令之时，从货币贬值所得的利益不会很多。在该令公布以前两星期，外汇已逐渐跌落，及至十一月三日规定英金为 1 先令 2 便士半，法定汇价与市场汇价相差不过百分之十几，所得利益当然甚少。

后来为充实基金起见，国民政府曾与英国政府订立借款合同，总数1000万镑，其中500万镑由汇丰、麦加利两银行负责筹措，英国政府加以担保，其余500万镑由中国、交通两银行筹出。比之英美各国，基金数目太小。①

第二节　汇兑统制

(1)汇兑统制的意义

汇兑统制(exchange control)与信用统制、物价统制等，都是所谓统制经济的一部分。它的意义常不甚明了。爱因乞格(Paul Einzig)在他的《汇兑制度》(Exchange Control)内，曾提出一个界说。"汇兑统制是货币行政当局(政府、中央银行或为此特别组织之机关)因为要干涉与汇率有关的倾向而采取一切干涉手段之谓。"

"Exchange Control is every form of intervention on the part of the monetary authorities (Government, Central Banks, or Special organization created for that purpose) aiming at interfering with the tendencies affecting exchange rates."②

上述界说，一看而知其不甚完善。他并没有将统制目的写出来，因为要干涉汇率的倾向而采取干涉手段，无异是说为汇兑而统制汇兑，在论理学上是说不过去的。各国政府为什么要统制汇兑？是不是因为中央银行现金准备太多或太少？是不是因为国内物价的涨跌不适合于国际情势？是不是因为国际贸易差或国际债务差发生不利于本国的倾向？是不是因为国家预算不平衡？是不是因为要准备军事行动？这种种问题都可加以考虑。汇兑统制最有名的是德国。它是很显然

① 关于汇兑平衡基金问题，有 N. F. Hall, Exchange Eqalisation Account, 最近有 L. Waight, History and Mechanism of Exchange Equalisation Account, Cambridge University Press, 1939, 均可参考。

② Einzig, Exchange Control, pp. 9-10.

的不是为了中央银行的现金准备。它的国内物价维持了安定的状况，或许与汇兑统制有关。它的国际贸易差能够不因现金准备的减少而发生困难，多半是有了汇兑统制的缘故。它的公债多发，不怕预算不平衡，也应该与汇兑统制有关。它的军事准备十分积极，汇兑统制也不是一种好的练习。在其他各国，汇兑统制虽然不能不施行，但目的不如德国之明显而积极。譬如英国设立平衡基金，多半是用以调剂英伦银行的现金准备。我国原来设立汇兑平衡基金的目的，是维持法币的对外价值，自抗战经过长久时期，国际局势虽然略有变动，然而维持基金的目的似乎还是一样。

(2)汇兑统制的发展

欧战以前，金汇兑本位制就是汇兑统制的先声。最著名的是印度在 1893 年停止银罗比的铸造，同时将罗比价值与英镑联系起来。从此以后，英印度事务部在伦敦发售汇票，叫做部票(council bills)，其价格有一定限制。民间营汇兑业，政府并不干涉，不过官定价格既有最高最低的规定，私家汇兑即不至相差甚远。

欧战开始以后，各交战国因为欲向中立国大量地购买军火与粮食，而需支付现款之时，或因黄金缺乏，或因送金不便，乃造成外汇行市之动摇。为安定人心维持国家威信计，乃有所谓钉住办法(Pegging System)。此政策是 1916 年英国开始采用。当时英国政府与美国富商磨根公司(J. R. Morgan & Co.)订立合同，使在纽约以 \$ $4.76\frac{7}{16}$ 的定价无限制地购买英镑汇票。为维持该公司之资金起见，英政府一面送金，并搜集英人在美国投资所有之美金证券送往美国，一方面在美国募债，以为抵补。至 1917 年美国正式参战，此项汇兑资金之来源始由美国政府负筹措的责任。①

汇兑统制最著名而成功的首推德国。德国对内有各种价值不同的马克，对外有各种办法不同的汇兑制度。马克大略可分为自由马克

① Einzig, Exchange Control, p. 24.

(free mark)与封锁马克(blocked mark)两大类，封锁马克又可分为登记马克(registered mark)、信用马克(credit mark)、证券马克(security mark)与兑换局发行的收据(scrips issued by the Konvensionkasse)等。汇兑制度有基于外债延付协定(standstill agreement)，有基于以货易货协定，有对于中南美所开‘阿斯奇’账(A S K I 即 Ausländessonderkonten für Inlandszahlungen 的省写)，有对于东南欧各国的汇兑清算制度(Exchange Clearing System)。自1931年8月开始施行以来，至今将及10年，政策可谓成功。其成功的原因，在乎组织严密，人民服从，现金准备虽小至近于零，币制从来不发生动摇，较之英日各国所采贬值政策，倒是直截了当。①

自七七事变以来，日本的统制经过略加改革。民国二十六年八月二十五日，议会通过资本管理法(Capital Control Law)与国外贸易管理法(Foreign Trade Control Law)。三发行银行(日本银行、朝鲜银行、台湾银行)的金准备由每元含纯金750公毫降为290公毫。由此所得利益，以22600万元还日本银行代购现金损失，2200万元还政府旧欠，同时设立金基金特别账(gold fund special account)，基金为74700万元。关于汇兑统制，日本早已施行。民国二十六年一月八日修改法律，管理加严。自七月起，国内出产黄金，强制卖给政府，进口货请求外汇，非经特许，每月由3万元减为1千元。在外日侨旅行或其他费用每年不得超过5 000元，否则须有特许。② 民国二十八年六月二十三日，大藏省强化管理汇兑办法，旅行外国在国内领受汇款1 000元与出境时得携带现款1 000元之规定，改为两者合计不得超过1 000元。又原

---

① 关于德国的汇兑统制，可参阅梁子范先生《德国的金融设施及其经济问题》，见民国二十八年四月十六日出版《新经济半月刊》第1卷第11期，及《德国统制外汇及对外贸易之机构及方法》，见民国二十八年八月二十日《贸易半月刊》第1卷第11、12两期合刊。又 F. Wunderlich, Germany's Defence Economy and the Decay of Capitalism, in the Q uarterly Journal of Economics, May, 1938.

② League of Nations, Commercial and Central Banks, 1938, pp. 118-119. 此项规定后来又有修改。

定各公司汇给国外职员之薪俸旅费，不得超过1 000元之数，减为500元。① 以上所述，目的不在完善之纪录，而在举一例示，使读者窥见他国政府对于统制经济如何严厉地执行而已。

(3)汇兑统制的目的与方式

汇兑统制的主要目的在防止国内资金的逃避。其发源为1931年的经济大恐慌。在此等时期，国际资金的移动不受利率高低的限制，而别有其原因，故平时的贴现政策，在此时即归无用。有一部分国家，如奥国与爱沙尼亚，对于商业付款的限制虽然稍松，而对于资本交易则限制加严。还有一种国家，如墨西哥，采取另一方式，即除商业付款以外，一切汇款须缴税4%。②

统制汇兑是统制经济的一部分，不能单独的施行，必须与其他有关的经济问题一并解决。以我国现情而论，可分为3类：①货币金银的出口，包括货币钞票与金银物品等在内。②货物的进口与出口，即进口货的限制，出口货的外汇，与以货易货等各种办法。③资本的进口与出口，即商业交易以外的汇款，华侨汇款回国的吸收，本国人在外存款证券的征发等。此中头绪纷繁，非此书所能尽述，读者可自各种法规与刊物自加研究。

(4)维持法定汇率的目的

汇兑统制的结果，多半使外汇市场发生两种汇率。③ 一、法定汇率(official rate)，是政府银行公布的外汇行市，总是比较地高。二、自由汇率(free rate)，又称暗市或黑市，总是比较地低。自由汇率所以能与法定汇率相差很多，是因为政府核准外汇数目的严格

① 见民国二十八年六月二十六日重庆各报联合版。

② League of Nations, Monetary Review, 1938, p. 30.

③ 我国现时有三种汇率：一、法定汇率，为1先令2便士半。二、特别汇率，为7便士，用以支付各种特别汇款。三、自由汇率，高低随时不同。

的限制，人民得不到外汇，乃向自由市场用高价购买。政府所以维持高价的法定汇率，据《货币评论》所载，是为求得外债付款的廉价，不啻课一种租税。此法在南美各国多半采用。乌拉圭在1938年12月4日颁布法令以后，不独政府需要外汇可得到特许汇率，而且买价与卖价相差很多。其他国家亦多因汇兑专营之故，使政府得到不少的税收。

“The policy of maintaining the official value of currency at a higher level than that ruling in the free market has, in most cases, been designed to secure a supply of foreign exchange at cheaper rates for the service of the Government's foreign debt, and has thus represented a special form of taxation. In Uruguay, after the Decree of December 4th, this object was secured not only by the privileged rate applicable to Government requirements, but also by the maintenance of a substantial margin between buying and selling rates. In other countries, too, the monopoly of exchange dealings which the institution responsible for the administration of exchange control enjoys has been an attractive source of revenue to the authorities. In Argentine, a system was introduced in November, 1933, under which the foreign bills surrendered by the exporters was sold to importers by auction. In 1935, the auction sales was abolished, but a high margin was established between the official buying rate (15 pesos to the £) and the selling rate (17 pesos, reduced to 16 pesos in December, 1936). In Estonia, the margin between the central bank's buying and selling rates has been smaller than in Argentine, but still substantially wider than it has been under competitive conditions. ”①

兹将南美6国1934年至1938年两种汇率及其百分差表列于下:②

① League of Nations, Monetary Review, 1938, p. 55.

② Ibid, p. 34.

	1934		1935		1936		1937		1938	
	VI	XII	VI	XII	VI	XII	VI	XII	I	II
Argentine										
Official rate(1)	47.1	46.1	45.9	46.0	46.8	45.5	45.8	46.4	46.4	46.5
Free rate (2)	34.4	35.0	36.8	38.1	38.7	41.5	42.3	40.8	40.6	37.2
Ratio of (1) to(2)	137	132	125	121	121	110	108	113	114	125
Bolivia										
Official rate	42.3	39.1	42.2	38.3	16.0	15.6	9.8	—	—	—
Free rate	·		9.7	9.7	9.3	4.9	6.6	8.0	……	……
Ratio	·	·	435	387	219	318	148			
Brazil										
Official rate	42.1	40.7	41.2	41.6	42.9	42.9	43.0	—	—	—
Free rate	31.5	33.8	27.0	27.3	28.5	29.3	32.4	26.9	25.9	28.8
Ratio	134	120	153	152	151	146	133	—	—	—
Chile										
Official rate	49.9	50.0	24.8	24.9	24.7	25.1	25.1	25.1	25.1	25.1
Free rate	18.9	20.5	20.2	19.0	18.2	18.7	18.7	19.4	19.4	19.4
Ratio	264	244	123	131	136	134	134	129	129	129
Columbia										
Official rate	35.3	39.4	33.1	34.8	34.7	34.8	34.6	32.9	33.7	33.4
Free rate	·	·	32.4	32.6	33.0	33.9	33.9	31.4	……	……
Ratio	·	·	102	107	105	103	102	105	……	……
Uruguay										
Official rate	46.1	46.1	46.0	46.1	45.8	45.7	45.2	45.7	37.9	37.7
Free rate	·	23.0	23.1	26.0	28.5	31.1	33.1	30.6	……	……
Ratio	·	200	199	177	161	147	137	150	……	……

附录一

(a)浙江兴业银行贷借对照表(中华民国27年6月30日)

负债		资产	
	元		元
资本总额	4 000 000.00	现金	2 682 857.46
公积金	2 503 989.61	期票	531 800.48
本票	633 740.10	存放同业	12 019 033.93
应解汇款	451 809.49	联合单证	1 200 000.00
保证款项	45 871.18	有价证券	16 914 618.64
往来存款	27 253 409.09	贴现	999 232.20
定期存款	22 866 162.88	押汇	1 290 714.62
转放款项	3 941 692.16	应收保证款项	45 871.18
暂时存款	3 553 313.39	往来透支	1 539 125.85
存入保证金	936 956.35	往来抵押透支	9 650 117.98
领用他行券	7 984 000.00	定期放款	1 314 185.03
股利	32 181.25	定期抵押放款	26 801 428.39
花红	116.51	暂记欠款	1 392 451.77
储蓄部往来	8 124 959.62	存出保证金	2 286 475.68
本届总纯金	143 199.52	领用他行券保证金	7 984 000.00
		储蓄部资本	500 000.00
		信托部资本	500 000.00
		信托部往来	2 127 730.75
		营业用房地产	2 500 000.00
		营业用器具	20 674.21
		开办费	19 397.82
		应收未收利息	241 615.16
	92 561 421.15		92 561 421.15

(b) STATEMENT OF LIABILITIES AND ASSETS OF THE NATIONAL PROVINCIAL BANK LIMITED, DECEMBER 31, 1937. LIABILITIES

Capital paid up	£ 9 479 416
Reserve Fund	8 500 000
Current Deposit and other Accounts	321 111 385
Liabilities for Acceptances, Endorsements, Engagements, etc.	9 531 975
	£ 348 622 776

ASSETS

Coin, Bank notes and Balances with the Bank of England	£ 32 448 577
Balances with, and Cheques in course of collection on, other banks in the United Kingdom and Ireland, and Cheques, Drafts, etc., in transits	12 538 629
Money at call and Short notice	21 845 490
Bills discounted	35 098 267
Investments	89 420 584
Advances to customers and other Accounts	140 445 454
Bank premises	7 293 800
Liabilities of customers for Acceptances, Endorsements, Engagements, etc.	9 531 975
	£ 348 622 776

附 录 二

(a)美国联邦准备局检查会员银行存款准备表格式

"The National Bank Act permitted banks to carry a certain part of their assets with other institutions, but the Federal Reserve Act as later amended compelled the transfer of all reserves to the Federal Reserve bansk."

"For the purpose of computing these amounts the Federal Reserve Board has prepared a form to be followed by all member banks in reckoning reserves. In order to illustrate the method of calculation, the form as filled out by a member is presented below:"

"*Net Demand Deposits*:

1. Deposits payable within thirty days not including U. S. Government deposits and items 2 3 4 & 5	…	$ 190 434
2. Balance due to banks other than Federal Reserve bank (include foreign banks)…………………	$ 106 411	…
3. Amount due to Federal Reserve bank deferred credits…………………………………………	14 617	…
4. Cashier's checks outstanding…………………	14 425	…
5. Certified checks outsanding…………………	4 199	…
Total due to banks (Item 2 3 4&5)	$ 139 652	

Less:

Deductions of the follwing items are permitted only from the total of items of 2 3 4 & 5. Should the total of items 6 7 8 & 9 exceed the total of 2 3 4 & 5, both groups must be omitted from the calculation.

6. Balances due from banks other than Federal Reserve bank and foreign banks	$ 9 675	…
7. Items with Federal Reserve bank in process of collection	4 369	…
8. Exchanges for clearing houses………………	50 573	…
9. Checks on other banks in the same place……	875	…
Total deduction (Items 6 7 8 & 9)………	$ 65 492	…
10. Net balance due to banks………………	…	74 160
Total Net Demand Deposits (Item 1 & 10)	…	$ 264 594
Time Deposits:		
11. Savings accounts (Subject to not less than thirty days' notice before payment)………………	$ 3 542	…
12. Certificates of deposits (Subject to not less tha thirty days' notice before payment)………	2 050	…
13. Other deposits payable only after thirty days	737	…
14. Postal savings deposits…………………	3 381	…
Total time deposits (Items 11, 12, 13 & 14)	…	$ 9 710

(See H. P. Willis and G. W. Edwards, Banking and Business, 1925 edition, pp. 230-240).

(b)1935 年美国《银行条例》的变更

"The Banking Act of 1935 prescribes that reserves be carried by member banks against United States Government deposits but permits deductions of balances due from banks and collection items to be made from gross demand deposits instead of only from balances due to banks."

(See Federal Reserve Bulletin, November, 1938, p. 961.)

附 录 三

(a)美国由澳洲输入羊毛的汇款办法

"Let us take, for example, the case of an importation of wool to the United States from Australia. The most common way of arranging payment has been through the commercial letter of credit on a London bank. Let us suppose that a Boston wool house is about to purchase a cargo of wool. It will secure through some foreign exchange banker in this country an accepance credit with a London bank. Under the terms of this credit, the agent in Australia of the Boston wool house will be empowered to draw documentary acceptance bills up to a certain amount on the London bank. Upon the purchase of the wool of bill on the Eondon bank is drawn, and with shipping documents attached is sold to some Australian bank. Thus the funds are provided with which to pay for the wool. The Australian bank sends the bill with the documents to its London correspondent, and at the same time ordinarily will sell an equivalent amount of sight exchange against the funds which will secure in London through the discount of the documentary bill. No one in Australia has any further connection with this transaction. The correspondent of the Australian bank in London takes the bill with its documents to the London bank on which it is drawn for acceptance. Having been accepted by the London bank, which takes the shipping, documents, the bill is discounted in the open market by the London agent of the Australian bank. This provides funds to meet the sight exchange which the Australian bank has sold. The London bank which accepted the bill then sends the documents to this country to the foreign exchange banker through whom the arrangement was made. The wool house cannot get possession of the wool until it can get the bill of lading, and the exchange banker need not give up this document until he is provided with funds to purchase the sight exchange on London necessary to meet the payment of the bill accepted by the London bank. Thus every one is secured at each stage in the transaction, in so far as the wool itself may be regarded as security."

(b)美国向南美各国输出货物的汇款办法

"To illustrate the financing of exports, we may take the case of a shipment of goods from the United States to South America. The financing may be handled in a number of different ways, but one of them will serve for illustrative purposes. A commission house exporting goods to South America will often be paid by the South American purchaser of the goods. If the commission house waits until these bills mature, it will be a long time out of this money—the time that the goods are in transit to South America, the time that is required in sending the bill of exchange to London, and ninety days thereafter. Something like six months will elapse before the maturity of the bill. But the commission house in New York wants its money at once. It may itself, therefore, draw a 90-day bill upon a London bank and get the cash by selling this bill in the New York market. This 90-day bill will be sent to London and discounted in the London market. Thus it will be seen that London really finances the shipment of goods from New York to South America. When the 90-day bill falls due the New York house must provide payment, since the South American bill is not yet due. This it can manage by discounting the South American bill in the London market. Finally, when this bill matures, means of payment will have been provided by the South American purchaser of the goods. Thus during the period of six months London has financed the transaction: first by discounting the bill of the New York commission house, and then by discounting the bill drawn by the South American purchaser."

(See C. F. Dunbar and O. M. W. Sprage, Theory and History of Banking, 1929 edition, pp. 117-120.)

附录四 世界贵金属生产分配研究资料一览

Ⅰ. PERIODICALS

1. Report of the mint, Washington, annually.
   a. Production of Gold and Silver in the World since the discovery of America, total amount in fine ounzes and in dollars.
   b. Monetary Stock of the Principal Countries of the World for the latest two years, gold and silver in dollars.
   c. World's Industrial Consumption of Gold and Silver for the latest two years, by countries, gold in dollars, silver in fine ounzes.
2. Federal Reserve Bulletin, Washington, annually.
   a. Gold Production of the World, except U. S. S. R. for the latest ten years, by countries, in dollars.
   b. Gold Movements between countries for the latest six years, in dollars.
   c. Gold Reserves of Central Banks and Governments for the latest six years, in dollars.
3. League of Nations, Monthly Bulletin of Statistics.
   a. Central Monetary Gold Reserves of the World for the latest five years, by countries, in dollars.
   b. Gold and Certain Silver and Foreign Assets Reserves for the latest ten years, by countries, in various currencies.
4. League of Nations, Statistical Year Book.
   a. Production of Gold for the latest ten years, by countries, in kilo-

grams.

b. Production of Silver for the latest ten years, by countries, in kilograms.

c. Gold and Foreign Assets Reserves for the latest nine years, by countries, in various currencies.

d. Central Monetary Gold Reserves for the latest nine years, by countries, in dollars.

5. League of Nations, World's Production and Prices, annuallv.

6. League of Nations, Money and Banking, annually.

   Vol. Ⅰ. Monetary Review.

   Vol. Ⅱ. Commercial and Central Banks.

7. Report of the Bank for International Settlements, annually.

8. Economist, London, weekly.

9. Report of the Chinese Maritime Customs, annually.

Ⅱ. BOOKS

1. Layton and Crowther, Introduction to the Study of Prices, 2nd ed., 1935.

   a. World's Gold Production, 1493—1929, in £.

   b. World's Production of Gold, 1801—1933, in tons.

   c. Gold Stock of the U. S., 1914—1932, in dollars.

   d. Gold Holdings of the Bank of France and Reichsbank, 1878—1933.

2. League of Nations, Gold Delegation.

   a. First Interim Report, 1930.

   b. Select Documents on the Distribution of Gold, 1931.

3. Encyclopaedia of Social Sciences.

   Vol. Ⅵ. Gold.

4. E. Kann, Currencies of China.

   a. World's Production of Gold since the Discovery of America, 1493—1926 in fine ounzes and dollars.

b. World's Production of Silver since the Discovery of America, 1493—1925, in fine ounzes.

Noted source: U. S. Mint Report.

5. 杨端六、侯厚培等,《六十五年来中国国际贸易统计》(中央研究院社会科学研究所出版)内有《四十年来金银出入口统计表》。

附录五　伦敦经济周报批发物价指数编制的经过情形

"The Economist Index Number was first calculated by Mr. Newmarch in the Economist Commercial History of 1864, its object being to throw some light on the relation between gold and prices. In 1849 gold had been discovered in California, and in 1850 in Australia; and during the fifties and early sixties the pouring of this gold into Europe seemed to be accompanied by a general upward movement of prices..."

"Since the original object was to observe the effect of the new gold, Newmarch took for his basis the six year 1846—1850, which led up to the gold discoveries, and calculated the average price of 22 leading articles of commerce in London and Manchester markets..."

"Since 1862 our Index Number has been calculated almost without a break month by month, reflecting the up and down of the wholesale market..."

(See the Economist, August 26, 1911, p. 421).

在1911年，Economist将22种货物扩充为44种而仍以2除之，以便与旧指数维持一适当之比较。兹将新旧指数所包含之货物种类表列于下：

Commodities	Old basis quotations	New basis quotations
Wheat and Flour	1	3
Barley		1
Oats		1
Potatoes		1

续表

Commodities	Old basis quotations	New basis quotations
Rice		2
Beef Mutton	1	2
Pork		1
Sugar	1	2
Coffee	1	1
Tea	1	1
Tobacco	1	1
Butter		1
Cotton(raw, yarn, cloth)	4	4
Wool	1	2
Flax Hemp	1	2
Jute		1
Silk	1	1
Pig-iron	1	1
Steel rails		1
Iron bars		1
Coal		2
Copper	1	1
Tin	1	1
Lead	1	1
Timber	1	2
Leather	1	1
Oil	1	1
Oilseads		1
Petroleum		1

续表

Commodities	Old basis quotations	New basis quotations
Rubber		1
Tallow	1	1
Indigo	1	1
Soda-crystals		1
	22	44

"In order to show the relation between our old figure and the new, we have worked back the new figure for fifteen years… the following table gives a comparison of the percentage changes half yearly since 1896."

Date	Old basis	New basis	Date	Old basis	New basis
Jan. 1, 1896	91	90	Jan. 1, 1904	100	102
July 1, 1896	88.5	88	July 1, 1904	97	99
Jan. 1, 1897	89	89	Jan. 1, 1905	97	104
July 1, 1897	86	90	July 1, 1905	98	102.5
Jan. 1, 1898	86	89	Jan. 1, 1906	106	109
July 1, 1898	87	95	July. 1, 1906	107	110
Jan. 1, 1899	87	93	Jan. 1, 1907	114	115
July 1, 1899	92	98.5	July. 1, 1907	108	121
Jan. 1, 1900	97.5	110	Jan. 1, 1908	105	111.5
July 1, 1900	100.5	111	July. 1, 1908	100	106.5
Jan. 1, 1901	97	106	Jan. 1, 1909	100	104
July 1, 1901	91	103	July. 1, 1909	102	110
Jan. 1, 1902	89	98	Jan. 1, 1910	109	113.5
July 1, 1902	91	101	July. 1, 1910	107	113
Jan. 1, 1903	91	99.5	Jan. 1, 1911	114	114
July 1, 1903	96	104.5			

"The possibility of changing from one basis to the other has arisen, thanks to the fact that during the period under review our old index number has returned to and fluctuated about the original basis level. The table above shows the coincidence of the figures at the beginning and the end of the period."

(See the Economist, November 18, 1911, pp. 1034-1035.)

附录六　欧战前各国保留与吸收黄金办法

(a)吸收国外现金之法

1. 1906年，美国财政部长Shaw公布奖励现金入口办法。如有银行自海外输入现金，则国家当照其输入之金额，将公帑存入该行，至海外现金运到时始收回存款(Kinley, Independent Treasury, pp. 140-141.)
2. 英、德、法诸国中央银行，(1)不仅在其总行，而且在其国境上之分行，购买现金，(2)购买外国轻质金币，付以重质金币之价格，将来再向各该国输出。(Mises, Theory of Money and Credit, pp. 386-387.)
3. 在20世纪之初，英伦银行常以无息贷款与输入现金者(Einzig, Monetary Reform in Theory and practice, p. 129. 引W. T. C. King, History of London Money Market.)
4. 德国中央银行奖励现金入口之法是贷款与输入者，在一定期间内不计利息。此期间在1908年延长为6星期。(Conant, History of Modern Banks of Issue, 5th ed. 1915, p. 214.)
5. 欧战后，《日本银行购金法》(昭和7年，即1934年，4月6日法律第44号)第4条，政策为补充日本银行依据本位法购进黄金之购金价目，与此黄金每纯金重量750格兰姆作1元比例估价金额两数之差额起见，对于该行负担同额之债务发给借款证书。前项债务无利息，以1万万元为度。

(b)保留本国现金之法

1. 法兰西银行在法律上与名义上，虽然不拒绝以 3437 法郎兑换 1 基罗纯金，但事实上如遇需要现金出口时，常加 4% 至 8% 之费用。究竟此种费用为几何，无人知之，盖从未公布也。(Mises, Theory of Money and Credit, p. 378.)
2. 英德中央银行为防止现金出口，采取兑出轻质金币政策。1889 年以前，英伦银行曾以£ 3/17/10 $\frac{1}{2}$之兑换率以金块兑进纸币。但嗣后即改兑轻质金镑。通常约轻 2‰或 3‰。德国中央银行兑出之 20 马克金币通常均为 7.943 格兰，而其法定重量乃为 7.965 格兰，即轻$\frac{1}{4}$% (Mises, ib, cit. pp. 383-384.)
3. 德国中央银行常禁止现金出口，但如有输出现金者，须在柏林总行兑取，使出口商负担由柏林至海口之运费与保险费。(Mises, ib. cit. p. 384, 又 Conant, ib. cit. p. 214, note.)
4. 法兰西银行为保护其现金计，可以拒绝兑换金币，而以 5 法郎银币与之。此为银行法所授予之特别权利，而为他国中央银行所无者。故法兰西银行保护其现金较他国为易。(Gide, Political Economy, p. 448, note 2.)
5. 法兰西银行一遇现金准备减至危险程度时，即可不兑出金币，而兑出金块或外国金币，惟须请兑现者付与较高之价格。此种申水办法，为国家给予该银行之权利，而兑出本国金币则无申水之权。如此输出现金实际上等于汇兑跌价，其效力与提高贴现率相等。(Wicksell, Lectures on Political Economy, Ⅱ. p. 116, 又 Dunber, Theory and History of Banking, 1929 ed. pp. 103-104.)

附录七　世界货币金融大事记

（转载自《武汉大学社会科学季刊》第六卷第四期）

本篇之作，本是专供自己的参考，并没有打算公之于世，所以搜集的材料，并不问它是否完备，而其内容也不要十分充实，只要事件发生的次序大致一看即可明了就够了。现在因为货币问题愈趋严重，中外人士都苦心焦虑地考量不已，我认为要研究目前的问题，不可不明了过去的情况，所以不管它成熟与否，且先发表出来，以供一般人士参考的便利。这是一种工具，在用它的人当然各有各的目的，不必彼此相同。工具虽然不很完备，只要能够用，多少总有点益处。将来如果再加补充，使它慢慢地完备，或许今日所费的工夫不至于浪费了。现在且把编著的凡例写下来。

一、时期断自哥伦布发见新大陆。这并不是说 1492 年以前货币史无可记录，也并不是说 1492 年以前的事迹不足信，乃是因为那年以后世界经济情形大变，最适宜于开始记录。

二、除货币金融问题以外，因为要明了当时的背景，有时候连政治和其他经济问题也叙述在内。

三、月日不甚明了的事件，都附在哪年哪月的最后，等到将来查明，再行更正。

四、事件发生有甚早的，但此篇以其重要时期为准。

五、为便利起见，有时将它的结束时期一并附入。

1492.　哥伦布发见美洲。

1497.　西班牙始铸银元。

名曰 Carolus dollar，又称 Pillor dollar，成色 931，后流入

中国。

1519—1520. 欧洲人征服墨西哥，嗣后银的生产量大增。

1535. 西班牙在其当时殖民地墨西哥设厂铸银元。

1514. （一说 1945，又一说 1946.）秘鲁的 Potasi（或称 Potosi 发见银矿。）

1587. 意大利的威尼斯设立 Banco di Rialto。

此是 1619 年设立之 Banco del Giro 的前身，乃存款银行的鼻祖。

1609, 1, 31. 荷兰的安姆斯特丹设立 Amsterdamsche Wissel Bank（Amsterdam Exchange Bank.）

本银行是 17 世纪与 18 世纪世界金融中心机关。1790 年，因限制兑现，基础始告动摇。1819，12，19，停业。

1619. 德国的汉堡设立 Homburger Giro Bank.

1875, 10, 13. 汉堡市参事会决议，将本行财产售与德帝国银行。

1644. （清顺治元年） 始著每钱 10 文准银 1 分之令。

钱面上并著 1 厘字样以示钱 1 000 值银 1 两之意。考金章宗承安年间（1196—1200）铸银币，名承安宝货，1 两至 10 两，分五等；每两折钱 2 贯；公私同现钱用。此已是近世复品币制的开始，但顺治的法令更为明确。

1675, 8, 14. 支票始见流用。

1688. 伦敦开始证券交易。

1694, 6, 21. 英伦银行设立。

1716, 5, 2. 法国政府准许罗约翰（John. Law）设立银行，发行钞票。1720, 7, 16. 挤兑。1721, 1, 26. 清理。

1752. 英国发行 3 厘整理公债（Consols）。

此是 Consols 的原始。Consols 即 Consolidated 的省写。

1752. 苏格兰始设立票据交换所。

1775. 美国独立战争开始。

1783 年告终。

1775. 伦敦设立票据交换所。

1776, 3, 9. 亚丹·斯密《原富》出版。

1778, 7, 9. 美国联邦告成。

1789, 7, 14. 法国大革命开始。

本年法国发行 Assignats。钞票价值逐渐跌落。至 1797 年等于废纸。

1791, 2, 25. 美国设立第一中央银行(The First Bank of the United States)。

因党争关系，于 1811, 3, 4. 解散。

1792, 4, 2. 美国颁布货币法。

规定金银比值为 15 与 1。金币含纯金 24.75 格林，重 27 格林，成色$\frac{11}{12}$。银币含纯银 371.25 格林，重 405 格林，成色$\frac{11}{12}$。

1794, 2. 法国对英宣战。

1797, 2, 26. 英国限制钞票兑现(restriction of cash payments)。

1798. 英国币制委员会主张采用金本位。

本委员会主席为 Lord Liverpool，奏折极力主张采用金本位。此奏折 Treatise on the Coins of the Realm 于 1805, 5, 7. 出版。此为世界各国主张采用金本位之始，亦即 1816 年英国制定金本位制之根源。

1799. 法国采用 10 进的法郎制度。

1800, 1, 18. 法兰西银行设立。

1803(共和国第 11 年)4, 7. 法国颁布货币法。

规定银币重 5 格兰成色$\frac{9}{10}$为货币单位，定名曰法郎。金银比值虽未明白规定，但一启罗格兰的银应铸银法郎 200 枚，一启罗格兰的金应铸 20 金法郎 155 枚(即 3 100 法郎)，故金银比值实为 15.5 与 1。金银铜币均为无限法偿，故此时法国系采用复本位制。

1806. 美国停铸银币。

因为美国银币的法定价值过高，发行以后即消失。至 1834 年改定比值以后，始重铸银币。

1809, 12, 1.　理嘉图的 High Price of Bullion 出版。

此书为英国 1821 年英伦银行开兑的根源。

1810, 6, 8.　英国生金调查委员会报告书(Billion Report)发表。委员会主席为众议院议员 Horner，委员有 Thornton，Huskisson 等。

1814.　荷兰银行(Nederlandsche Bank)设立。

继承 Amsterdamsche Wissel Bank 事业。

1815, 7.　联军再入巴黎，放拿破仑于 St. Helena 岛。

1816, 5, 21.　英国采用金本位制。

金币为镑，重 128.3 格林，成色 916 $\frac{2}{3}$，含纯金 113 格林。银币先令重 87.3 格林，成色 925，含纯银 80.7 格林。1 镑等于 20 先令。此为世界各国采用金本位之始。

1817, 1, 7.　美国设立第二中央银行(The Second Bank of the United States)。

后又因党争，于 1836 年解散。自此以后至 1913 年联邦准备银行制度施行为止，美国不再设立中央金融机关。

1819, 4, 5.　英国议会通过英伦银行开兑法(Resumption of Cash Payments)。

规定英伦银行逐渐开兑。自 1920, 2, 1 起开始兑换金块，每次至少 60 盎斯，兑价为 4 镑 1 先令。自 1920, 10, 1 起兑价为 3 镑 19 先令 6 便士。自 1921, 5, 1 起恢复法定价格 3 镑 17 先令 10 便士半。自 1921, 5, 1 起，始兑换金镑。但英伦银行准备迅速，于 1921 年即开始兑出金镑。

1834, 7, 31.　美国变更金银比值为 16 与 1。

金币减低 6.26%，所含纯金自 24.75 减为 23.2 格林。银币重量、成色仍旧。

1837, 1, 18.　美国金币与银币成色均改为$\frac{9}{10}$。

金币重量为 258 格林，含纯金 23.22 格林。银币重量为 412.5 格林，含纯银 371.25 格林。金银比值为 15.988 与 1。

1837. 英国 Thomes Tooke 始提倡中央银行贴现政策。

Tooke 在其所著 History of Price 已有此意见。1840 年答复币制调查委员会的询问，亦主张提高贴现率以诱致外国现金入口。自此以后，此政策成为欧美各国最有力之货币政策。

1844, 7, 19. 英国通过《英伦银行条例》(Bank Act. 1844.)。

此条例为首相 Sir Robert Peel 所提出，故一名 Peel's Act。其要点为将英伦银行业务分为两部分，一部分称为发行部，一部分称为银行部。发行钞票采取固定保证准备制度(Fixed Fiduciary Issue System)，并限制其他各银行的发行权。此为各国集中发行的嚆矢。

1846, 8, 6. 美国通过《国库制度法》(Sub-Treasury System)。

因为第二中央银行停闭，政府存在各银行的款项常遭搁浅，故规定自设金库，保管现金，不再存入银行。1861, 8, 5，始一部分地停止此法。1864, 6, 3，修正《国立银行条例》，始规定政府得存款于国民银行。

1847, 10, 23. 英国停止银行条例。

本年，各国发生金融恐慌，英国更甚。本条例一经宣告停止，恐慌立刻告终。英伦银行实未施行停止条例之权。

1848, 1, 19. 美国旧金山(San Francisco)发见金矿。

James W. Marshall El Dorado County 的 Sutter's Saw Mill 发见一小块金子，遂引起旧金山的大金矿开发。

1851, 2. 英国新金山发见金矿。

澳洲(Australia)于 1823, 2, 16 即已发见沙金，但此次在 New South Wales 所发见为澳洲大金矿开发之始。

1853, 2, 21 美国减低银币成色。

因为世界黄金产量骤增，银贵金贱，乃将银币成色由 371.25 格林改为 345.6 格林，即减低 6.91%。

1853, 10, 11. 纽约票据交换所开业。

1854, 8, 10. 英国废止《高利禁令》(Usury Law)。

1854. 墨西哥银元入中国。

俗称鹰洋，成色 916。

1856(清咸丰六年). 上海商界采用规元为记账货币。

1857,1,24.　奥德订立货币同盟。

奥国与普鲁士及其他德国各邦在维也纳开会，订立货币同盟(Vienna Convention)，奥国本位币 Florin(或称 Gulden)45 枚用 1 磅(500 格兰)纯银铸成，即 1 Florin 重 12.34568 格兰，成色 900。普鲁士由 14 Thaler 等于 1 磅改为 30 Thaler 等于 1 磅。南德各邦则由 24.5 Gulden 等于 1 磅改为 52.5 等于 1 磅。因此，普之 Thaler 等于奥之 Florin 1.5，等于南德各邦之 Gulden 1.75。1867 年奥国退盟。

1857,11,12.　英国再停止银行条例。

英国金融又发生恐慌。政府又停止银行条例。英伦银行钞票超过定额 200 万磅。

1857. H. D. Macleod 发表 Gresham's Law。

Gresham's Law 即恶币驱逐良币的法则，本不是 Sir Thomas Gresham 所发明，但 Macleod 在其本年出版之 Elements of Political Economy归功于 Gresham，自此以后，世人即竞称 Gresham's Law。1896 年 Macleod 发表 History of Economics，已知其不确。

1861,12，30.　美国纽约各银行停兑。

是年，美总统林肯因主张放奴，发生内乱，纽约各银行停兑。1879,1,1. 开兑。

1862,2,25.　美国发行绿背纸币(green backs)。

又名 United States Notes。

1863,2,25.　美国通过《国立银行法》(National Banking Law)。

1864 年、1882 年、1900 年、1913 年屡次修正。1864 年修正案要点如下：(一)国立银行须交存财政部等于实收资本 1/3 以上的美国公债，但不得少于 3 万元。(二)国立银行因此可发行钞票，其额不得超过所缴公债市面价值 90%，并不得超过额面价值 90%，亦不得超过实收资本之数。(三)国立银行发行总额定为 3 万万元。

1864,5,25. 法国减低银辅币成色。

凡 50 及 20 生丁之银辅币成色减为 835，并限制法偿为 20 法郎。

1865, 12, 23. 拉丁货币同盟(Latin Monetary Union)成立。加入同盟者为法、比、瑞士、意大利4国。

1866, 8, 1，实行。1867, 4, 10，希腊加入。1867, 4, 14，罗马尼亚加入。5法郎银币，成色$\frac{9}{10}$，自由铸造，金银比值为15.5与1。银辅币成色835，铸造额以人口为标准，每人限6法郎。同盟国收入国税时，互受货币，以100法郎为限。1920, 2, 23，法国宣称，自1920, 12, 23起，盟约失效。1926, 12，瑞士通告各同盟国，自1926, 12，31起，同盟名实均告终止。

1866, 5, 11.　英国第三次停止银行条例。

是日英国金融界称为Black Friday。实际上并未停止条例。

1866, 7, 14.　法国减低银法郎成色。

1法郎及2法郎银币成色均减为835，并限制法偿为50法郎。

1867, 6, 17.　万国货币会议(International Monetary Conference)关于巴黎。

主动者为拉丁同盟各国。荷兰反对采用金本位。英德均置身事外。会议无结果。

1867, 7, 25.　马克斯《资本论》出版。

1871, 5.　日本采用金本位，未成功。

规定10元金币含纯金231.48格林，1元银币含纯银374.4格林，金银比值为16.17与1，但实际上仍只用银币，且情形颇为紊乱，直至1874, 7，重颁货币条例，始告解决。

1871, 12, 4. 德国采用金本位。

货币单位为金马克，等于旧银币Thaler $\frac{1}{3}$。纯金1磅铸成1 395金马克，即20金马克67.75枚。德国此次改革币制系得法国赔款5 000 000 000法郎之助。世界银价跌落，此开其端。

1872, 11.　日本颁布《国立银行法》。

此系仿照美国《国立银行条例》。1883年废止国立银行发行权，而专归日本银行。

1872. 斯干地那维亚货币同盟(Scondinavian Monetary Convention)。

1872, 12, 18，瑞典与丹麦缔结同盟。1875, 10, 16，挪威加入。此三国中任何一国之金币在其他一国均为法偿。

1873, 2, 12. 美国停铸大银元，并规定银币法偿不得超过5元。

另铸重420格林之通商银元以便与东方交易。因此，美国于不知不觉之中，已由复本位制变为金单位制。1878年禁铸通商银元。

1873. 春季 欧美商业不景气开始。

1879年始告终止。

1873, 7, 9. 德国修正货币条例，完全采用金本位。

同时规定纯银1磅应铸银马克100枚，成色$\frac{9}{10}$。(即57.6格林纯银。旧Thaler的$\frac{1}{3}$则为64格林。)

1874, 1, 31. 拉丁同盟各国限制铸造银币。

5法郎之银币照分配定额铸造。本位银币自由铸造终止。

1875, 6, 6. 荷兰采用金本位。

规定Florin为货币单位，重0.672格兰，成色$\frac{9}{10}$。

1877—1896. 美国朝野争论复本位制。

此争论直至麦坚尼(Mckingley)总统选举胜利后始渐消沉。

1877, 3, 28. 荷兰施行金汇兑本位于其殖民地爪哇。

此为金汇兑本位制实行之始。

1878, 2, 28. 美国通过Bland-Allison购银法案。

令财政部每月购买200万元乃至400万元白银，以铸重412.5格林之银元。

1878, 8, 10. 万国货币会议(International Monetary Conference)开于巴黎。

此会议由美国主动召集，主张采用复本位制。

1878, 11, 5. 拉丁同盟各国协议停止5法郎银币之铸造。

1879, 1, 1.　美国实行恢复兑现。

1875, 1, 14，此案已通过于议会，至此始实行。

1881, 4, 19.　万国货币会议再开于巴黎。

此次由法美两国主动召集，主张采用复本位制。

1882, 10.　日本银行设立。

1882.　英国公布《票据法》。

1884.　南非洲发见大金矿。

1885, 11, 14.　埃及采用金本位制。

货币单位为镑。1 镑重 8.5 格兰，成色 875，即含纯金 7.4375 格兰，等于英镑 1 镑零 6.154 便士。镑以下均用 10 进法。

1888.　（清光绪 14 年）粤督张之洞始铸银元。

重库平 7 钱 3 分。

1889, 9, 11.　万国货币会议又开于巴黎。

主张采用复本位制者甚多，但仍无结果。

1890, 6, 14.　美国通过 Sherman 购银法案。

令财政部每月购入 450 万翁斯之白银，而发行 Treasury Notes 以充购银之费。

1890, 11, 9.　英国金融恐慌。

Baring Brothers 发生破绽。

1890.　（清光绪 16 年）广东始铸银辅币。

重 5.3 格兰，成色 820，后改为 800。民国 10 年，改为 700。历年成色均不相同。

1891.　委内瑞拉采用金本位制。

货币单位为 Bolivar，与拉丁同盟各国同值，重 0.32258 格兰，成色 900，含纯金 0.29032 格兰。

1892.　秋季　俄国采用金汇兑本位制。

俄国财政部向柏林以 2.18 马克之价购入汇票，以 2.20 马克之价卖出汇票。

1892, 8, 11.　奥国采用金本位制。

货币单位改为 Kronen，等于半银 Florin，等于 1879 之纸 Florin。1 Kronen 重 0.338753 格兰，成色 900。

1892, 11, 26. 万国货币会议又开于比京蒲留塞尔。

由美国主动召集，对于采用复本位制问题辩论极烈。英国反对态度极强硬。

1893, 6, 26. 印度停止银罗比之自由铸造。

货币单位为罗比，重 180 格林，成色 916 $\frac{2}{3}$。1 罗比等于 16 Anna。1 Anna 等于 4 Pice。1 Pice 等于 3 Pie。纽约银价在 3 日内由 82 仙降至 67 仙 1 翁斯。

1894, 8，（清光绪 20 年） 中日开战。

此即所谓甲午之役。

1895, 4, 17. 中日缔结《下关条约》。

中国赔款 2 万万库平两，日本即要求中国照 6、7、8 三个月之汇市在伦敦付与英金，计得 32 900 980 镑，连同续付之 3000 万库平两，共得 38 982 884 镑，作为改用金本位之基础。

1895, 6, 1. 智利采用金本位制。

1896, 10. Costa Rica 采用金本位制。

1897, 1, 12. 美国印地亚那货币会议。

Indianapolis 州商业厅发起，召集货币会议，组织货币调查委员会，1898 年提出报告书。

1897, 3, 26. 日本采用金本位制。

货币单位为元，重 0.83333 格兰，成色 900，含纯金 0.750 格兰，即 11.574 格林，即 2 分。银币 50 钱及 20 钱两种，成色 720，含纯银 332.75 格林。金银比值为 28.75 与 1。

1897, 11, 14. 俄国采用金本位制。

货币单位为卢布（Ruble），重 0.86026 格兰，成色 900。

1899, 10, 31. 阿根廷整理纸币。

规定纸币 100 Piastre 兑换 44 金 Piastres，即金 Piastres 100 兑换纸币 Piastres 227.27，并设立兑换局（Conversion Office）掌其事。按阿根廷习用不兑换纸币甚久，自此次整理后，国内仍用纸币，惟对于国外支付则用金币，故亦可谓之金汇兑本位制。

1900, 3, 13.　美国通过货币法，规定金元为价值的本位。

1902, 1, 25.　暹罗采用金汇兑本位制。

停止银币之自由铸造。规定 17 Ticals 等于英金 1 镑，由财政部向伦敦买卖汇票，但此率以后随时有变更。

1903, 3, 2.　美国改革菲律宾币制，采用金汇兑本位。

规定货币单位为 Peso，重 12.9 格林，成色 900，恰等于美金 $\frac{1}{2}$。银 Peso 重 416 格林，成色 900，含纯银 374.4 格林。

1903, 10, 1.　美国国际汇兑调查委员会报告发表。

书名 Commission on International Exchange, Report on the Introduction of the Gold-Exchange Standard into China and Other Silver-Using Countries。中国政府所发表之精琦《中国新圜法条议》，仅原文报告书中一小部分。此为中国政府聘请客卿来华调查，并谋改革币制之第一次。

1904, 10, 22.　美国国际汇兑调查委员会第二次报告发表。

书名 Report on the Introduction of the Gold-Exchange Standard into China, the Philippine Islands, Panama and Other Silver-Using Countries and on the Stability of Exchange。

1904, 12, 9.　墨西哥采用金本位制。

1906, 6, 25.　英国改革海峡殖民地币制，采用金汇兑本位。

规定货币单位为 dollar，称为 Straits dollar，重 312 格林，成色 900，合英金 2 先令 4 便士。

1907, 10, 26.　美国金融恐慌。

纽约银行券停兑。票据交换所发行交换所流通券（Clearing House Cirtificates）救济市面。

1908, 5, 30.　美国通过 Aldrich-Vreeland 法案。

允许国立银行缴纳重税，以公债外之证券作为担保，发行钞票，并组织币制调查委员会（National Monetary Commission,）调查世界各国货币金融之状况，委员 16 人，均为两院议员，以参议院议员

Aldrich 为主席。1910 年起，陆续发表有名之货币问题丛书。

1908, 11, 11. 泰国颁布金本位条例。

规定货币单位为 dos，重 6.2 格兰，成色 900，但从未铸过。银币仍为 Tical，重 15 格兰，成色 900。

1912, 7. 卫斯林《中国币制改革初议》发表。

书名 On Chinese Currency，Vol. Ⅰ. 此为中国政府聘请客卿来华调查币制之第二次报告书。本书第二卷于 1914 年发表。

1913, 12, 23. 美国通过《联邦准备条例》(Federal Reserve Act)。

分全国为 12 区，每区设立一联邦准备银行，而以联邦准备局统率之。1914, 11, 16，施行。

1914, 6, 28. 奥国皇储斐迪南公在塞尔维亚被刺，欧战开始。

1914, 7, 28，奥国对塞尔维亚宣战。8, 1，德国对俄国宣战。8, 3，德国对法国宣战。8, 4，英国对德国宣战。8, 8，俄国对奥国宣战。8, 12，英法对奥国宣战。从此以后，欧洲各国中央银行均停兑。

1916(民国 5 年) 5, 12. 北平中国银行停兑，上海分行宣告独立。

1916, 10, 26，北平开兑。上海分行始终未停兑。

1917, 2. 俄国革命爆发。

1917, 11, 7，列宁组织劳农政府。

1917, 6. 美国参战军到巴黎。

1817, 8. 中国参战。

1917, 9, 7 美国禁金出口。

1919, 6, 9，解禁。

1917, 9, 12. 日本禁金出口。

1930, 1, 11，解禁。

1918, 4, 23. 美国通过 Pitman 售银法案。

令财政部销毁银币至 3 万 5000 万翁斯出售，售价不得低于每翁斯美金 1 元。实际售价为 1.015 元。至 1919 年 5 月总计销毁 259 121 554元，得银 200 032 325.64 翁斯，均售与英国以为接济印度之用。

1918, 7, 8.　上海银行公会成立。

是时除中国、交通、浙江兴业、浙江地方实业、上海商业、盐业、中孚 7 行外，聚兴诚、四明、中华、广东、金城 5 行次第加入，会员银行此时共 12 行。

1918, 11, 4.　德国内乱。

1918, 11, 9，威廉二世退位。11, 11，德国停战，欧战告终。

1919, 6, 28.　《凡尔赛条约》签字。

1920, 1.　伦敦银价上涨达最高峰。

1920, 9, 8.　印度改定金银比值为 15 与 1。

规定 1 罗比等于 2 先令，即 10 罗比等于英金 1 镑。

1920.　英国减低银币成色。

银辅币成色从 925 减为 500。从此所得纯银 7 000 万镑售于市场。

1921, 4.　苏俄采用新经济政策。

1921, 11, 16.　苏俄设立中央银行(Gosbank)。

1922, 4, 10 至 5, 19.　热内亚财政经济会议。

各国专家在意大利之热内亚开会，讨论经济财政问题(International Economic Conference, Genoa.)，主张各国采用金汇兑本位制，极力节省金币之用途。

1922, 10, 4.　奥国整理财政与币制。

奥国得国际联盟之助，与英、法、意及捷克诸国订立条约，整理财政与币制。1922, 11, 14，设立中央银行。

1922, 10, 11.　苏俄发行新纸币。

此项发行权专属于国立之中央银行。货币单位改为 Chevonetz，等于欧战前金卢布 10 枚。1922, 11, 27，开始发行。

1923, 10, 15.　德国整理币制。

采用 Renten Mark 为省货币单位，设立 Renten Bank，以各种土地为资本。11, 15，开始发行。11, 20，规定 1 Renten Mark 等于 1 000 000 000 000纸马克。

1923, 11, 30.　德国赔款委员会组织整理德国财政货币委员会。

此即道威斯委员会(Dawes Committee)。

1924, 4, 7.　德国设立 Golddiscontbank。

此为德国银行家 H. Schacht 所主张设立，便于国外贸易，并限制贷款，一般人称为 Schacht Bank。

1924, 8, 30.　伦敦协定，采用道威斯计划，改组德国银行币制。

德国议会经赔款委员会之承认，通过改组法案，恢复金本位制，令中央银行(Reichs Bank)买收 Golddiscontbank, 1 金马克(Gold Mark)等于 1 Renten Mark，即欧战前之金马克。42 金马克等于美金 10 元。现金准备规定 40%，其中$\frac{3}{4}$应为金，$\frac{1}{4}$得以外国金币、金汇票或金存款充之。

1924, 12, 20.　奥国恢复金本位。

货币单位改称 Schilling，重 0. 2352454 格兰，成色 900，含纯金 0. 21172086 格兰。

1925, 5, 13.　英国颁布金本位条例。

采用金块本位制。英伦银行应见票即兑金块，但每次至少须 400 翁斯。

1926, 10, 25.　比国安定币值。

依据当时对英汇兑率，规定 175 法郎等于 1 镑。货币单位改称 Belga。1 Belga 等于 5 法郎，故 35 Belga 等于 1 镑。新法郎重 0. 046491 格兰，成色 900，含纯金 0. 041842 格兰。Belga 重 0. 232457 格兰，成色 900，含纯金 0. 209211 格兰。

1927, 3.　印度改定罗比对英镑比值。

1 先令 6 便士等于 1 镑，并照此比值收买金块或出卖现金，但得在伦敦付以相当之金镑。

1927, 12, 22.　意大利安定币值。

新货币单位 Lira 由原重 0. 32258，成色 900，减为 0. 0879901，成色 900。

1928, 4.　泰国改货币单位。

新单位为 baht，重 0. 739633 格兰，成色 900，含纯金

0. 66567 格兰，11 baht 等于英金 1 镑。

1928, 6, 2.　英国统一纸币发行。

欧战开始以后，英国政府发行 1 镑及 10 先令之国库券(Treasury Notes)甚多，至是始统归英伦银行接收，而该行保证准备额亦提高至于 260 000 000 镑。

1928, 6, 25.　法国安定币值。

货币单位仍为法郎，但重量由 0. 32258 格兰减为 0. 0655 格兰，成色 900。最小金币为 100 法郎。法兰西银行应对于钞票及活期存款准备生金或金币 35%。

1928, 10.　苏俄第一个五年计划开始。

1928(民国 17 年)11, 1.　中央银行设立于上海。

1929, 10, 24.　世界经济恐慌开始。

1927, 4，至 1928, 6，美国现金减少 5 万万元，联邦准备银行提高贴现率由 3. 5% 至 5% 以阻止证券投机。1929, 6，商业活动达于极点。

1929(民国 18 年)11, 11.　甘末尔设计委员会币制法案发表。

中国政府聘请美国经济专家甘末尔(E. W. Kemmerer)来华调查币制，至是发表其意见，主张采用金本位；货币单位定名为“孙”，含纯金 0. 601866 格兰，等于美金 40 仙。按美国在 1837 年改定金本位币重量成色至 1933 年为止，美金 1 元含纯金 23. 22 格林，等于 1. 5046 格兰，即 40 仙为 0. 60184，较“孙”稍小。本草案称为《中国逐渐采行金本位币制法草案》(Project of Law for the Gradual Introduction of a Gold-Standard Currency System in China, Together with a Report in Support Thereof)。

1930(民国 19 年)1, 15.　采用海关金单位。

财政部令海关税务司自本日起，海关进口税，一律用金单位计算，废止海关两。海关金单位之值与甘末尔提议之“孙”相同。

1930, 5, 17.　国际清算银行(Bank of International Settlement)设立于瑞士之 Basle。

1930, 5, 31.　安南安定币值。

货币单位 Piastre 等于 10 法郎。

1931, 5, 1. 中央银行发行关金兑换券。

1931, 9, 18. 日本军队侵占我东三省。

1931, 9, 21. 英国停止金本位。

停止 1925 年之金本位条例，英伦银行解除兑换金块之责任。

1931, 9, 21. 印度停止金本位。

1931, 12, 12. 日本停止金本位。

日本自 1930, 1, 11，金解禁以后，此为第二次禁金出口。

1932, 1, 28. 日本军队侵犯我上海。

1932, 1, 29. 上海商业金融业一律停市。

1932, 24，始复业。

1932, 2, 8. 上海银行业同业公会组织联合准备委员会。

订立联合准备及拆放公约，并组织联合准备库。

1932, 2, 27. 美国通过 Glass-Steagall Act。

准许联邦准备银行以政府债券为联邦准备券(Federal Reserve Notes)之准备金。(以前只可用现金、商业票据及承兑汇票为准备。)

1932, 6, 16. 英国创立汇兑平衡基金(Exchange Equalisation Account)。

以货币贬值所得之利益，拨归英伦银行保管，作为此项基金，使之买卖外国汇票，其损益仍归政府负担。

1932, 10, 15. 立法院通过银行兑换券发行税法。

特许发行之银行发行兑换券至少须准备现金 6 成，余为保证准备。保证准备征收发行税 1.25%。

1933, 1, 10. 上海开办票据交换所。

上海银行业同业公会联合准备委员会主办，当时加入之华商银行 33 家。

1933, 3, 3. 颁布《银本位币铸造条例》。

规定银本位币总重 26.6971 公分，银 88，铜 12，合纯银 23.493448公分(即格兰)。每元收铸费 2.25%。

1933, 3, 10. 财政部令废两用元。

上海以规元 0.715 折合银币 1 元。

1933, 4, 6.　开始征收银出口税。

凡银锭、银条、银块出口，须纳出口税从价 2.25%。中央造币厂所铸之银币及银条出口免税。

1933, 4, 19.　美国停止金本位。

美国自 1919 年金解禁后，此为第二次禁金出口。

1933, 5, 12.　美国减低金币成分。

美国通过法案，准大总统任意减低金币成分至 50% 为止，并得随时宣布采用复本位制，其比值随其所定，又得向各国收买现银以为各国偿债之用，其数至值 2 万万美金为止，其价不得超过美金 50 仙。

1933, 7, 12.　伦敦白银协定。

参加者有存银国之印度、中国及西班牙，产银国之墨西哥、美国、坎拿大、秘鲁、玻利维亚及澳洲，共 9 国。4 年计划，拟于 1934, 1, 1，实行。1934, 4, 1，以前，各国批准须送达华盛顿。协定内容：印度在此 4 年内售银不得超过 140 000 000 翁斯，西班牙售银不得超过 20 000 000 翁斯，除美国外，其他 6 国均不得售银，并须总计购入每年 35 000 000 翁斯。

1934, 1, 29.　美国通过《金准备条例》(Gold Reserve Act)。

货币单位仍为 dollar，但所含纯金成分等于旧金币 59.06% 1 翁斯纯金得铸新币 35 元。新币重 15 $\frac{5}{21}$ 格林，成色 900。

1934, 6, 19.　美国通过购银条例。

联邦准备银行准备，黄金占 $\frac{3}{4}$，白银占 $\frac{1}{4}$。1934, 8, 9.，此政策开始实行。

1934, 6.　坎拿大通过《坎拿大银行条例》。

自 1936 年起纸币发行权属于新设之中央银行(Bank of Canada)。现在发行权之各银行自 1946 年起，发行额不得超过其资本实收额 25%。1935, 3, 11，中央银行开业。此为坎拿大逐渐集中发行之始。

1934, 8, 1.　纽西仑中央准备银行开业。

Reserve Bank of New Zealand 为统一英领殖民地纽西仑之发行机关。

1934, 9, 11.　中央银行国际汇兑正式挂牌。

上海国际汇兑向由汇丰银行挂牌，至是始由中央银行行之。

1934, 10, 15.　征收白银出口平衡税。

因伦敦、纽约白银价格较上海国际汇兑率为高，故除征收白银出口税外，按照其差额再征平衡税。

1935, 2, 18.　美国最高法院判决4件金条文案。

1933年美国减低金币成分以前或以后各种契约所订金条文(Gold Clause)判决无效。

1935, 3, 30.　比国停止金本位。

自4, 1，起，停止兑换现金，将法定平价减低28%，由此所得25%之利益扩充汇兑基金。

1935, 3.　印度设立中央准备银行(Reserve Bank of India)。

1935, 4, 28.　墨西哥收回银币。

限30日内市场流通之银币而代以纸币与铜币。按纽约银价如涨高至81仙，则墨西哥银元将被销毁出口。此时纽约银价已涨至77.57仙。

1935, 7, 22.　意大利停止现金准备条例。

意大利现金准备为40%。

1935, 11, 3.　财政部颁布法币令。

财政部令，中央、中国、交通3行钞票定为法币，原有发行权之银行券逐渐收回。

1935, 12, 10.　美国政府停止在伦敦购银。

1935, 12, 18.　中央造币厂始铸10进辅币。

镍币3种：(一)20分，(二)10分，(三)5分。铜币2种：(一)1分，(二)半分。

1936, 2, 13.　中国政府在美购存金币2 200万元。

美国财政部长毛根韬宣称，美财部向中国购进白银5 000万翁斯，每翁斯值65仙。

1936, 3, 16. 上海设立银行票据承兑所。

附属于银行业同业公会联合准备委员会。

1946, 4, 1. 苏俄停止金卢布制。

规定1纸卢布等于3法郎。

参考书目

此书目为大学经济学系学生参考之用。其中基本参考书为练习阅读英文书籍及货币银行最浅近的叙论之基础，二年级学生必须详加阅览。入门参考书可任选数种随意浏览以为将来有志研究斯学之准备。进修参考书仅为三、四年级学生及毕业后再进一步之研究而开，二年级学生不必十分注意。

Ⅰ. 基本参考书

D. T. Jack, Currency and Banking（此书甚不完全，但以其叙述简单，分量不多，初学者或不发生困难。此外，美国尚有几本教科书，如 Scott, Johnson, Garis, Kilborne 等之著作，亦可任择其一读之，但前两者稍旧，后两者太琐碎。将近40年前，有 D. Kinley, Money 是货币学有名教本，现已陈旧，且不涉及银行。）

Ⅱ. 入门参考书

(1)货币制度

W. S. Jeoons, Money and Mechanism of Exchange（此为六十几年前出版之书，事实多已为陈迹，但对于19世纪货币制度之演进，仍可窥见大要。）

E. Connon, Money: Its Connection with Rising and Falling Prices.（此为一本极简单明了之教本。）

(2)信用制度

H. P. Willis, Banking and Business（此书叙述较简，但出版在十几年前，事实稍旧。）

H. P. Willis, Contemporary Banking（此书分量稍大，但出版较近。）

G. Clare and N. Grump, A B C of Foreign Exchange（外国汇兑书善本极多，此不过任举一种耳。）

(3)货币理论

W. Layton, Introduction to the Study of Prices（此为研究物价最好的教本。）

I. Fisher, Purchasing Power of Money（此为货币数量学说最简明之书。）

W. Smart, Introduction to the Theory of Value（此为奥大利学派价值学说最简明之入门参考书。）

D. H. Robertson, Money（此为英国货币学教本，比其他英国书较为简明。）

K. Wicksell, Lectures on Political Economy, Vol. Ⅱ. Money（此为瑞典学者货币杰作，在货币学中，可说是独一无二的良教科书，但比Jack 的书稍为难读，而且不涉及银行。）

(4)货币银行政策

H. Withers, Meaning of Money（自 Bagehot, Lombard Street 以后，此为英国金融市场最有名之著作。）

J. B. Bellerby, Monetary Stability（此为货币政策一本简明教本。）

J. M. Keynes, A Tract on Monetary Reform（此书不仅货币政策，且理论亦极显明，是 Keynes 著作中最易阅读之书。）

Ⅲ. 进修参考书

(1)货币理论

J. M. Laughlin, Principles of Money, Chaps. Ⅶ and Ⅷ.（此书叙述数量学说的历史，但持反对意见。）

B. Anderson, Value of Money（此书批评数量学说甚烈，尤其反对Fisher 的学说。）

G. Cassel, Money and Foreign Exchanges after 1914（其中有购买力平价学说，可资参考，但全书有阅读之必要。）

A. Marshall, Money Credit and Commerce（现金余额学说创造者。）

A. C. Pigon, Exchange Value of Legal Tender Money（in the Essays in Applied Economics, Chap. XVI. 现金余额学说公式在此书内。)

A. W. Marget, Léon Walras and the Cash-Balance Theory (in the Journal of Political Economy, Vol. 39, No. 5。此文说明 Walras 为现金余额学说创始者，但全篇引证都只可说明 Walras 是现金交易学说之倡导人。)

J. M. Keynes, Treatise on Money, 2 Vols. (此亦为数量学说中动态学说之一，其为文深涩难读，初学者不必尝试。)

J. M. Keynes, General Theory of Employment Interest and Money (此系承接前书而作，都是轰动一时的名著。)

R. G. Hawtrey, Currency and Credit (此为动态学说之一种，与上述 Keynes 两书有相类似，但亦有许多特异地方，但均不能说完全脱离数量学说之色彩。)

D. H. Robertson, Banking Policy and Price Level: An Essay in the Theory of the Trade Cycle (此书讨论货币银行与商业循环问题，但行文太简单，极难阅读。)

L. von Mises, Theory of Money and Credit.

F. A. Hayek, Prices and Production.

F. A. Hayek, Monetary Theory of Trade Cycle (上列三书为奥国学派最著名之近著。)

E. Cannan, Modern Currency.

K. Wicksell, Interest and Prices (上列两书除涉及一般货币理论外，对于利率问题均多所发挥，尤以 Wicksell 一书非常彻底。)

B. Ohlin, Some Notes on the Stockholm Theory of Savings and Interest.

E. Lindahl, Studies in the Theory of Money and Capital.

G. Myrdal, Monetary Equilibrium (上列三书为瑞典学派对于货币理论在时间上表示动态之研究，为货币理论另辟一新门径。最后两书均为 1939 年出版，惜未能购阅。)

D. Ricardo, Principles of Political Economy and Taxation, edited by Gonuer.

Ricardo's Economic Essays, edited by Gonuer（上列两书为 Ricardo 两部名著，第一种为货币政策最重要之著作，第二种为生产成本学说之创始者。两书全部均收入 Ricardo's Works, edited by McCulloch，但久已绝版，不易购到。）

K. Marx, Critique of Political Economy（此书虽也批评理嘉图的生产成本学说，但马克斯劳力学说仍源于理嘉图，不过更加色彩而已。）

K. Marx, Capital, Vol. Ⅰ.（剩余价值的名称始见于此书，但其意思已见《经济学批评》，可与该书互相参考。）

G. F. Knapp, State Theory of Money（此为国家学说最有名之书。）

H. S. Ellis, German Monetary Theory, 1905—1933（此书叙德国货币理论甚详，但稍嫌条理不清。）

T. Greidanus, Value of Money（此书叙述各种学派的理论，因所包范围太广，当然不能不简单，但亦可资参考。）

(2)货币银行政策

W. Bagehot, Lombard Street（此为 19 世纪英国金融市场名著。）

R. G. Hawtrey, Art of Central Banking（此为英人所著中央银行统制信用之最好参考书。）

H. P. Willis, Theory and Practice of Central Banking（此为美人所著中央银行统制信用之最好参考书。）

Royal Institute of International Affairs, Future of Monetary Policy.

M. H. de Kock, Central Banking.

W. A. Shaw, Theory and Practice of Central Banking, with Special Reference to the Working of the Bank of England and of the Federal Reserve System of the United States.

(3)银行与汇兑

K. Mackenzie, The Banking System of Great Britain, France, Germany and the United States of America（此为各国银行制度最简要之参考书。）

H. P. Willis and B. H. Berkbard, Foreign Banking Systems（此书叙述

各国银行制度，搜罗资料极多，可随时择要参考。)

K. Le. Cheminant, Colonial and Foreign Banking Systems（此书包含英帝国各殖民地银行制度。)

Clares, Money Market Primer, 4th edition, revised by J. Sangway, 1936（此书与 Bagehot's Lombard Street 齐名，叙述伦敦金融市场极为明了。)

Goschen, Theory of Foreign Exchanges（此为外国汇兑最初权威专著。)

W. F. Spalding, Eastern Exchanges, Currency and Finance（著者熟悉远东金融情形，此书可供参考。)

E. Kann, Currencies of China（著者对于上海金融情形极为熟悉，此书关于银行与汇兑特多。)

League of Nations, Exchanges Control, International Financial Conference Paper No. XI, 1921.（各国统制汇兑法规。)

P. Einzig, Exchange Control（汇兑统制专著尚无其他善本，此书聊备参考而已。)

(4)中央银行

C. A. Conant, A History of Modern Banks of Issue（此书叙述各国中央银行历史简而得要，惟可惜第二版在 1916 年发行，最近二十余年经过情形不详。)

C. H. Kisch and W. A. Elkin, Central Banks: A Study of the Constitutions of Banks of Issue, with an Analysis of Representative Charters, 1930.

W. A. Shaw, The Theory and Practice of Central Banking, with Special Reference to the Working of the Bank of England and of the Federal Reserve System of the United States.

M. H. de Kock, Central Banking.

C. A. Dunbar, Theory and History of Banking, 5th edition, 1929.

(以上各书均系中央银行总集。以下为各国中央银行条例。)

A. Andrèadés, History of the Bank of England, 1909.

R. S. Sayers, Bank of England's Operations, 1890—1904.

M. G. Myers, Paris as a Financial Centre, 1936.

H. Schacht, Stabilization of the Mark.

F. W. Kemmerer, A B C of Federal Reserve System.

S. S. Katzenellenbraum, Russian Currency and Banking, 1914—1924.

W. B. Reddaway, Thte Russian Financial System, 1935.

L. E. Hubbard, Soviet Money and Finance, 1936.（以上为各国中央银行专著。）

T. E. Gregory, Statutes Documents and Reports relating to British Banking, 1928 ~ 1932.（第一卷有《英伦银行条例》。）

A. Schueider, La Banzue de France depuis 1914, Appendix, Law of 1800.

M. G. Myers, Paris as a Financial Centre, A ppendix, Law of 1928.

Federal Reserve Bulletin, Nov. 1936, Law of 1936.（以上三书有《法兰西银行条例》。）

R. Kock, German Imperial Banking Laws（此为 National Monetary Commission 出版之一种，其中有 Bank Act of March 14 与 Reichs Bank Statute of May 21, 1875。）

Reichsgesetzblatt, 1924, Ⅱ. p. 235（1924 年《德国中央银行条例》。）

Tito Canovai, The Bank of Issue in Italy（in the N. M. C. 其中有意大利中央银行 Law of 1908。）

C. A. Conant, The National Bank of Belgium, Appendices B and C（in the N. M. C. 其中有比利时中央银行 Law of 1900。）

L. Spehherd, Monetary Experience of Belgium, 1914—1936, Appendix A（比利时中央银行 Law of Feb. 26, 1926。）

A. B. Hepburn, History of Currency in the United States, Appendix（Federal Reserve Act, 1913。）

E. W. Kemmerer, A B C of Federal Reserve System, Appendix（Federal Reserve Act, with Amendments。）

明治 15 年《日本银行条例》与明治 17 年《兑换银行券条例》见日本《六法全书》及其他各书。

中央银行及中国、交通、中国农民银行条例，见中央银行经济研究处金融法规汇编。

(5)中国货币银行参考书

Hanna, Conant and Jenks, Report on the Introduction of the Gold-Exchange Standard into China and other Silver-using Countries, 1903.

Hanna, Conant and Jenks, Report in the Introduction of the Gold-Exchange Standard into China, the Philippine Islands, Panama and other Silver-using Countries and on the Stability of Exchange, 1904. (以上两书为客卿对于国币改革第一次建议。)

G. Wissering, On Chinese Currency, Vol. Ⅰ, 1912; Vol. Ⅱ, 1914 (此为客卿对于国币改革第二次建议。)

E. W. Kemmerer, Project of Law for the Gradual Introduction of a Gold Standard Currency System in China together with a Report in Support thereof, 1929. (此为客卿对于国币改革第三次建议与译文《中国逐渐采行金本位币制法草案》合本出版。)

A. Salter, China and Silver, 1931 (此为客卿对于国币改革第四次建议，全国经济委员会刊行。)

陈度，《中国近代币制问题汇编》(此书多出自财政部刊行之《币制汇编》，而另加入其他近代人之论文，采择虽不甚精，然可供参考。)

L. Shih-Lien Hsu, etc, Silver and Prices in China, 1935 (实业部银价物价讨论委员会，《中国银价物价问题》。)

W. Y. Lin, China under Depreciated Cunency, 1926—1931.

W. Y. Lin, New Monetary System of China. (以上两书所收关于中国币制资料可供参考。)

马寅初：《中华银行论》。

杨荫溥：《杨著中国金融论》。

中国银行经济研究室：《银行年鉴》。

上海银行业同业公会：《银行周报》。

财政部国定税则委员会：(1)《上海物价月报》，(2)《上海物价年刊》。